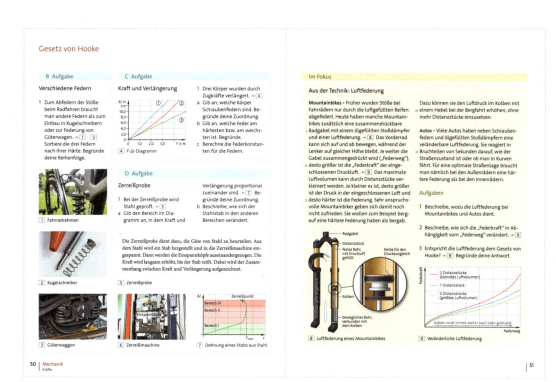

Dann können Aufgaben, Methoden und Anwendungen folgen.

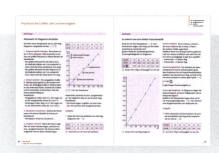

■ **Methoden** leiten dich Schritt für Schritt an: Wie erstelle ich ein Diagramm? Wie rechne ich mit Messwerten? Und vieles mehr …

■ **Zusammenfassungen** geben einen Überblick über das Fachwissen mehrerer Themen. Zur Übung gibt es Aufgaben dazu.

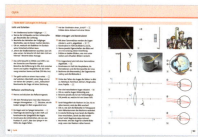

■ **Teste dich!** steht für Aufgaben ganz am Kapitelende. Schätze dein Fachwissen selbst ein – die Lösungen stehen im Anhang.

PHYSIK
REALSCHULE BAYERN
7 I

erarbeitet von:

Viola Bauer (Abensberg)
Nico Hirschbolz (Bobingen)
Christian Hörter (Weilheim)
Peter Kiener (Waldmünchen)
Sven Ungelenk (Zusmarshausen)

Cornelsen

NATUR UND TECHNIK
PHYSIK REALSCHULE BAYERN 7 I

Autorinnen und Autoren: Viola Bauer (Abensberg), Nico Hirschbolz (Bobingen), Christian Hörter (Weilheim), Peter Kiener (Waldmünchen), Sven Ungelenk (Zusmarshausen)

Redaktion: Stephan Möhrle

Grafik und Illustration: Rainer Götze, Tom Menzel, Matthias Pflügner

Umschlaggestaltung: SOFAROBOTNIK GbR, Augsburg & München

Layout und technische Umsetzung: Typo Concept GmbH, Hannover

www.cornelsen.de

Dieses Werk enthält Vorschläge und Anleitungen für Untersuchungen und Experimente.
Vor jedem Experiment sind mögliche Gefahrenquellen zu besprechen.
Beim Experimentieren sind die Richtlinien zur Sicherheit im Unterricht einzuhalten.

1. Auflage, 1. Druck 2018

Alle Drucke dieser Auflage sind inhaltlich unverändert und können im Unterricht nebeneinander verwendet werden.

© 2018 Cornelsen Verlag GmbH, Berlin

Das Werk und seine Teile sind urheberrechtlich geschützt.
Jede Nutzung in anderen als den gesetzlich zugelassenen Fällen bedarf der vorherigen schriftlichen Einwilligung des Verlages. Hinweis zu §§ 60a, 60b UrhG:
Weder das Werk noch seine Teile dürfen ohne eine solche Einwilligung an Schulen oder in Unterrichts- und Lehrmedien (§ 60b Abs. 3 UrhG) vervielfältigt, insbesondere kopiert oder eingescannt, verbreitet oder in ein Netzwerk eingestellt oder sonst öffentlich zugänglich gemacht oder wiedergegeben werden. Dies gilt auch für Intranets von Schulen.

Soweit in diesem Lehrwerk Personen fotografisch abgebildet sind und ihnen von der Redaktion fiktive Namen, Berufe, Dialoge und Ähnliches zugeordnet oder diese Personen in bestimmte Kontexte gesetzt werden, dienen diese Zuordnungen und Darstellungen ausschließlich der Veranschaulichung und dem besseren Verständnis des Inhalts.

Druck und Bindung: Mohn Media Mohndruck, Gütersloh

ISBN 978-3-06-014672-7 (Schülerbuch)
ISBN 978-3-06-013789-3 (E-Book)

PEFC zertifiziert
Dieses Produkt stammt aus nachhaltig bewirtschafteten Wäldern und kontrollierten Quellen.
www.pefc.de

Inhaltsverzeichnis

Physik – was ist das? 6
   Im Fokus Aus der Geschichte: Berühmte Köpfe 9

Mechanik   10

Länge, Zeit und Geschwindigkeit
Physikalische Größen: die Länge 12
   Im Fokus Aus Natur und Technik: Ganz groß bis ganz klein 14
Messgenauigkeit 16
Physikalische Größen: die Zeit 18
Physikalische Größen: die Geschwindigkeit 20
   Methode Messwerte im Diagramm darstellen 22
   Methode So erkennt man eine direkte Proportionalität 23
   Methode Mit Messwerten sinnvoll umgehen 24
   Methode Physikalische Rechenaufgaben lösen 25
   Im Fokus Aus dem Straßenverkehr: Geschwindigkeit messen 27
Zusammenfassung und Aufgaben 28

Kräfte
Kraft – physikalisch gesehen 32
Kraftpfeile 34
Gewichtskraft und Gravitation 36
   Im Fokus Aus der Geschichte: Newton und die Gravitation 38
   Im Fokus Aus der Astronomie: Schwarze Löcher 39
Kräftepaare 40
Kräftegleichgewicht 42
Kräfte messen 44
   Im Fokus Aus Umwelt und Technik: Kleine und große Kräfte 47
Gesetz von Hooke 48
   Im Fokus Aus der Technik: Luftfederung 51
Zusammenfassung und Aufgaben 54

Trägheit und Schwere
Trägheit 58
   Im Fokus Aus dem Straßenverkehr: Sicherheit im Auto 60
   Im Fokus Aus der Raumfahrt: Raumsonde Voyager 61
Masse 62
Ortsfaktor 64
   Im Fokus Aus der Geografie: „Schwerekartoffel" 67
Zusammenfassung und Aufgaben 68

Materie, Reibung, Dichte
Eigenschaften von Materie 70
Vom Aufbau der Materie 72
   Methode Kleinste Teilchen – ein Modell 77
Reibung 78
Einflussgrößen der Reibung 80
   Im Fokus Aus Umwelt und Technik: Vielfältige Reibung 83
Dichte 84
Zusammenfassung und Aufgaben 90

Teste dich! 94

Optik 96

Licht und Schatten
Lichtquellen und Lichtempfänger 98
   Im Fokus Aus dem Straßenverkehr: Gesehen werden 100
   Im Fokus Aus der Natur: Lebendige Lichtquellen 101
Ausbreitung des Lichts 102
   Im Fokus Aus der Geschichte: Lichtgeschwindigkeit messen 104
   Im Fokus Aus Natur und Technik: Sonnen- und Laserstrahlen ... 105
Schatten 106
Sonnen- und Mondfinsternis 108
Zusammenfassung und Aufgaben 110

Reflexion und Brechung
Reflexion 112
Spiegelbilder 114
Brechung 116
Brechung – genauer betrachtet 118
   Im Fokus Aus Medizin und Technik: Lichtleiter 123
   Im Fokus Aus der Natur: Wundervoller Sonnenuntergang 124
Dispersion 126
   Im Fokus Aus der Natur: Die Farben des Regenbogens 128
   Im Fokus Aus Gesundheit und Technik: Infrarot – Ultraviolett ... 129
Zusammenfassung und Aufgaben 130

Linsen machen Bilder
Brechung durch Linsen 134
Sammellinsen erzeugen Bilder 136
Bildkonstruktion bei Sammellinsen 138
   Im Fokus Aus der Technik: Bilder projizieren 141
Auge und Sehvorgang 142
   Im Fokus Aus der Natur: Tieraugen 144
   Im Fokus Aus der Natur: Auge und Gehirn als Team 145
Fehlsichtigkeiten und Brillen 146
   Im Fokus Berufe: Augenoptiker/-in 149
Zusammenfassung und Aufgaben 150

Optische Geräte
Kamera, Fernrohr und Mikroskop 154
   Im Fokus Aus der Technik: Gute Kameras können mehr 156
   Methode Recherche im Internet – Thema Fernrohr 157
   Methode Verstehen von Texten – Thema Mikroskop 159
Teste dich! 162

Magnetismus und Elektrizitätslehre 164

Magnete und Magnetfelder
Eigenschaften von Magneten 166
Magnetismus im Modell 170
Magnetfelder 172
Kompass und Erdmagnetfeld 176
   Im Fokus Aus der Geografie: Das Erdmagnetfeld 178
   Im Fokus Aus der Natur: Tiere mit „eingebautem" Kompass 179
Zusammenfassung und Aufgaben 180

Elektrische Stromkreise
Aufbau von Stromkreisen 182
Leiter und Nichtleiter 186
Wirkungen des elektrischen Stroms 188
Zusammenfassung und Aufgaben 192

Teste dich! 194

Lernaufgaben 196

Anhang 200

Lösungen der Testaufgaben 200
Operatoren 204
Stichwortverzeichnis 205
Bild- und Textquellenverzeichnis 208
Tabellen

Physik – was ist das?

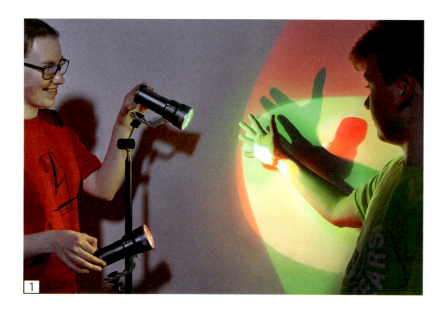

Physik ist etwas für Neugierige! Ihr könnt selbst ausprobieren und forschen. Das muss nicht nur in der Schule geschehen: Auch zu Hause könnt ihr viele einfache Versuche aus diesem Buch durchführen.

A Versuch

2 Spiegel – 2 Spiegelbilder?

Material: Winkelspiegel (oder 2 Spiegel), Spielfigur, Winkelscheibe (oder Geodreieck)

1 Stellt den Winkelspiegel so auf, dass der Winkel zwischen den beiden Spiegelflächen 120° beträgt. → 2 Wie viele Spiegelbilder der Spielfigur seht ihr jetzt gleichzeitig?

Tragt die Anzahl in eine Tabelle ein. → 3

2 Bestimmt die Anzahl der Spiegelbilder für einen Winkel von 75°.

3 Findet heraus, für welche Winkel man 3 bzw. 5 Spiegelbilder erhält.

4 Sind noch mehr Spiegelbilder möglich? Probiert es aus.

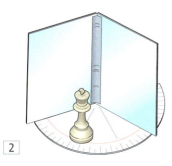

Winkel zwischen den Spiegeln	Anzahl der Spiegelbilder
120°	?
75°	?
?	3
?	5

B Versuch

Welches Pendel ist am schnellsten?

Material: Bindfäden, Gewichte, Stativ

1 Schwingen alle Pendel gleich schnell? → 4 Wie könnt ihr es messen? Probiert es aus. Beschreibt, wie ihr vorgeht.

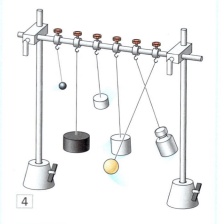

C Versuch

Wer tönt denn da?

Material: mehrere Stimmgabeln (darunter 2 gleiche) auf Resonanzkästen

1 Schlagt eine der beiden gleichen Stimmgabeln an – und haltet ihre Zinken gleich wieder fest. → 5 Ist der Ton jetzt vorbei? Versucht, eine Erklärung zu finden.

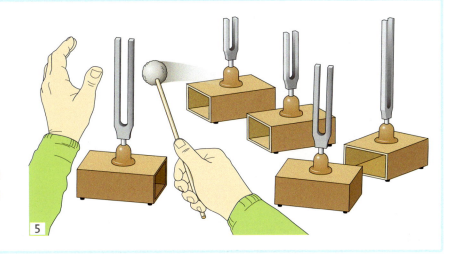

5

D Versuch

Papier wegpusten – kinderleicht?

Material: leere Wasserflasche, Papierkügelchen

1 Es muss doch leicht sein, das Kügelchen in die Flasche zu pusten! → 6 Versucht es selbst einmal!

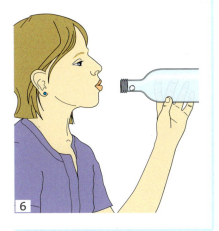

6

E Versuch

Kartoffelbatterie

Material: 4 Kartoffeln, 4 Fünf-Cent-Münzen, 4 verzinkte Unterlegscheiben, 5 Kabel mit Krokodilklemmen, Leuchtdiode (rot, „2 mA")

1 Steckt in jede Kartoffel eine Münze und eine Unterlegscheibe. → 7 Verbindet das lange Bein der Leuchtdiode mit der ersten Münze. Schließt die Unterlegscheibe in dieser Kartoffel an die Münze in der nächsten Kartoffel an … Verbindet die letzte Unterlegscheibe mit dem kurzen Bein der Leuchtdiode – fertig!

2 Leuchtet die Leuchtdiode auch bei weniger Kartoffeln oder bei anderen Münzen?

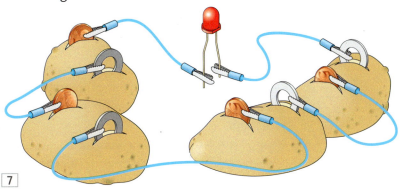

7

Physik – was ist das?

[1] Genau beobachten

[2] Experimentieren

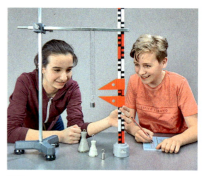
[3] Messen und dokumentieren

Grundlagen

Wie Physikerinnen und Physiker arbeiten • Ihr werdet Vorgänge in Natur und Technik untersuchen. → [1] – [3] Dabei beobachtet ihr genau und formuliert Vermutungen über Abläufe und Regeln. Ihr stellt Fragen an die Natur und beantwortet sie durch sinnvoll geplante und dokumentierte Experimente. Dabei setzt ihr Messgeräte ein, weil Augen und Ohren oft nicht ausreichen.

Physik – eine Naturwissenschaft • Das griechische Wort „physis" bedeutet ungefähr das Gleiche wie das lateinische „natura".

| Man kann Physik als Forschung über die Natur beschreiben.

Die Physik ist in viele Bereiche aufgeteilt: Optik (Lehre vom Licht), Mechanik (Lehre von Kräften und Bewegungen), Elektrizitätslehre, Wärmelehre und viele mehr.
Die Natur ist so vielfältig, dass sich auch andere Fächer wie Chemie, Biologie und Erdkunde mit ihr beschäftigen.

Aufgaben

1 Beschreibe, was wir unter Physik verstehen. Zähle verschiedene Teilgebiete der Physik auf.

2 Physik ist nicht die einzige Naturwissenschaft. Nenne weitere.

3 Zwei gleiche Getränkedosen stehen am „Start" auf einer Rampe. → [4] Die eine Dose ist gefüllt und verschlossen, die andere Dose ist leer.
a Vermute, welche Dose das Wettrollen gewinnt. Begründe deine Vermutung.
b Führe das Experiment selbst durch. Bestätigt sich deine Vermutung?
c Wovon könnte es noch abhängen, wie schnell die Dosen herunterrollen? Vermute und überprüfe.

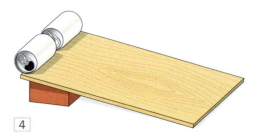
[4]

die Physik

Im Fokus

Aus der Geschichte: Berühmte Köpfe

Albert Einstein • Einer der bekanntesten Physiker ist Albert Einstein (1879–1955). → 5 Er wurde in Ulm geboren und wuchs in München auf. In der Schule war er ein aufgeweckter, bisweilen gar aufrührerischer Schüler. Seine Leistungen waren gut bis sehr gut – weniger in den Sprachen, aber herausragend in den Naturwissenschaften. Die schulische Ausbildung vollendete er im Aargau in der Schweiz. Einstein verließ das Polytechnikum in Zürich mit dem Diplom als Mathematik- und Physiklehrer. Weil er als Lehrer keine Anstellung fand, nahm er eine Stelle im Schweizer Patentamt in Bern an. Mit nur 26 Jahren veröffentlichte er 1905 einige seiner wichtigsten Werke, in denen auch die bekannte Formel $E = m \cdot c^2$ vorkommt.

Wie es begann • Die Anfänge der Physik reichen rund 2500 Jahre zurück. Griechische Philosophen wie Demokrit (460–371 v. Chr.) und Aristoteles (384–322 v. Chr.) dachten über Zusammenhänge von Naturerscheinungen nach und versuchten, Regeln der Natur mathematisch darzustellen. → 6

5 Albert Einstein (ca. 1921)

Physik heute • Kopernikus (1473–1543), Kepler (1571–1630), Galilei (1564–1642) und Newton (1642–1726) gestalteten die Naturwissenschaft Physik im modernen Sinn. → 7 8
Physiker und Physikerinnen forschen in den riesigen Dimensionen des Weltalls und in den winzigen der Atome. → 9 10 Ihre Ergebnisse sind Grundlage für technische Fortschritte.

Aufgabe

1 „Berühmte Köpfe": Informiere dich über das Leben einer dieser Personen. → 5 – 10

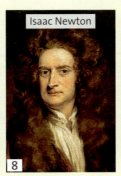

Mechanik

Beim Klettern muss man viele Kräfte im Gleichgewicht halten. Wozu dient die Kreide auf den Handflächen?

Die Mauer soll beim Freistoß 9,15 Meter vom Ball entfernt sein. Misst der Schiedsrichter den Abstand wirklich so genau?

Was geschieht mit dem Zucker im Tee? Verschwindet er? Bei den Antworten hilft eine Vorstellung vom Aufbau der Stoffe.

Physikalische Größen: die Länge

Was soll denn „365" bedeuten?

1 Wie weit springst du?

A Versuch

Fuß und Elle

1 Mit euren Füßen und Unterarmen könnt ihr Längen messen. → 2
a Bestimmt die Länge eures Klassenzimmers in der Einheit Fuß.
b Gebt die Höhe eures Tischs in der Einheit Elle an.
c Vergleicht eure Messergebnisse untereinander. Was stellt ihr dabei fest?

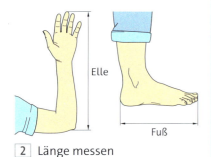

2 Länge messen

B Aufgabe

Messgeräte für die Länge

1 Nennt Längenmessgeräte. Beschreibt, bei welcher Gelegenheit ihr welches Gerät verwendet.

C Versuch

Messschieber

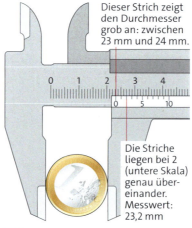

Dieser Strich zeigt den Durchmesser grob an: zwischen 23 mm und 24 mm.

Die Striche liegen bei 2 (untere Skala) genau übereinander. Messwert: 23,2 mm

3 Kopf des Messschiebers

Material: Geodreieck, Messschieber, Stift

1 Messt den Durchmesser eines Stifts zuerst mit dem Geodreieck und danach mit dem Messschieber. → 3

2 Gebt jeweils an, wie genau ihr die Länge messen könnt.

3 Messt mit dem Messschieber den Durchmesser oder die Dicke weiterer Gegenstände.

Mechanik
Länge, Zeit und Geschwindigkeit

| die physikalische Größe
| die Einheit
| die Maßzahl
| das Meter
| das Urmeter

Grundlagen

Physikalische Größen • Beim Weitsprung misst du die *Länge* und beim 100-m-Lauf die *Zeit*. Wir bezeichnen Länge, Zeit und andere messbare Eigenschaften als physikalische Größen.

Messverfahren • Markus soll die Länge seines Tisches messen – ohne Lineal oder Maßband. Er nimmt sich einen Stift und vergleicht, wie oft der Stift in die Tischplatte hineinpasst. → 4
Ergebnis: Die Tischplatte ist 6,5-mal so lang wie die Längeneinheit 1 Stift.

[4] Längenmessung mit einem Stift

Wir geben den Messwert so an:

| Beim Messen vergleichen wir, wie oft die Einheit in der zu messenden Größe enthalten ist. Dieser Zahlenwert heißt Maßzahl. Jeder Messwert wird als Produkt von Maßzahl und Einheit angegeben.

Einheit • Ende des 18. Jahrhunderts wurde das Meter als Einheit der Länge zuerst in Frankreich eingeführt. 1 Meter wurde durch den Abstand zweier Markierungen auf einem Metallstab (dem Urmeter) festgelegt. → 5

| Die Einheit der Länge ist 1 Meter (1 m). Symbole für die Länge sind l oder s. → 6

Vielfache und Teile von Einheiten • Oft gibt man Messwerte in Vielfachen oder Bruchteilen von Einheiten an:
- 1 **Kilo**meter:
  $1\,\text{km} = 1000\,\text{m} = 1 \cdot 10^3\,\text{m}$
  Der Vorsatz „Kilo" (Vorsatzzeichen „k") zeigt an, dass die Einheit mit dem Faktor 10^3 (1000) multipliziert wird.
- 1 **Dezi**meter:
  $1\,\text{dm} = 0{,}1\,\text{m} = 1 \cdot 10^{-1}\,\text{m}$
- 1 **Zenti**meter:
  $1\,\text{cm} = 0{,}01\,\text{m} = 1 \cdot 10^{-2}\,\text{m}$
- 1 **Milli**meter:
  $1\,\text{mm} = 0{,}001\,\text{m} = 1 \cdot 10^{-3}\,\text{m}$
- 1 **Mikro**meter:
  $1\,\mu\text{m} = 0{,}000\,001\,\text{m} = 1 \cdot 10^{-6}\,\text{m}$

Weitere Vorsätze s. Tabelle im Anhang.

[5] Ein Urmeter

Die Einheit der Länge ist 1 Meter (1 m). Diese Aussage kann man in der Physik ganz kurz aufschreiben:
$[l] = 1\,\text{m}$.

[6] Kurzschreibweise für Einheiten

Aufgaben

1 Gib den Messwert beim Weitsprung vollständig an. → 1

2 Timo hat $s = 120\,\text{m}$ gemessen. Was könnte er gemessen haben? Nenne die physikalische Größe. Gib die Maßzahl und die Einheit an.

3 Gib weitere physikalische Größen mit Einheiten und Messgeräten an, die du z. B. aus der Mathematik kennst.

Physikalische Größen: die Länge

Im Fokus

Aus Natur und Technik: Ganz groß bis ganz klein

10^9: Milliarde (Giga-, G)

1 Entfernung Erde–Sonne: $150 \cdot 10^9$ m

10^6: Million (Mega-, M)

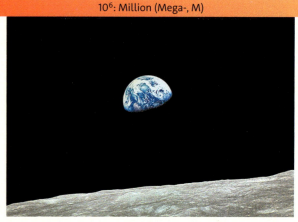

2 Entfernung Erde–Mond: $380 \cdot 10^6$ m

Zehn hoch • Die Entfernungen im Weltall sind im Vergleich zu denen auf der Erde unvorstellbar groß. Gleichzeitig gibt es viele Dinge, die so winzig sind, dass wir sie mit bloßem Auge nicht sehen können. Zur Darstellung dieser ganz verschiedenen Größenordnungen werden häufig Zehnerpotenzen verwendet. → 1 – 8

Aufgaben

1 Gib jeweils in der angegebenen Einheit an:
a Entfernung Sonne–Erde in km
b Entfernung Erde–Mond in km
c Höhe des Burj Khalifa in km
d Höhe eines Erwachsenen in cm

10^0: Eins

5 Metermaß (in Paris)

10^{-3}: Tausendstel (Milli-, m)

6 Euromünze: $2{,}33 \cdot 10^{-3}$ m dick

10^3: Tausend (Kilo-, k)

3 Höchstes Gebäude der Welt (Burj Khalifa): 828 m

10^0: Eins

4 Erwachsene: ca. 1,75 m hoch

e Dicke einer Euromünze in mm
f Dicke der Streptokokken-Bakterien in mm
g Dicke eines DNA-Moleküls in nm

2 Berechne, wievielmal größer:
a das Burj Khalifa als ein Erwachsener ist
b ein Erwachsener als die Bakterien ist

3 Die Entfernung zwischen Erde und Sonne wird als astronomische Einheit (AE) bezeichnet. Neptun, der äußerste Planet des Sonnensystems, ist rund 30 AE von der Sonne entfernt.
a Vergleiche die Entfernungen von Erde und Neptun zur Sonne.
b Gib den Abstand Sonne–Neptun in 10^9 m an.

Vergrößerung: ca. 6000-fach

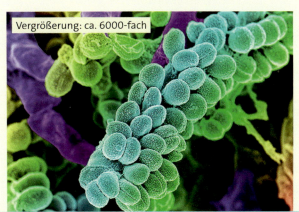

10^{-6}: Millionstel (Mikro-, µ)

7 Bakterien (Streptokokken): $1 \cdot 10^{-6}$ m dick

Vergrößerung: ca. 23 000 000-fach

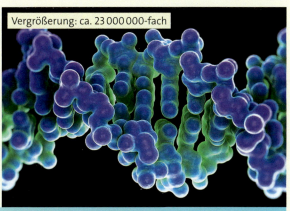

10^{-9}: Milliardstel (Nano-, n)

8 DNA-Molekül: $2 \cdot 10^{-9}$ m Durchmesser

Messgenauigkeit

Viele verschiedene Messgeräte für dieselbe physikalische Größe: Warum genügt nicht eines?

Lineal
Messbereich: 1 mm bis 30 cm
Messgenauigkeit: 1 mm

Laser-Entfernungsmesser
Messbereich: 20 cm bis 50 m
Messgenauigkeit: 2 mm

Messschieber
Messbereich: 0,1 mm bis 16 cm
Messgenauigkeit: 0,1 mm

Fahrradcomputer
Messbereich (Länge): 10 m bis 999,99 km
Messgenauigkeit: 10 m

Mikrometerschraube
Messbereich: 0,01 mm bis 25 mm
Messgenauigkeit: 0,01 mm

Messuhr
Messbereich: 0,001 mm bis 12,7 mm
Messgenauigkeit: 0,001 mm

Maßband
Messbereich: 1 cm bis 20 m
Messgenauigkeit: 1 cm

1

A Aufgabe

Messgerät auswählen

1 Entscheidet jeweils, welches Messgerät für eine möglichst genaue Messung am besten geeignet ist. → 1
 a Länge eures Schulwegs
 b Breite eures Physikbuchs
 c Dicke eines Drahts
 d Länge des Physikraums
 e Dicke eines Blatts Papier

B Versuch

Körpergröße messen

Material: Meterstab („Zollstock")

1 Messt alle die Körpergröße derselben Person aus eurer Gruppe mit dem Meterstab. Notiert die Messwerte.

2 Vergleicht eure Messwerte. Erklärt die Unterschiede.

3 Wie könntet ihr mithilfe eurer Messwerte die Körpergröße der Person möglichst genau ermitteln? Beschreibt ein Verfahren und führt es durch.

der Messbereich
die Messgenauigkeit
der Messfehler
die sinnvollen Ziffern

Grundlagen

Messbereich • Mit dem Lineal kann man die Dicke eines Blattes Papier nicht messen, mit dem Messschieber nicht die Länge eines Tisches. → [1]
Beim Lineal ist 1 mm der kleinste ablesbare Wert, 20 cm der größte. Der Messbereich geht von 1 mm bis 20 cm. Ein Papierblatt ist aber viel dünner als 1 mm.

> Der Messbereich eines Messgeräts wird durch den kleinsten und den größten ablesbaren Wert begrenzt.

Oft gibt man beim Messbereich nur den größten ablesbaren Wert an.

Messgenauigkeit • Mit dem Maßband kann man messen, ob jemand 364 cm oder 365 cm weit gesprungen ist – genauer geht es nicht. Die Messgenauigkeit des Maßbands beträgt 1 cm. → [2]
Die Dicke einer 1-€-Münze kann man mit dem Lineal oder mit dem Messschieber messen. Die Messwerte zeigen, welche Genauigkeit das Messgerät hat:
- Lineal: $d = 2$ mm → Messgenauigkeit: 1 mm
- Messschieber: $d = 2,3$ mm → Messgenauigkeit: 0,1 mm

> Die Messgenauigkeit eines Messgeräts wird durch die kleinste Einteilung der Skala bestimmt.

Messfehler • Wenn mehrere Personen die Körpergröße ein und desselben Menschen mit dem Meterstab messen, gibt es oft verschiedene Messwerte. Jede Messung ist mit einem Fehler verbunden. Messfehler können beim Ablesen, durch ungenaue Messgeräte oder die Messmethode entstehen.

Messwerte sinnvoll angeben • Max misst den Durchmesser einer Baumscheibe: $d = 0{,}25$ m. Er rechnet in mm um: 0,25 m = 2,5 dm = 25 cm = 250 mm. Diese Umrechnung ist mathematisch richtig, aber physikalisch nicht sinnvoll. Der Durchmesser wurde auf 0,01 m, also auf 1 cm genau gemessen. 250 mm gibt ihn aber auf 1 mm genau an! Max hat am Messgerät die Ziffernfolge 0-2-5 abgelesen. Man sagt, der Messwert 0,25 m habe zwei sinnvolle Ziffern – die 0 am Anfang zählt nicht dazu (eine 0 am Ende schon).

> Maßzahlen in der Physik haben eine andere Bedeutung als die Zahlen in der Mathematik. Beim Rechnen mit Maßzahlen darf das Ergebnis nicht genauer sein als die Messwerte. Die am Messgerät abgelesenen Ziffern nennen wir sinnvolle Ziffern (oder gültige Ziffern).

Weitsprung
Messgerät Maßband:
$l = 3{,}64$ m oder 3,65 m?
Messgenauigkeit:
3,65 m − 3,64 m = 0,01 m = 1 cm

Durchmesser einer 2-€-Münze
Messgerät Lineal:
$d = 25$ mm oder 26 mm?
Messgenauigkeit:
26 mm − 25 mm = 1 mm

[2] Beispiele zur Messgenauigkeit

Aufgaben

1 Gib für die Messwerte jeweils ein Messgerät, die Messgenauigkeit und die Anzahl der sinnvollen Ziffern an: $l = 17{,}5$ cm; $d = 2{,}6$ mm; $h = 15{,}0$ m.

2 Beschreibe, wie sich Maßzahlen in der Physik von Zahlen in der Mathematik unterscheiden.

Physikalische Größen: die Zeit

1 Zeit messen – mit dem Handy

Wie genau kannst du mit deinem Handy die Zeit stoppen?

A Versuch

Zeit messen beim Pendel

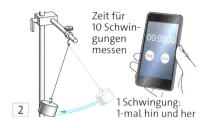

2

Material: Bindfaden, Wägestück, Stativmaterial, Handys

1 Lasst das Pendel 10-mal hin- und herschwingen. → 2
a Messt und notiert die Zeit für diese 10 Schwingungen.
b Vergleicht eure Messwerte. Erklärt die Abweichungen.
c Gebt die Messwerte sinnvoll an. *Tipp:* Wie groß waren eure Abweichungen?
d Berechnet die Zeit für eine Schwingung und gebt sie sinnvoll an.

B Aufgabe

Zeitangaben im Sport

1 In Sportberichten findet man unterschiedliche Zeitangaben. → 3 – 5

a Gebt jeweils an, wie viele Sekunden, Minuten und beim Marathonlauf sogar Stunden die Sportler gebraucht haben.
b Gebt jeweils die Messgenauigkeit an.
c Erklärt, warum beim Sprint so genau gemessen wird. Vermutet, wie das geschieht.

3 Riesenslalom: 1:53,37 min

4 Marathon: 2:37:14 h

5 100-m-Lauf: 10,14 s

der periodische Vorgang
die Sekunde
die abgeleitete Größe
die Grundgröße
die Basisgröße

Grundlagen

Zeitmessung • Früher hat man die Zeit z. B. mit Pendeluhren gemessen. → 6 Mit jeder Schwingung des Pendels rücken die Zeiger ein wenig vor. Die Schwingungen laufen zeitlich immer wieder gleich ab. Man spricht von einem periodischen Vorgang. Schwingungen dienen auch in modernen Uhren als Taktgeber:
- In mechanischen Uhren schwingt eine Feder hin und her (Unruh).
- In Quarzuhren und Handys schwingt ein Quarzkristall.
- Atomuhren nutzen Schwingungen in der Welt der Atome. → 7

6 Pendeluhr

7 Atomuhr CS 2 in Braunschweig

| **Uhren nutzen periodische Vorgänge für die Zeitmessung.** |

Einheit • Ein Tag hat 24 Stunden, eine Stunde 60 Minuten und eine Minute 60 Sekunden: → 8
1 d = 24 · 1 h = 24 · 60 min = 24 · 60 · 60 s
1 d = 86 400 s
1 s wurde daher früher als 86 400ster Teil eines Tags definiert. Für viele Zwecke ist das heute zu ungenau, weil die Tageslänge nicht konstant genug ist. Seit 1967 wird die Sekunde deshalb mit Atomuhren bestimmt. Sie haben eine Genauigkeit von $1 \cdot 10^{-15}$ s. Das bedeutet: 1 s Abweichung auf 30 Millionen Jahre! Für Deutschland bestimmt die Atomuhr CS2 das Zeitmaß. → 7 Ihr Zeitsignal wird an alle Funkuhren übertragen.

| **Die Einheit der Zeit ist 1 Sekunde (1s). Das Symbol für die Zeit ist t.** |

Grundgrößen • Um die Fläche eines Rechtecks zu berechnen, multiplizierst du zwei Seitenlängen miteinander. Man sagt: Die Fläche wird aus den Seitenlängen abgeleitet, sie ist eine abgeleitete Größe. Die Längen selbst werden nicht aus anderen Größen abgeleitet. Man sagt: Die Länge ist eine Grundgröße. Auch Zeit und Masse sind Grundgrößen.

| **Eine physikalische Größe, die nicht aus anderen Größen abgeleitet werden kann, bezeichnet man als Grundgröße oder Basisgröße.** |

Aufgaben

1 Nenne verschiedene Uhren und ihre Taktgeber.

2 Rechne (mathematisch) um: → 8
a 2,5 h = ? min
b 1 h = ? s
c 1:23 h = ? min
d 1,25 min = ? s
e 1 h 12 min = ? s
f 2 h 20 min = ? h
g 225 min = ? h
h 36 h = ? d
i 270 s = ? min
j 900 s = ? h

Tag (d)
Stunde (h)
Minute (min)
Sekunde (s)
1 d = 24 h
1 h = 60 min
1 min = 60 s

1,25 min
= 1,25 · 60 s = 75 s

2:15 min
= 2 min 15 s = 135 s

1:46:27 h
= 1 h 46 min 27 s

8 Zeitangaben

19

Physikalische Größen: die Geschwindigkeit

Die Polizei hat verschiedene Möglichkeiten, die Geschwindigkeit zu überprüfen.
Wie könnt ihr mit einfachen Mitteln die Geschwindigkeit eines Autos selbst bestimmen?

1 Schneller als die Polizei erlaubt?

A Versuch

Geschwindigkeit eines Radfahrers bestimmen

Material: Maßband, Stoppuhren

1 Messt eine 30 m lange Strecke ab, die ihr mit dem Fahrrad gefahrlos fahren könnt. Markiert Anfang und Ende.

Einer von euch fährt diese Strecke mit seinem Fahrrad – ohne dabei schneller oder langsamer zu werden.
a Messt die Zeit, die der Radfahrer für die 30 m benötigt.
b Berechnet die Geschwindigkeit des Radfahrers aus der Streckenlänge und der gemessenen Zeit.

B Aufgabe

Wer war schneller?

1 Max läuft 75 m in 12,5 s und Toni 100 m in 16,0 s.
a „Max war schneller, weil er weniger Zeit gebraucht hat." Nimm Stellung dazu.
b Beschreibe, wie man aus den Messwerten ermitteln kann, wer schneller war.

C Aufgabe

Videoanalyse

1 Eine Fahrt mit dem Fahrrad wurde gefilmt und ausgewertet. → 2
a Stellt die Messwerte im Diagramm dar (waagerecht: Zeit; senkrecht: Weg).
b Vermutet, wie Weg und Zeit zusammenhängen.

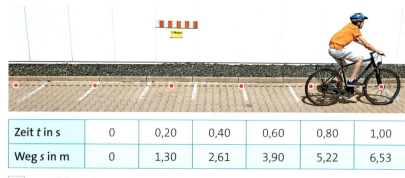

Zeit t in s	0	0,20	0,40	0,60	0,80	1,00
Weg s in m	0	1,30	2,61	3,90	5,22	6,53

2 Im Bild ist der Ort der Vorderachse zu verschiedenen Zeiten markiert.

Mechanik
Länge, Zeit und Geschwindigkeit

die gleichförmige Bewegung
die Geschwindigkeit
das Zeit-Weg-Diagramm

Grundlagen

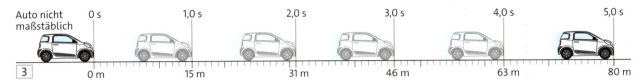

3

Zusammenhang zwischen Weg und Zeit • Die Fahrt eines Autos wurde aufgezeichnet. → 3 4 Es fuhr in jeder Sekunde rund 16 m weit, in 2 s etwa 32 m und in 3 s rund 48 m.

Zeit t in s	0	1,0	2,0	3,0	4,0	5,0
Weg s in m	0	15	31	46	63	80
$\frac{s}{t}$ in $\frac{m}{s}$	–	15	16	15	16	16

4 Autofahrt: Wege und Zeiten

> Wenn in gleichen Zeiten gleich lange Wege zurückgelegt werden, liegt eine gleichförmige Bewegung vor. Der Weg ist dann direkt proportional zur Zeit: $s \sim t$.

Geschwindigkeit • Der Quotient aus Weg und Zeit beträgt bei der Autofahrt stets rund 16 $\frac{m}{s}$. → 4 Er gibt die Geschwindigkeit an. Sie wird in Metern pro Sekunde ($\frac{m}{s}$) oder in Kilometern pro Stunde ($\frac{km}{h}$) angegeben. Umrechnung:

$$1\frac{m}{s} = \frac{1m}{1s} = \frac{60m}{1min} = \frac{3600m}{1h} = \frac{3,6 km}{1h} = 3,6 \frac{km}{h}$$

> Geschwindigkeit = $\frac{Weg}{Zeit}$; $v = \frac{s}{t}$
>
> Einheit der Geschwindigkeit: $1\frac{m}{s}$;
> $1\frac{m}{s} = 3,6 \frac{km}{h}$

Diagramm • Im Zeit-Weg-Diagramm liegen die Messpunkte bei der Autofahrt auf einer Strecke. → 5

> Bei gleichförmigen Bewegungen liegen die Messpunkte im Zeit-Weg-Diagramm auf einer Strecke, die im Ursprung beginnt.

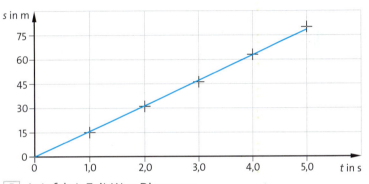

5 Autofahrt: Zeit-Weg-Diagramm

Aufgaben

1 Ist die Geschwindigkeit eine Grundgröße? Begründe deine Antwort.

2 Gib die Geschwindigkeit des Autos in $\frac{km}{h}$ an. → 4

3 Ein zweites Auto fährt 80 m in 4,0 s. Vergleiche seine Geschwindigkeit mit unserem ersten Auto: ohne eine Rechnung / mit einer Rechnung.

4 Ein Rennpferd kann im Galopp bis zu 90 $\frac{km}{h}$ erreichen. Rechne in $\frac{m}{s}$ um.

Physikalische Größen: die Geschwindigkeit

Methode

Messwerte im Diagramm darstellen

Die Fahrt eines Modellautos soll im Zeit-Weg-Diagramm dargestellt werden. → 1 2

1. Diagrammgröße festlegen Die Achsen sollen 5–12 cm lang sein. Teile sie jeweils so ein, dass der größte Messwert in diesem Bereich ist.
Modellauto:
- Der größte Messwert für die Zeit ist 6,0 s. Als Maßstab wählen wir: 1 cm entspricht 1 s. Dann wird die Achse mindestens 6 cm lang.
- Der größte Messwert für den Weg ist 3,2 m. Als Maßstab wählen wir: 1 cm entspricht 0,5 m. Dann wird die Achse etwa 7 cm lang.

2. Achsen zeichnen Die vorgegebene Größe (1. Tabellenzeile) gehört an die waagerechte Achse, die abhängige Größe (2. Tabellenzeile) an die senkrechte Achse. Schreibe die Größen und ihre Einheiten an die Achsen. Teile die Achsen gleichmäßig ein.
Modellauto:
- Vorgegebene Größe: Zeit t in s. Wir tragen sie an der waagerechten Achse ab. 1 cm ≙ 1 s
- Abhängige Größe: Weg s in m. Wir tragen ihn an der senkrechten Achse ab. 1 cm ≙ 0,5 m

3. Messwerte einzeichnen Zeichne die Wertepaare mit spitzem Bleistift als Kreuze ein.
Modellauto:
- Wertepaare: (0 s | 0 m), (1,0 s | 0,6 m) …

4. Graphen zeichnen Wenn die Kreuze ungefähr auf einer Geraden liegen, zeichnest du eine „Ausgleichsstrecke". Die Kreuze sollten möglichst nahe an dieser Strecke liegen.

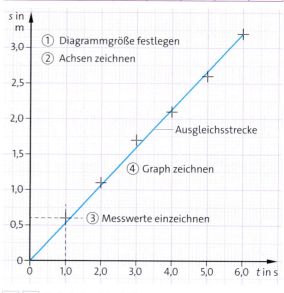

t in s	0	1,0	2,0	3,0	4,0	5,0	6,0
s in m	0	0,6	1,1	1,7	2,1	2,6	3,2

1 2 Fahrt des Modellautos

Andernfalls zeichnest du eine „Ausgleichskurve", die möglichst nahe an den Kreuzen liegt.
Modellauto:
- Die Kreuze liegen ungefähr auf einer Geraden. Wir zeichnen eine Ausgleichsstrecke.

Aufgabe

1 Stelle die Fahrt des Radfahrers im Zeit-Weg-Diagramm dar. → 3

t in s	0	5,0	10,0	15,0	20,0	25,0	30,0
s in m	0	29	57	88	118	146	175

3 Messwerte von der Fahrt des Radfahrers

Methode

So erkennt man eine direkte Proportionalität

Ronja ist mit dem Rad gefahren. → 4 Drei Kennzeichen zeigen, dass Weg und Zeit direkt proportional zueinander sind:
gleiche Vielfache, Quotientengleichheit, Ursprungshalbgerade im Diagramm.

t in min	0	1,0	2,0	3,0	4,0	5,0	6,0
s in km	0	0,39	0,80	1,23	1,60	2,05	2,40
$\frac{s}{t}$ in $\frac{km}{min}$	–	0,39	0,40	0,41	0,40	0,41	0,40

4 Ronjas Fahrt: Weg in Abhängigkeit von der Zeit

Gleiche Vielfache Dem 2-Fachen, 3-Fachen ... der einen Größe ist das 2-Fache, 3-Fache ... der anderen Größe zugeordnet.
Radfahrt: Nach 1,0 s ist Ronja 0,39 km gefahren, nach 2,0 s waren es 0,80 km und nach 3,0 s hat sie 1,23 km zurückgelegt. Es gilt also ungefähr:
• 2-fache Zeit → 2-facher Weg
• 3-fache Zeit → 3-facher Weg

Quotientengleichheit Der Quotient der Messwertepaare ist immer (nahezu) gleich groß. Man bezeichnet ihn als Proportionalitätsfaktor.
Radfahrt: Der Quotient aus Weg und Zeit ist für alle Messwertepaare nahezu gleich groß: → 4

$\frac{s}{t} \approx 0,40 \frac{km}{min}$.

Er gibt Ronjas Geschwindigkeit an.

Ursprungshalbgerade Im Diagramm liegen die Messwertepaare auf einer Halbgeraden, die im Nullpunkt beginnt.
Radfahrt: Die Messpunkte liegen etwa auf einer Ursprungshalbgeraden. → 5 Wir zeichnen eine Ausgleichsstrecke vom Nullpunkt aus.

Aufgabe

1 Prüfe anhand der drei Kennzeichen, ob auch bei Jans Radfahrt der Weg direkt proportional zur Zeit ist. → 6

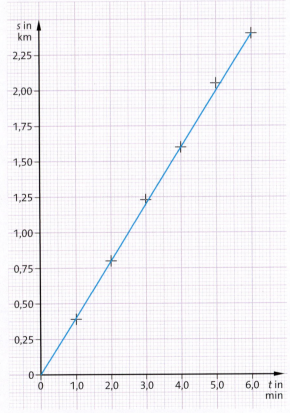

5 Ronjas Fahrt: Zeit-Weg-Diagramm

t in min	0	1,0	2,0	3,0	4,0	5,0	6,0
s in km	0	0,28	0,57	0,85	1,30	2,05	3,10

6 Jans Fahrt: Weg in Abhängigkeit von der Zeit

Physikalische Größen: die Geschwindigkeit

Methode

Mit Messwerten sinnvoll umgehen

Sinnvolle Ziffern Tinas Zeit beim 75-m-Lauf wird von vier Personen gleichzeitig gemessen. Da bei jeder Messung Fehler auftreten, ergeben sich unterschiedliche Werte:
$t_1 = 12{,}4\,\text{s}$; $t_2 = 12{,}3\,\text{s}$; $t_3 = 12{,}1\,\text{s}$; $t_4 = 12{,}5\,\text{s}$.
Die Messwerte unterscheiden sich in der letzten Ziffer. Sie wird als unsichere Ziffer bezeichnet und ergibt zusammen mit den anderen auf den Stoppuhren abgelesenen Ziffern die sinnvollen Ziffern:

$t = 12{,}3\,\text{s}$ (sinnvolle Ziffern; unsichere Ziffer)

Beachte:
- 0,75 km hat zwei sinnvolle Ziffern, weil die 0 *am Anfang* nicht zu den sinnvollen Ziffern zählt.
- 75,0 m hat drei sinnvolle Ziffern, weil die 0 *am Ende* mitzählt.

Mittelwert Tinas tatsächliche Laufzeit liegt wahrscheinlich irgendwo in der Mitte der verschiedenen Messwerte. Wir berechnen deshalb den Mittelwert $\bar{t}$:

$$\bar{t} = \frac{12{,}4\,\text{s} + 12{,}3\,\text{s} + 12{,}1\,\text{s} + 12{,}5\,\text{s}}{4} = 12{,}325\,\text{s}.$$

Da die Messwerte 3 sinnvolle Ziffern haben, wird auch der Mittelwert auf 3 sinnvolle Ziffern gerundet:
$\bar{t} = 12{,}3\,\text{s}$.
Die Angabe weiterer Ziffern ist physikalisch nicht sinnvoll.

Rechnen mit Messwerten Tina legt die 75,0 m in 12,3 s zurück. Aus Weg und Zeit berechnet man Tinas (durchschnittliche) Geschwindigkeit:

$$v = \frac{s}{t};\quad v = \frac{75{,}0\,\text{m}}{12{,}3\,\text{s}} = 6{,}097\,56\,\frac{\text{m}}{\text{s}}.$$

Da die beiden Messwerte mit 3 sinnvollen Ziffern angegeben sind, runden wir das Ergebnis ebenfalls auf 3 sinnvolle Ziffern:
$v = 6{,}10\,\frac{\text{m}}{\text{s}}$.
Auch bei Produkten wird das Ergebnis auf so viele sinnvolle Ziffern gerundet, wie der Messwert mit der geringsten Anzahl an sinnvollen Ziffern hat. Beispiel zur Flächenberechnung:
$A = 4{,}5\,\text{m} \cdot 2{,}25\,\text{m} = 10\,\text{m}^2$.
Bei Summen und Differenzen wird das Ergebnis mit der Genauigkeit des ungenauesten Messwerts angegeben:
$l = 6{,}5\,\text{cm} + 3{,}24\,\text{cm} = 9{,}7\,\text{cm}$.

Aufgaben

1 Berechne und runde sinnvoll:
a Volumen $V = 4{,}5\,\text{m} \cdot 2{,}25\,\text{m} \cdot 0{,}4\,\text{m} = ?$
b Abstand $d = 82\,\text{km} - 6{,}1\,\text{km} = ?$

2 Bei der Fahrt eines Experimentierwagens wurden Wege und Zeiten gemessen. → [1]
a Berechne die Quotienten „Weg durch Zeit" (nicht für die Startzeit $t = 0\,\text{s}$). Was stellst du fest? Welche Größe wird berechnet?
b Berechne den Mittelwert der Quotienten.

s in m	0	0,20	0,40	0,60	0,80	1,00
t in s	0	0,39	0,78	1,14	1,57	1,92

[1] Messwerte für den Experimentierwagen

> die unsichere Ziffer
> die sinnvollen Ziffern
> der Mittelwert

Methode

Physikalische Rechenaufgaben lösen

Im Physikunterricht werden oft Textaufgaben gestellt. Zur Lösung musst du immer wieder mit physikalischen Größen rechnen. Die folgenden drei Anleitungen sollen dir dabei helfen. Sie werden in den beiden Beispielen auf der rechten Seite angewendet. → [2] [3]

Schritt für Schritt Löse physikalische Rechenaufgaben in mehreren Schritten:
1. Analysiere die Aufgabe. Schreibe gegebene und gesuchte Größen mit Einheiten auf.
2. Schreibe eine Gleichung für die Größen auf.
3. Stelle nach der gesuchten Größe um.
4. Setze Maßzahl und Einheit der gegebenen Größen ein. Eventuell wird die Rechnung einfacher, wenn du Einheiten umrechnest.
5. Kürze Einheiten, wenn es möglich ist.
6. Berechne die gesuchte Maßzahl. Runde sie physikalisch sinnvoll.
7. Gib das Ergebnis mit Maßzahl und Einheit an.

Gleichungen umstellen Oft musst du eine gegebene Gleichung erst nach der gesuchten Größe umstellen:

$a = \frac{b}{c} \quad |\cdot c$

$a \cdot c = b \quad |:a$

$c = \frac{b}{a}$

Maßzahlen sinnvoll angeben Runde deine Rechenergebnisse sinnvoll (siehe „Rechnen mit Messwerten" auf der linken Seite).
Bei der Umrechnung von Einheiten darf sich die Anzahl sinnvoller Ziffern nicht ändern.

Franzi fährt mit $27 \frac{km}{h}$ Rad. Berechne die Strecke in m, die Franzi in 13,0 s zurücklegt.

Gegeben: $t = 13{,}0\,s;\ v = 27\frac{km}{h}$ Gesucht: s in m

Gleichung: $v = \frac{s}{t} \quad |\cdot t$

$v \cdot t = s$

Einsetzen, Kürzen, Rechnen:

$s = 27\frac{km}{h} \cdot 13{,}0\,s \qquad 27\frac{km}{h} = \frac{27}{3{,}6}\frac{m}{s} = 7{,}5\frac{m}{s}$

$s = 7{,}5\frac{m}{s} \cdot 13{,}0\,s = 97{,}5\,m$

Runden:

13,0 s: 3 sinnvolle Ziffern; $27\frac{km}{h}$: 2 sinnvolle Ziffern → Weg: 2 sinnvolle Ziffern

Ergebnis: $s = 98\,m$

[2] Beispiel: Berechnung des Wegs

Ein Zug fährt mit $90\frac{km}{h}$ durch einen 420 m langen Bahnhof. Berechne die Zeit in s, bis die Spitze des Zugs am Bahnhofsende ist.

Gegeben: $v = 90\frac{km}{h};\ s = 420\,m$ Gesucht: t in s

Gleichung: $v = \frac{s}{t} \quad |\cdot t$

$v \cdot t = s \quad |:v$

$t = \frac{s}{v}$

Einsetzen, Kürzen, Rechnen:

$t = \frac{420\,m}{90\frac{km}{h}} \qquad 90\frac{km}{h} = \frac{90}{3{,}6}\frac{m}{s} = 25\frac{m}{s}$

$t = \frac{420\,m}{25\frac{m}{s}} = 16{,}8\,s$

Runden:

$90\frac{km}{h}$: 2 sinnvolle Ziffern; 420 m: 3 sinnvolle Ziffern → Zeit: 2 sinnvolle Ziffern

Ergebnis: $t = 17\,s$

[3] Beispiel: Berechnung der Zeit

Physikalische Größen: die Geschwindigkeit

D Aufgaben

Geschwindigkeiten

Berechne im Folgenden mithilfe der Tabellen und Fotos und gib jeweils eine Antwort. Achte stets auf die Größenangaben!

1. Wie weit kannst du in 3,0 h zu Fuß gehen?

2. Wie weit fliegt ein Passagierflugzeug in 10 min?

3. Mit welcher Geschwindigkeit in $\frac{km}{h}$ umkreist der Mond die Erde?

4. Wer ist schneller: ein Auto auf der Landstraße oder ein Gepard?

5. Wie viel Zeit – in s und in min – benötigt eine Schnecke für 1,0 m?

6. Wie lange benötigt der Schall für 1,00 km?

7. Licht ist von der Sonne zur Erde 499 s lang unterwegs. Wie weit ist die Erde von der Sonne entfernt?

8. Wie lange benötigt Licht vom Mond zur Erde? Rechne mit einer Entfernung Erde–Mond von $380 \cdot 10^3$ km.

Geschwindigkeiten in der Natur	
Rennpferd	bis 25 $\frac{m}{s}$
Falke im Angriff	bis 75 $\frac{m}{s}$
Orkan	bis 60 $\frac{m}{s}$
Schall in der Luft	340 $\frac{m}{s}$
Mond um die Erde	$1{,}0 \cdot 10^3$ $\frac{m}{s}$
Licht (im Vakuum)	$2{,}998 \cdot 10^8$ $\frac{m}{s}$

[1]

Geschwindigkeiten im Alltag	
Fußgänger	ca. 5 $\frac{km}{h}$
Radfahrer	ca. 20 $\frac{km}{h}$
Auto, Stadt	bis 50 $\frac{km}{h}$
Auto, Landstraße	bis 100 $\frac{km}{h}$
Passagierflugzeug	bis 1000 $\frac{km}{h}$

[2]

[3] Schnecke: 5,0 $\frac{mm}{s}$

[4] Gepard: bis zu 34 $\frac{m}{s}$

[5] Fächerfisch: bis zu 110 $\frac{km}{h}$

[6] Fußball: bis zu 130 $\frac{km}{h}$

[7] ICE: bis zu 350 $\frac{km}{h}$

[8] Rennwagen: bis zu 360 $\frac{km}{h}$

Im Fokus

Aus dem Straßenverkehr: Geschwindigkeit messen

9 Fahrradtacho: Signalgeber

10 Lichtschranken

11 „Laserpistole"

Fahrradcomputer • An einer Speiche des Vorderrads ist ein kleiner Magnet befestigt und an der Radgabel ein Magnetschalter. ➔ 9 Jedes Mal wenn der Magnet am Schalter vorbeikommt, wird ein Signal an den Fahrradcomputer geschickt. Der Computer hat eine eingebaute Uhr und misst die Zeit zwischen zwei Signalen. Das Fahrrad bewegt sich zwischen zwei Signalen immer um einen Radumfang nach vorne. Der Radumfang ist im Computer eingespeichert. Der Computer berechnet die Geschwindigkeit aus dem Radumfang und der Zeit zwischen zwei Signalen.

Lichtschranken • Das Messgerät enthält fünf Lichtschranken und einen Computer. ➔ 10 Die Zeitmessung beginnt, wenn ein Fahrzeug die erste Lichtschranke verdunkelt. Dann werden die Zeiten bis zum Erreichen der zweiten und der dritten Lichtschranke gestoppt. Aus dem Abstand der Lichtschranken und den Zeiten berechnet der Computer die Geschwindigkeit. Die übrigen Lichtschranken messen den seitlichen Abstand des Fahrzeugs zur Anlage.

„Laserpistole" • Das Gerät sendet Laserblitze aus. ➔ 11 Aus der Laufzeit eines Blitzes vom Messgerät zum Fahrzeug und wieder zurück berechnet ein Computer die Entfernung zum Fahrzeug. Zwei Messungen kurz hintereinander ergeben die Entfernungsänderung, also den zurückgelegten Weg. Zum Schluss wird die Geschwindigkeit aus diesem Weg und der Zeit zwischen zwei Blitzen berechnet.

Aufgaben

1 Bei einem Fahrradcomputer ist ein Radumfang von 2160 mm eingespeichert. Die Zeit zwischen zwei Signalen beträgt 0,30 s. Berechne die Geschwindigkeit.

2 Beschreibe anhand einer Skizze, wie man die Geschwindigkeit eines Autos mit zwei Lichtschranken bestimmen könnte.

3 Erkläre, warum man bei der „Laserpistole" immer zwei Blitze braucht, um die Geschwindigkeit eines Autos zu bestimmen.

Länge, Zeit und Geschwindigkeit

Zusammenfassung

Physikalische Größen • Länge, Zeit, Geschwindigkeit und andere messbare Eigenschaften sind physikalische Größen. Ihre Werte werden als Produkt von Maßzahl und Einheit angegeben:
$s = 12\,\text{m}$; $t = 5{,}0\,\text{s}$; $v = 2{,}4\,\frac{\text{m}}{\text{s}}$.

Länge und Zeit sind physikalische Grundgrößen. Sie können nicht aus anderen Größen abgeleitet werden.
Die Geschwindigkeit wird aus Länge und Zeit abgeleitet. Sie ist eine abgeleitete Größe.

Physikalische Größe	Symbol	Einheit	Teile und Vielfache der Einheit
Länge	l, s	1 m	$1\,\text{cm} = 1 \cdot 10^{-2}\,\text{m}$; $1\,\text{mm} = 1 \cdot 10^{-3}\,\text{m}$; $1\,\mu\text{m} = 1 \cdot 10^{-6}\,\text{m}$; $1\,\text{km} = 1 \cdot 10^{3}\,\text{m}$
Zeit	t	1 s	$1\,\text{ms} = 1 \cdot 10^{-3}\,\text{s}$; $1\,\text{min} = 60\,\text{s}$; $1\,\text{h} = 60\,\text{min} = 3600\,\text{s}$; $1\,\text{d} = 86\,400\,\text{s}$
Geschwindigkeit	v	$1\,\frac{\text{m}}{\text{s}}$	$1\,\frac{\text{m}}{\text{s}} = 3{,}6\,\frac{\text{km}}{\text{h}}$ (Umrechnung)

[1] Drei physikalische Größen

Gleichförmige Bewegung • Ein Gegenstand legt bei gleichförmiger Bewegung in gleichen Zeiten gleich lange Wege zurück. Der zurückgelegte Weg ist direkt proportional zur benötigten Zeit: $s \sim t$. Im Zeit-Weg-Diagramm ergibt sich eine Ursprungshalbgerade. → [2]

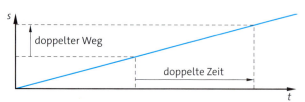

[2] Gleichförmige Bewegung: Zeit-Weg-Diagramm

Geschwindigkeit • Bei gleichförmiger Bewegung ist der Quotient aus Weg und Zeit konstant (Wertepaare sind quotientengleich). Der Proportionalitätsfaktor gibt die Geschwindigkeit an: $v = \frac{s}{t}$.

Genauigkeit beim Messen • Der Messbereich eines Messgeräts wird durch den kleinsten und den größten ablesbaren Wert begrenzt. Die Messgenauigkeit wird durch die kleinste Einteilung der Skala bestimmt. Jede Messung ist mit einem Messfehler verbunden.

Sinnvolle Ziffern • Das sind die am Messgerät abgelesenen Ziffern:
- $s = 100\,\text{m}$ → 3 sinnvolle Ziffern
- $t = 14\,\text{s}$ → 2 sinnvolle Ziffern

Rechenergebnisse sinnvoll angeben • Bei Produkten und Quotienten von Messwerten werden die Rechenergebnisse auf so viele sinnvolle Ziffern gerundet, wie der Messwert mit der kleinsten Anzahl von sinnvollen Ziffern hat:

$v = \frac{100\,\text{m}}{14\,\text{s}} = 7{,}1\,\frac{\text{m}}{\text{s}}$ → 2 sinnvolle Ziffern.

Bei Summen und Differenzen wird das Ergebnis mit der Genauigkeit des ungenauesten Messwerts angegeben:
$s = 3{,}7\,\text{m} - 0{,}52\,\text{m} = 3{,}2\,\text{m}$.

Aufgaben

1 Gib für die folgenden Messwerte jeweils an, welche physikalische Größe gemessen wurde:
3,6 s; 4,7 dm; 12 d; 60 $\frac{km}{h}$; 1,5 h; 25 $\frac{m}{s}$; 7,5 nm.

2 Gib für die folgenden Messwerte jeweils ein mögliches Längenmessgerät an:
l = 6,8 cm; s = 4,52 m; d = 3,6 mm.

3 Gib jeweils die gemessene physikalische Größe, die Messgenauigkeit und die Anzahl der sinnvollen Ziffern an. → 3 – 6

3

4

5

6

4 Erkläre, worin sich die beiden Messwerte unterscheiden: l = 2,3 m; l = 2,35 m.

5 Stefan misst die Länge eines Stifts mit dem Lineal. Er gibt als Messwert an: 10,33.
Gib den Messwert vollständig und physikalisch sinnvoll an. Begründe deine Korrekturen.

6 Beim Fußballspielen auf der Wiese werden die Tore in der Einheit „1 Fuß" ausgemessen. Beschreibe, was beachtet werden muss, wenn es dabei gerecht zugehen soll.

7 Übertrage die folgende Tabelle in dein Heft und ergänze die fehlenden Angaben. → 7

Messwert	Physikalische Größe	Messgenauigkeit	Anzahl sinnvoller Ziffern
s = 3,75 m	?	?	?
t = 43 min	?	?	?
l = 0,26 cm	?	?	?
v = 120 $\frac{km}{h}$	?	?	?

7 Messwerte physikalischer Größen

8 Rechne die Durchmesser um und beachte dabei die Anzahl der sinnvollen Ziffern:
a Erde: 12,7 · 10⁶ m = ? km
b Eizelle (Mensch): 0,25 mm = ? µm
c Wasserstoffatom: 0,1 nm = ? m

9 Für ein Motorrad wurden auf einer Teststrecke Zeiten und Wege gemessen. → 8
a Überprüfe rechnerisch, ob der Weg s direkt proportional zur Zeit t ist. Formuliere ein Ergebnis.
b Stelle die Motorradfahrt in einem Zeit-Weg-Diagramm dar.

t in s	0	2,0	4,0	6,0	8,0	10,0
s in m	0	50	98	152	200	249

8 Fahrt eines Motorrads

10 In den folgenden Sätzen geht es um gleichförmige Bewegungen. Ergänze jeweils „kleiner" oder „größer".
a Je länger die Zeit für einen bestimmten Weg ist, desto ... ist die Geschwindigkeit.
b Je länger der Weg in einer bestimmten Zeit ist, desto ... ist die Geschwindigkeit.

Länge, Zeit und Geschwindigkeit

Aufgaben

11 In einem Versuch wurde die Bewegung von zwei Modellautos untersucht. → 1
  a Lies aus dem Zeit-Weg-Diagramm ab, welche Strecke die Wagen in folgenden Zeiten zurückgelegt haben: 2,0 s; 3,5 s; 4,5 s; 6,0 s.
  b Lies aus dem Diagramm ab, welche Zeiten sie für 5,0 m und für 12,0 m gebraucht haben.
  c Gib an, welcher Wagen schneller war. Begründe deine Antwort.
  d Bestimme die Geschwindigkeit der Wagen. Wähle dazu jeweils einen Punkt auf dem Graphen und lies die zugehörigen Werte für s und t ab.

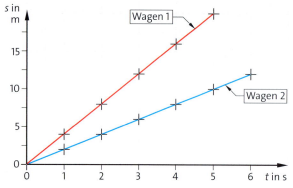

1 Zeit-Weg-Diagramm der Modellautos

12 Berechne jeweils die (durchschnittliche) Geschwindigkeit in $\frac{m}{s}$ und in $\frac{km}{h}$:
  a 100-m-Lauf: 10,0 s
  b 500-m-Eisschnelllauf: 35 s
  c 1000-m-Radfahren (hinter einem Auto): 17,6 s
  d Skiabfahrt, Länge 1950 m: 68,35 s

13 Berechne den Weg, den ein Auto bei einer Geschwindigkeit von 50 $\frac{km}{h}$ in 1 s zurücklegt.

14 Wer sein Handy beim Radfahren bedient, gefährdet sich und andere. Berechne, welche Strecke du bei einer Geschwindigkeit von 20 $\frac{km}{h}$ zurücklegen würdest, wenn du 3,0 s lang auf dein Handy schaust.

15 Ein Tischtennisball kann eine Geschwindigkeit von 180 $\frac{km}{h}$ erreichen. Berechne, welche Zeit er bei dieser Geschwindigkeit von einem Ende der Platte zum anderen benötigt. Die Platte hat eine Länge von 2,74 m.

16 Für Anita, Björn, Helen und Katharina fängt die Schule um 07:40 Uhr an. Berechne, wann sie starten müssen, um pünktlich anzukommen. Wer muss am frühesten aufbrechen?
  a Anita geht 1,5 km zu Fuß: $v = 4{,}0\ \frac{km}{h}$.
  b Björn fährt die 8 km bis zur Schule mit dem Fahrrad: $v = 14\ \frac{km}{h}$.
  c Helen kommt mit dem Mofa: $v = 24\ \frac{km}{h}$. Ihr Weg ist 11 km lang.
  d Katharina wird von ihrer Mutter mit dem Auto mitgenommen, weil sie 22 km von der Schule entfernt wohnt: $v = 40\ \frac{km}{h}$.

17 Tanja hat es eilig: In 20 min fängt das Training an und sie muss noch 6,0 km mit dem Fahrrad auf der Landstraße fahren. Sie ist mit 21 $\frac{km}{h}$ unterwegs.
  a Berechne, wie weit Tanja in 20 min kommt. *Tipp:* 20 min = $\frac{1}{3}$ h
  b Berechne, in welcher Zeit Tanja die 6,0 km zurücklegt.

18 Der Schall braucht in Luft bei einer Messung 2,94 s für 1000 m. Berechne:
  a die zugehörige Schallgeschwindigkeit.
  b mit welcher Verzögerung man sein Echo bei dieser Schallgeschwindigkeit hören würde, wenn man 250 m vor einer Felswand steht.

19 „Section Control" ist ein System zur Geschwindigkeitskontrolle im Straßenverkehr. → 2 Das Fahrzeug wird am Anfang und am Ende einer Messstrecke fotografiert. Anhand der gemessenen Zeit zum Durchfahren der Strecke wird dann die (durchschnittliche) Geschwindigkeit des Fahrzeugs berechnet. Berechne mithilfe der Informationen im Bild 2 die Geschwindigkeit des Autos. Fährt es zu schnell?

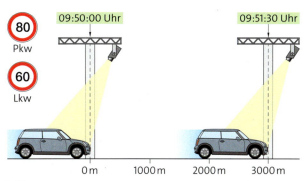

2 Section Control

20 Erde und Geschwindigkeit
a Die Erde dreht sich jeden Tag einmal um ihre Achse. → 3 Berechne die Geschwindigkeit eines Menschen am Äquator infolge dieser Drehung.
b In Schweinfurt beträgt die Geschwindigkeit eines Menschen aufgrund der Erddrehung „nur" 1042 $\frac{km}{h}$. Erkläre den Unterschied zum Äquator.
c Die Erde legt auf ihrer jährlichen Reise um die Sonne 937 Millionen Kilometer zurück. Berechne die Geschwindigkeit der Erde auf ihrer Bahn. Vergleiche mit Teil a.

3 Erdumdrehung   4 Rückstrahler

21 Astronauten haben einen Rückstrahler auf dem Mond aufgestellt. → 4 Bei einer Messung braucht ein Laserblitz von der Erde zum Rückstrahler und wieder zurück 2,56 s.
a Berechne, wie weit der Mond entfernt ist.
Tipp: Der Laserblitz breitet sich mit Lichtgeschwindigkeit aus: $c = 300 \cdot 10^6 \frac{m}{s}$.
Hinweis: Als Symbol für die Lichtgeschwindigkeit wird in der Regel c statt v verwendet.
b Berechne, wie lange ein Auto mit 100 $\frac{km}{h}$ für eine gleich lange Strecke benötigen würde.

22 Das Diagramm beschreibt eine Radtour. → 5
a Beschreibe die Fahrt abschnittsweise.
b Berechne die durchschnittliche Geschwindigkeit.
c Berechne den zurückgelegten Weg und die Geschwindigkeit zwischen Minute 3 und 10.

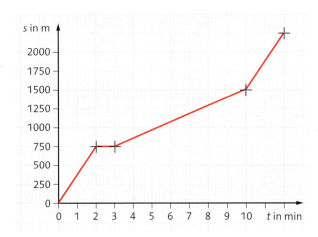

5 Zeit-Weg-Diagramm der Radtour

Kraft – physikalisch gesehen

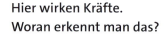

Hier wirken Kräfte.
Woran erkennt man das?

A Aufgabe

Körper, Kräfte, Wirkungen

1 Die Bilder 1–6 zeigen Beispiele, in denen Kräfte wirken oder gewirkt haben.
a Setzt die Tabelle mit den weiteren Bildern fort. → 7
b Sortiert die Beispiele nach den verschiedenen Kraftwirkungen:
 • Kräfte verformen Gegenstände.
 • Kräfte ändern die Bewegung.

Bild	Körper, der die Kraft verursacht	Körper, der die Kraft erfährt	Wirkung der Kraft
1	Hammer	Nagel	Der Nagel wird verformt.
2	Arm	Kugel	Die Kugel wird schneller. Sie wird beschleunigt.
3	?	?	?
…	…	…	…

7 Beispieltabelle

B Versuch

Wirkungen von Kräften

Material: Bälle, Reißnägel, Holzbrett, Bürogummis, Modellautos, Knete, Tischtennisbälle, Strohhalme …

1 Zeigt mithilfe der angegebenen Materialien die Wirkungen von Kräften:
 • Verformung
 • Bewegungsänderung
Entwerft Experimente und präsentiert sie dann vor der Klasse.

die physikalische Kraft
die dynamische Kraftwirkung
die statische Kraftwirkung
elastisch, plastisch

Grundlagen

Kräfte und Wirkungen • Der Hammer bewirkt eine Kraft, die den Nagel verbiegt. → 1 Der Kugelstoßer beschleunigt die Kugel. → 2 Die Hand lenkt den Wasserstrahl ab. → 3 Die Hand des Eishockeytorwarts bremst den Puck ab. → 4
Immer wirken zwei Körper aufeinander, damit Kräfte entstehen. Dabei werden Körper schneller, langsamer, umgelenkt oder verformt. → 8 – 13

> Damit Kräfte entstehen, müssen zwei Körper aufeinander einwirken. Die Ursache für die Bewegungs- oder Formänderung eines Körpers wird in der Physik Kraft genannt.

Beachte: Der Begriff Kraft wird im Alltag oft nicht im physikalischen Sinn benutzt: Sehkraft, politische Kraft, Urteilskraft, Fachkraft ...

Dynamisch – statisch • Bei Bewegungsänderungen eines Körpers spricht man von dynamischer Kraftwirkung (griech. *dynami*: Kraft, Stärke). → 8 – 10
Bei Verformungen eines Körper spricht man von statischer Kraftwirkung (lat. *stare*: stehen, stehen bleiben). → 11 12

Elastisch – plastisch • Der Bogen wird beim Spannen nur vorübergehend verformt (elastische Verformung). → 5 Danach kehrt er wieder in seine ursprüngliche Form zurück.
Der Nagel wird dagegen dauerhaft verformt (plastische Verformung). → 1

Zum Anschieben des Wagens ist Kraft nötig. Wirkung der Kraft: Änderung der Geschwindigkeit

Zum Abbremsen des Wagens ist Kraft nötig. Wirkung der Kraft: Änderung der Geschwindigkeit

Zum Umlenken des Wagens ist Kraft nötig. Wirkung der Kraft: Änderung der Bewegungsrichtung

8 – 10 Kräfte ändern die Bewegung.

Zum Dehnen des Bands ist Kraft nötig. Wirkung der Kraft: Verformung

Zum Verbiegen der Bäume ist Kraft nötig. Wirkung der Kraft: Verformung

Zum Abbremsen und Verbiegen des Autos sind Kräfte nötig. Wirkung der Kräfte: Verformung, Änderung der Geschwindigkeit

11 – 13 Kräfte ändern die Form.

Aufgaben

1 Gib an, woran du erkennst, dass physikalische Kräfte wirken. Beschreibe jeweils ein Beispiel.

2 Beschreibe je ein Beispiel für eine statische/dynamische Kraftwirkung.

3 Entscheide und begründe jeweils, ob physikalische Kräfte wirken.
a Der Tennisschläger trifft den Ball.
b Der Sportler beweist starke Nerven.
c Seife hat eine große Waschkraft.
d Ein Auto rammt einen Baum.
e Die Richterin hat große Urteilskraft.
f Die Jacke hängt am Kleiderhaken.

Kraftpfeile

1 Richtig treffen – die Torwand und den Ball

Peter möchte links oben ins Loch treffen. Dazu reicht es nicht, einfach nur kräftig gegen den Ball zu treten. Was muss Peter beachten?

A Versuch

Tischtennisball anblasen

Material: Tischtennisball, Strohhalm

1 Lasst den Ball langsam über den Tisch rollen. Pustet ihn mit dem Strohhalm an, sodass der Ball:
• abgelenkt wird
• schneller rollt
• langsamer rollt
Beschreibt jeweils genau, wie es euch gelingt.

B Versuch

Nägel einschlagen

Material: Hammer, Nägel (ca. 5 cm lang), dickes Brett

1 Schlagt einen Nagel mit dem Hammer ein wenig in das Brett ein, sodass er von alleine steht. Versenkt ihn dann mit einem einzigen Schlag!

Tipp: Ein genauerer Schlag kann besser sein als ein besonders kräftiger. Beschreibt, woran ihr die Wirkung der Kraft erkennt. Wovon hängt sie ab?

Achtung • Seid vorsichtig mit dem Hammer. Schlagt nicht auf eure Finger!

C Versuch

Zollstock aufstellen

Material: Zollstock, Gummiband

1 Richtet den Zollstock mit dem Gummiband auf. → 2 Befestigt es mal am Ende des Zollstocks, mal in der Mitte, mal … Vergleicht, wie groß die Kräfte jeweils sind.

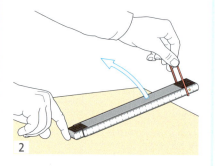

2

> der Betrag der Kraft
> die Richtung der Kraft
> der Angriffspunkt der Kraft
> der Kraftpfeil

Grundlagen

Betrag, Richtung, Angriffspunkt • Die Flugbahn des Fußballs hängt von drei Bestimmungsstücken der Kraft ab, mit der der Ball getreten wird:
- „Größe" oder Betrag der Kraft (Wie fest schießt Peter?)
- Richtung der Kraft (Wohin schießt Peter?)
- Angriffspunkt der Kraft (Wo trifft Peters Fuß den Ball?)

Kraftpfeil • Kräfte stellen wir in Zeichnungen durch einen Pfeil dar: → ⟨3⟩
- Der Pfeil beginnt am Angriffspunkt der Kraft.
- Der Pfeil zeigt in dieselbe Richtung wie die Kraft.
- Der Pfeil ist umso länger, je größer der Betrag der Kraft ist.

> In der Physik wird eine Kraft durch Betrag, Richtung und Angriffspunkt bestimmt. Wir zeichnen sie als Pfeil.

Schreibweise • Wir verwenden zur Bezeichnung der Größe Kraft das Symbol $\vec{F}$ (engl. *force*: Kraft). Der Pfeil über dem F weist darauf hin, dass die Kraft eine Richtung hat. Für den Betrag der Kraft schreibt man $|\vec{F}|$ oder einfach F.

Aufgaben

1 Nenne die drei Bestimmungsstücke einer Kraft.

2 Gib an, wann zwei Kräfte auf einen Körper dieselbe Wirkung haben.

3 Sechs Kinder ziehen am Sprungtuch. → ⟨4⟩ Gib an, welche Kräfte:
a denselben Betrag haben
b dieselbe Richtung haben

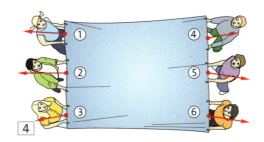
4

4 Spieler A schießt mit geringer Kraft in das rechte obere Eck. → ⟨5⟩ Spieler B schießt mit doppelter Kraft nach links unten. Fertige zwei Skizzen an und trage die Kraftpfeile ein.

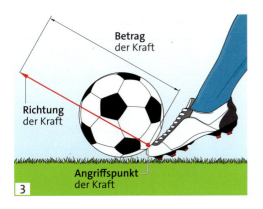
3

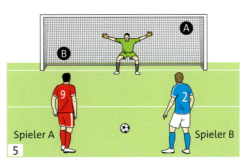
5

Gewichtskraft und Gravitation

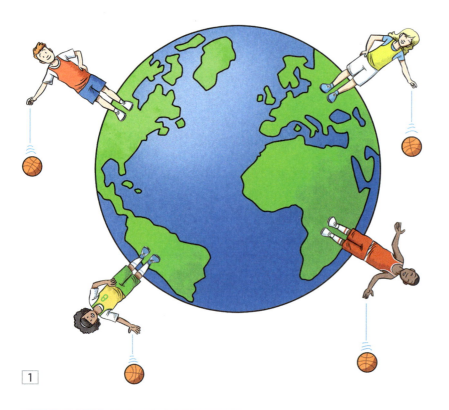

Das weiß doch jeder: Wenn man einen Ball loslässt, fällt er nach unten. Aber wo ist unten?

1

A Aufgabe

Fallende Steine

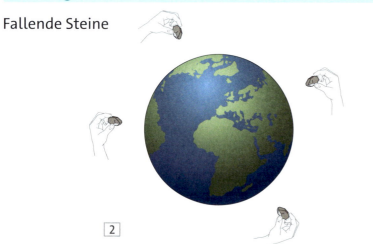

2

1 Wenn du einen Stein in der ausgestreckten Hand hältst, spürst du, wie er zur Erde gezogen wird. Lässt du ihn los, dann fällt der Stein.

Wie läuft dieser Fallversuch an verschiedenen Stellen der Erde ab? → 2 Fertige eine Skizze an und zeichne die Kraftpfeile ein.

B Aufgabe

Auf dem Mond

1 Der Astronaut geht trotz des schweren Rucksacks leichtfüßig die Leiter hinab. → 3 Vermute, warum es ihm so leicht fällt.

3

die Gravitation
die Gravitationskraft
die Gewichtskraft

Grundlagen

Nach unten fallen • Wenn du einen Ball loslässt, fällt er zu Boden. Die Fallstrecke liegt jeweils auf einer Geraden durch den Erdmittelpunkt. → 4 Auch in Afrika fällt der Ball zum Erdmittelpunkt hin. Nach unten fallen bedeutet überall auf der Erde, dass ein Gegenstand in Richtung Erdmittelpunkt fällt.

Gravitation • Warum fällt alles zur Erde hin? Die Physiker erklären es damit, dass die Erde alles anzieht. Der englische Forscher Isaac Newton (1643–1727) erkannte sogar:

> Alle Körper ziehen sich gegenseitig an. → 5 Die Anziehungskräfte sind umso größer, je größer die Massen der Körper sind. Daher spricht man von Gravitation (lat. *gravis:* schwer). Die Gravitationskräfte nehmen mit größerem Abstand der Körper ab.

Du ziehst also deinen Nachbarn an und er dich. Weil eure Massen klein sind, bemerkt ihr die winzigen Gravitationskräfte nicht. Bei Erde, Mond und anderen Himmelskörpern ist das anders. Bei der Gravitation wirken Kräfte auch ohne dass sich die Körper berühren.

Gewichtskraft • Je größer die Masse – in der Alltagssprache das „Gewicht" – eines Körpers ist, desto größer ist die Gravitationskraft zwischen ihm und der Erde. Man spricht daher auch von der Gewichtskraft auf den Körper. Sie wirkt stets in Richtung Erdmittelpunkt.

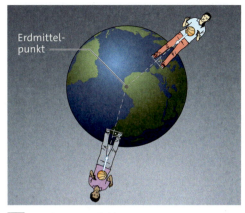

4 Nach unten fallen

Je weiter ein Körper vom Erdmittelpunkt entfernt ist, desto kleiner ist die Gewichtskraft auf den Körper. → 6

> Die anziehende Kraft der Erde auf Körper in ihrer Nähe bezeichnen wir als Gewichtskraft $\vec{F}_G$. Sie ist keine Eigenschaft der Körper, sondern hat als Ursache die Gravitation.

Auch der Mond zieht alle Körper in seiner Nähe an. Die Gewichtskraft ist auf dem Mond aber viel kleiner als auf der Erde.

Aufgaben

1 Gib in einem Satz an, was man unter Gravitation versteht.

2 Ein Satellit kreist um die Erde. Skizziere die Situation und zeichne die Gravitationskräfte ein.

3 Gib an, wovon die Gravitationskräfte zwischen zwei Körpern abhängen.

5 Gravitationskräfte

6 Abstand wird größer → Gewichtskraft wird kleiner.

Gewichtskraft und Gravitation

Im Fokus

Aus der Geschichte: Newton und die Gravitation

Vom Apfel zur Gravitation • Von Isaac Newton wird die folgende Geschichte erzählt: → 1
An einem Herbstabend sitzt Isaac unter einem Apfelbaum. Da löst sich ein Apfel und fällt neben Isaac ins Gras. „Warum fällt der Apfel eigentlich zur Erde – und das stets senkrecht?", fragt sich Newton. „Wird er von der Erde angezogen? Wird auch der Mond von der Erde angezogen und so auf seiner Bahn gehalten?"
Zwanzig Jahre später (!) präsentierte Newton seine Antwort: Alle Körper ziehen sich gegenseitig an. Die Anziehungskräfte sind umso größer, je größer die Massen sind und je kleiner der Abstand der Körper voneinander ist.

Nachweis der Gravitation • Newton konnte nun erklären, was den Mond auf seiner Bahn um die Erde hält sowie die Erde auf ihrer Bahn um die Sonne und wie es zu Ebbe und Flut kommt. Viele Zeitgenossen glaubten trotzdem nicht, dass sich alle Gegenstände gegenseitig anziehen. Wie könnten dann zwei Schiffe aneinander vorbeifahren, ohne dass sie wegen der gegenseitigen Anziehung zusammenstoßen? Erst 100 Jahre später wies Henry Cavendish in einem Versuch nach, dass sich zwei Bleikugeln tatsächlich gegenseitig anziehen. Die Anziehungskraft war winzig. Der Versuch geht vereinfacht so: → 2 Zwei Bleigewichte sind an den Enden eines schmalen Bretts befestigt. Diese „Hantel" hängt an einer Nylonschnur mitten im Raum, damit die Wände keinen Einfluss haben. Wenn alles zur Ruhe gekommen ist, werden zwei schwere Steine in der Nähe der Bleigewichte platziert. Nun dreht sich die „Hantel" in einigen Minuten zu den Steinen!

Aufgaben

1 Nenne Newtons Ergebnisse zur Gravitation.

2 Beschreibe einen Versuch, mit dem man die Gravitationskraft nachweisen kann.

1 Newton und der Apfel

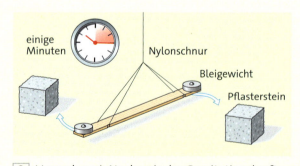

2 Versuch zum Nachweis der Gravitationskraft

Im Fokus

Aus der Astronomie: Schwarze Löcher

Stellare Schwarze Löcher • Im Weltall gibt es viele spannende Himmelskörper. Dazu gehören die stellaren Schwarzen Löcher. Das sind nicht wirklich Löcher im Weltall, sondern massive Überreste von explodierten Sternen (lat. *stella:* Stern). Die Masse eines stellaren Schwarzen Lochs ist mindestens 2,5-mal so groß wie die Masse unserer Sonne. Bei der Explosion wird diese unvorstellbar große Masse auf eine Kugel von wenigen Kilometern Durchmesser zusammengepresst.

Schwarze Löcher üben riesige Anziehungskräfte auf alles in ihrer Nähe aus. Die Gewichtskräfte sind so groß, dass keine Rakete abheben könnte. Selbst das Licht wird so stark angezogen, dass es nicht aus dem Schwarzen Loch entkommt. Deshalb erscheint ein Schwarzes Loch vom Weltraum aus vollkommen schwarz.

Supermassereiche Schwarze Löcher • Astronomen vermuten, dass alle Galaxien durch Gravitationskräfte von besonders schweren Schwarzen Löchern in ihrem Zentrum zusammengehalten werden. → 3 Ein Schwarzes Loch mit viermillionenfacher Sonnenmasse befindet sich im Zentrum unserer Galaxie, der Milchstraße.

Wie die supermassereichen Schwarzen Löcher entstanden sind, wird noch erforscht.

Aufgaben

1 Beschreibe, aus welchen Himmelskörpern ein stellares Schwarzes Loch entsteht.

2 Erkläre, warum manche Himmelskörper als Schwarzes Loch bezeichnet werden.

3 Die Andromeda-Galaxie wird von einem supermassereichen Schwarzen Loch zusammengehalten.

Kräftepaare

Mit einem Startblock kann man besonders kraftvoll antreten – aber er muss gut befestigt sein!

1 Auf die Plätze, fertig, los!

A Versuch

Anfahren mit dem Fahrrad

Material: Fahrrad, Kiesweg, geteerte Straße

1 Tretet beim Starten mit dem Fahrrad im kleinsten Gang kräftig in die Pedale:
  • auf dem Kiesweg
  • auf der geteerten Straße
a Beschreibt beide Startversuche.
b Vergleicht, ob ihr eure Kräfte in beiden Fällen gleich gut einsetzen konntet. Erklärt den Unterschied.
c Stellt euch vor, ihr würdet auf einer vereisten Straße starten. Beschreibt und erklärt, was geschehen würde.

B Versuch

Auto und Fahrbahn

Material: Modellauto mit Motor, Brett, Stativstangen

1 Legt das Brett auf die Stangen. → 2 Stellt das Modellauto auf das Brett und lasst es losfahren. Beobachtet genau und beschreibt, was geschieht. Wo treten Kräfte auf?

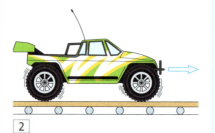

2

C Versuch

Anziehend

Material: flaches Gefäß mit Wasser, 2 „Flöße" aus Styropor, Stabmagnet, gleich schwere Eisenschraube, Klebestreifen

1 Haltet die Flöße fest und lasst sie dann aus 10 cm Abstand los. → 3 Beobachtet, was geschieht. Übt nur der Magnet eine Kraft aus?

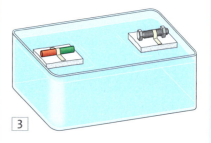

3

das **Kräftepaar**
die **Wechselwirkung**
das **Wechselwirkungsgesetz**

Grundlagen

Bewegung durch Wechselwirkung •
Der Sportler stößt sich mit voller Kraft am Startblock ab. → 1 Wäre der Block nur locker befestigt, würde der Sportler ihn nach hinten wegtreten und hinfallen. Damit der Sportler nach vorne beschleunigt, muss auf ihn eine Kraft wirken. Wie entsteht sie? Die Muskelanstrengung bewirkt ein Kräftepaar an Schuhsohle und Startblock: → 4
- Die eine Kraft drückt den Startblock nach hinten in seine Verankerung.
- Die andere Kraft beschleunigt den Sportler nach vorn.

Auch mit dem Fahrrad kannst du nur nach vorne beschleunigen, wenn auf die Fahrbahn eine Kraft nach hinten wirken kann. → 5 Bei Eisglätte kommt man fast nicht vorwärts.

> **Wechselwirkungsgesetz:** Wenn zwei Körper aufeinander einwirken, entsteht immer ein Kräftepaar. Die beiden Kräfte sind gleich groß, aber entgegengesetzt gerichtet.

Übt ein Körper 1 eine Kraft $\vec{F_1}$ auf einen Körper 2 aus, so wirkt eine gleich große, aber entgegengesetzt gerichtete Kraft $\vec{F_2}$ („Gegenkraft") von 2 auf 1. Oder ganz kurz: $\vec{F_1} = -\vec{F_2}$ und $F_1 = F_2$. (Das Minuszeichen zeigt an, dass $\vec{F_2}$ entgegengesetzt zu $\vec{F_1}$ gerichtet ist.) Kraft entsteht also immer durch die Wechselwirkung von zwei Körpern. Ein einzelner Körper kann physikalisch gesehen keine Kraft haben! Kraft ist keine Eigenschaft eines Körpers.

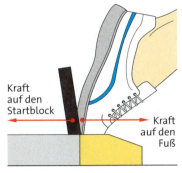

4 Kräftepaar beim Starten

5 Kräftepaar beim Radfahren

actio = reactio • Isaac Newton formulierte das Wechselwirkungsgesetz als Erster: „Die Wirkung ist stets der Gegenwirkung gleich." Oder: „Die Wirkungen zweier Körper aufeinander sind stets gleich und von entgegengesetzter Richtung." Wir sprechen heute von Kraft statt Wirkung. Im lateinischen Original heißt Wirkung *actio* und Gegenwirkung *reactio*. Damit lautet das Wechselwirkungsgesetz: *actio = reactio*.

Aufgaben

1 Kann es eine Kraft alleine geben? Begründe deine Antwort.

2 Frau Rombach schießt mit ihrem Gewehr – und spürt einen „Rückstoß" an der Schulter. Erkläre, wie er zustande kommt. *Tipp:* Auf die Kugel wirkt eine Kraft nach vorne.

3 Erkläre physikalisch,
a wie man beim Schwimmen vorwärtskommt.
b warum man auf Glatteis mit glatten Schuhen nicht vorwärtskommt.

Kräftegleichgewicht

Die trainierenden Skydiver werden von der Gewichtskraft angezogen – und fallen doch nicht zu Boden.
Können sie fliegen?

[1] Trainieren für das Skydiving

A Aufgabe

In der Ruhe liegen Kräfte

1 In den Bildern wirken jeweils zwei Kräfte auf einen Körper – und er bewegt sich nicht! → [2] – [4]
a Skizziert die Situationen im Heft. Zeichnet jeweils die Kräfte auf den Körper ein.
b Was müsst ihr beim Zeichnen der Beträge der Kräfte beachten? Begründet eure Zeichnung.

[2] Körper: Fingerring

[3] Körper: Frau

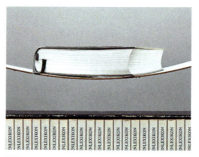

[4] Körper: Buch

B Aufgabe

Schneller geht's nicht

1 Der rollende Radfahrer wird nicht schneller, obwohl ihn eine Kraft die Straße hinunter antreibt. → [5] Auf ihn wirkt noch eine zweite Kraft, die den Antrieb ausgleicht! Skizziert die Situation im Heft. Zeichnet beide Kräfte ein, die auf den Radfahrer wirken. Welcher Körper übt die zweite Kraft aus?

[5] Körper: Radfahrer

Grundlagen

Kräftegleichgewicht in Ruhe • Wenn man eine Kugel an eine Schraubenfeder hängt und loslässt, wird die Feder gedehnt. Die gedehnte Feder versucht sich wieder zusammenzuziehen, sie übt eine Rückstellkraft aus. Auf die Kugel wirken also zwei Kräfte: die Gewichtskraft nach unten und die Rückstellkraft nach oben. → 6 Je weiter die Feder gedehnt wird, desto größer ist ihre Rückstellkraft. Die Feder wird so weit gedehnt, bis beide Kräfte gleich groß sind. Dann kommt die Kugel zur Ruhe. Jetzt herrscht Kräftegleichgewicht.
Auch der schwebende Skydiver befindet sich im Kräftegleichgewicht. → 1 Die Gewichtskraft zieht ihn nach unten, der Luftstrom übt eine genauso große Kraft nach oben aus.

Kräftegleichgewicht in Bewegung • Beim Radfahren gegen den Wind musst du mit aller Kraft strampeln – und wirst doch nicht schneller. → 7 Der Wind übt eine Kraft gegen die Fahrtrichtung aus, die dich bremst (Luftwiderstand). Sie ist genauso groß wie die Antriebskraft. Die Wirkungen der Kräfte heben sich auf: Du bist im Kräftegleichgewicht, die Geschwindigkeit bleibt gleich.

> Ein Körper ist im Kräftegleichgewicht, wenn an ihm zwei gleich große Kräfte mit entgegengesetzten Richtungen angreifen, die sich in ihrer Wirkung aufheben. Seine Bewegung ändert sich dann nicht.

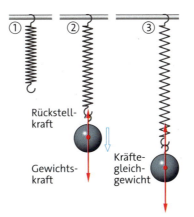

6 Kräftegleichgewicht (3): Die Kugel ruht.

7 Kräftegleichgewicht: Die Radlerin bleibt gleich schnell.

Beachte:
- Beim Kräftegleichgewicht wirken zwei Kräfte auf einen Körper. → 6 7
- Bei Kräftepaaren nach dem Wechselwirkungsgesetz wirken zwei Kräfte auf zwei verschiedene Körper. → 8

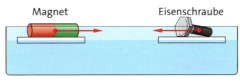

8 Kräftepaar (Wechselwirkungsgesetz)

Aufgaben

1 Beschreibe jeweils mit einer Skizze zwei alltägliche Beispiele für:
a Kräftegleichgewicht in Ruhe
b Kräftegleichgewicht in Bewegung

2 Sowohl beim Kräftegleichgewicht als auch beim Wechselwirkungsgesetz geht es um zwei Kräfte. Beschreibe Gemeinsamkeiten und Unterschiede.

Kräfte messen

1 „Hau den Lukas"

Markus schlägt mit dem Hammer auf das eine Ende einer „Wippe". Auf dem anderen Ende liegt ein Klotz: Je kräftiger der Schlag, desto höher fliegt der Klotz.
Wie kann man sonst noch Kräfte messen?

A Versuch

Kräfte vergleichen

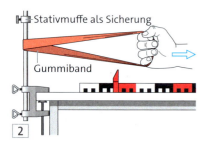

Material: stabiles Gummiband, Messstab, Stativmaterial

1 Befestigt das Gummiband an der fest eingespannten Stativstange. → 2
a Beschreibt, wie ihr im Versuch eure Kräfte vergleichen könnt. Wie erkennt ihr, dass zwei Kräfte gleich groß sind?
b Gebt eine Einheit an, in der man hier die Kräfte messen könnte.

Achtung • Spannt die Stativstange fest ein! Das Gummiband darf nicht abrutschen!

B Versuch

Kräfte messen

Material: 2 gleiche Schraubenfedern, Stativmaterial

1 Hängt zwei Gegenstände an die Federn. → 3
a Beschreibt, woran ihr erkennt, welcher Gegenstand die größere Kraft auf die Feder ausübt.
b Vermutet, wie man bei diesem Versuch erkennt, dass eine Kraft doppelt so groß ist wie eine andere Kraft.
c Gebt für diesen Versuch eine Vorschrift zum Messen der Kräfte an.

das Newton (N)
der Federkraftmesser

Grundlagen

Kraftmessung • Je weiter du ein Gummiband dehnst, desto größer ist deine Kraft. Kräfte kann man auch mit einer elastischen Schraubenfeder messen. Wenn man zum Beispiel eine Kugel an die Feder hängt, wird diese durch die Gewichtskraft gedehnt, die die Kugel zur Erde zieht. → 4 Die Längenänderung der Feder ist ein Maß für die Kraft.

Einheit • Als Einheit der Kraft wurde 1 Newton (1 N) festgelegt. 1 Newton ist ungefähr die Gewichtskraft auf eine 100-g-Tafel Schokolade. → 5

Federkraftmesser • Zum Messen von Kräften verwenden wir Federkraftmesser. Sie enthalten eine elastisch dehnbare Schraubenfeder: → 6
- Kraftmesser für kleine Kräfte haben eine „weiche" Feder, die schon bei geringen Kräften deutlich länger wird.
- Kraftmesser für große Kräfte haben eine „harte" Feder, die sich erst bei größeren Kräften deutlich verlängert.

Auf Kraftmessern ist stets eine maximale Zugkraft angegeben. Sie begrenzt den Messbereich. Noch größere Kräfte würden die Feder zerstören.

> Wir messen Kräfte mit einem Federkraftmesser. Die Verlängerung der Schraubenfeder ist das Maß für die Kraft.
> Die Einheit der Kraft ist 1 Newton (1 N). 1 Newton ist ungefähr die Gewichtskraft auf einen Körper mit einer Masse von 100 g.

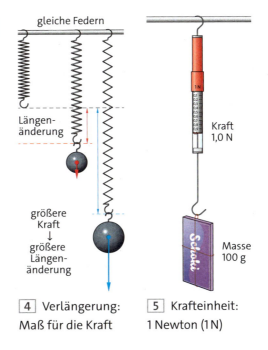

4 Verlängerung: Maß für die Kraft

5 Krafteinheit: 1 Newton (1 N)

Aufgaben

1 Beschreibe, wie ein Federkraftmesser funktioniert.

2 Berechne die Gewichtskraft in N für Körper mit folgenden Massen: → 7
$m_1 = 300\,g$; $m_2 = 750\,g$; $m_3 = 5{,}0\,kg$; $m_4 = 7{,}5\,kg$; $m_5 = 2{,}5\,t$.

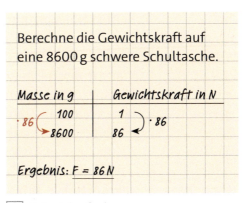

7 Beispielaufgabe

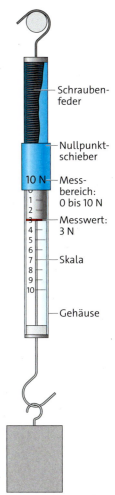

6 Aufbau eines Federkraftmessers

Kräfte messen

C Versuch

Kräfte richtig messen

Material: verschiedene Kraftmesser, Gegenstände zum Anhängen, Stativmaterial

1 Formuliert die drei Regeln kurz und knapp. → [1]

2 Messt die Gewichtskräfte, die auf die verschiedenen Gegenstände wirken. Achtet dabei auf die richtige Auswahl des Kraftmessers. Gebt jeweils den Messbereich und die Messgenauigkeit des Kraftmessers an.

Richtig messen mit einem Federkraftmesser
1. Achtet auf den richtigen Messbereich des Kraftmessers. Zu große Kräfte beschädigen die Feder.
2. Bei vielen Kraftmessern muss der Nullpunkt vor Beginn der Messung richtig eingestellt werden. Dazu haltet ihr den Kraftmesser in derselben Richtung wie bei der Messung und dann schiebt ihr den Nullpunktschieber auf null.
3. Der Messwert muss auf Augenhöhe abgelesen werden – also nicht schräg von oben oder schräg von der Seite.

[1]

D Aufgabe

Kraftmesser ablesen

1 Die Kraftmesser zeigen verschiedene Kräfte an. → [2]
a Lies die Kräfte ab. *Tipp:* 10 Teilstriche ergeben hier jeweils den Messbereich.
b Gib für jeden Kraftmesser die Messgenauigkeit an.

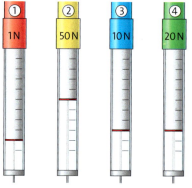

[2] Verschieden große Kräfte

E Aufgabe

Kräfte berechnen

1 Berechne die Gewichtskräfte, die auf die folgenden Gegenstände wirken:
a 1 Becher Sahne: 200 g
b 1 Packung Salz: 500 g
c 1 Packung Zucker: 1 kg
d 1 Sack Kartoffeln: 2 kg
e 1 Päckchen Backpulver: 20 g
f 1 Briefmarke: 0,10 g

F Aufgabe

Kräfte zeichnen

1 Kräfte kann man durch Pfeile darstellen. → [3]
a Ermittle die Beträge der Kräfte in der Zeichnung.
b Zeichne im jeweils angegebenen Maßstab Kräfte mit den folgenden Beträgen:
 • $F_1 = 4{,}5\,\text{N}$; $F_2 = 6{,}8\,\text{N}$
   1 cm entspricht 1 N.
 • $F_3 = 25\,\text{N}$; $F_4 = 36\,\text{N}$
   1 cm entspricht 5 N.
c Wähle jeweils einen günstigen Maßstab und zeichne:
$F_5 = 350\,\text{N}$; $F_6 = 0{,}75\,\text{N}$.

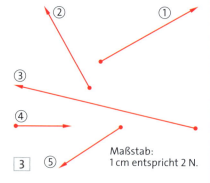

Maßstab: 1 cm entspricht 2 N.

Im Fokus

Aus Umwelt und Technik: Kleine und große Kräfte

Ameisen • Diese Insekten können das 30-Fache ihres eigenen Körpergewichts heben!

Hubkraft: 3 mN

4   Rote Waldameise

Spinnfaden • Wäre der reißfeste Faden so dick wie ein Menschenhaar, könnte er einen Eimer voll Wasser tragen.

Zugkraft: 20 mN

5   Spinnennetz

Gewichtheben • Wei Deng stößt in Rio 2016 mehr als das Doppelte ihrer Körpermasse (63 kg) nach oben.

Hubkraft: 1,5 kN

6   Gewichtheben

Hängebrücke • Die 2,1 km lange Brücke Pont de Normandie wird von 184 Seilen getragen. Jedes ist aus über 30 dicken Stahlseilen geflochten.

Zugkraft eines Tragseils: 270 kN

7   Pont de Normandie

Rakete • Hier bringt die Ariane 5 ES vier Galileo-Satelliten gleichzeitig ins All. Dabei entwickeln ihre Triebwerke eine riesige Schubkraft.

Schubkraft: 14,2 MN

8   Ariane 5 ES

Schwimmkran • Dieser Kran auf dem Wasser kann Brückenteile, Windenergieanlagen oder sogar Schiffe von bis zu 8700 t anheben.

Hubkraft: 87 MN

9   Schwimmkran „Svanen"

Aufgaben

1 Gib alle Kräfte in Newton (N) an. → 4 – 9

2 Stelle dir vor, auch du könntest das 30-Fache deines Körpergewichts hochstemmen. → 4

Gib die gehobene Masse in kg und die Hubkraft in N sowie in kN an.

Gesetz von Hooke

1 Nervenkitzel – mit Sicherheit!

Beim Bungeespringen muss das Seil genau an die Sprungtiefe und das Körpergewicht angepasst sein. Deshalb wird vorher gerechnet – Ausprobieren wäre lebensgefährlich! Zum Rechnen muss man genau wissen, wie sehr sich das Seil durch den Springer verlängert.

A Versuch

Kraft und Verlängerung

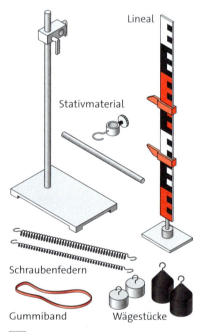

2 Versuchsmaterial

Material: Schraubenfedern, Gummiband, Wägestücke, Lineal, Stativmaterial → 2

1 Wie hängt die Verlängerung der Federn und des Gummibands von der Kraft ab?
a Stellt jeweils eine Vermutung auf.
b Plant einen Versuch, um eure Vermutungen zu überprüfen. Verwendet das abgebildete Material. Skizziert den Aufbau und beschreibt genau, wie ihr den Versuch durchführen wollt.
c Führt den Versuch mit den Federn durch. Notiert die Messwerte. → 3
d Führt den Versuch auch mit dem Gummiband durch.
e Überprüft jeweils, ob die Verlängerung direkt proportional zur Kraft ist. Vergleicht mit euren Vermutungen.

Feder 1				
Masse m in g	50	100	?	?
Gewichtskraft F_G in N	0,50	?	?	?
Verlängerung Δl in cm	?	?	?	?

3 Beispieltabelle für eine Feder

das Gesetz von Hooke
die Federkonstante

Grundlagen

Gesetz von Hooke • Das Bungeeseil dehnt sich ähnlich wie eine Schraubenfeder. Wenn man bei Federn die Verlängerung Δl in Abhängigkeit von der Zugkraft F misst, erkennt man: → 4 – 6
- 2-fache Kraft → 2-fache Verlängerung
- 3-fache Kraft → 3-fache Verlängerung

Die Messwertepaare sind für jede Feder ungefähr quotientengleich. Im Diagramm liegen sie auf Ursprungshalbgeraden. → 7 Daraus folgern wir:

> Kraft F und Verlängerung Δl sind direkt proportional zueinander: $F \sim \Delta l$.

Dieses Gesetz gilt für viele elastisch dehnbare Körper. Es geht auf den Physiker Robert Hooke (1635–1703) zurück.

Federhärte • Für eine Verlängerung um 3,9 cm ist bei Feder 2 eine größere Kraft nötig als bei Feder 1. → 4 5 Man sagt: Feder 2 ist „härter" als Feder 1. Der Proportionalitätsfaktor $\frac{F}{\Delta l}$ wird als Federkonstante bezeichnet. Sie ist umso größer, je „härter" die Feder ist. Im Diagramm gehört zur „härteren" Feder die flachere Ursprungshalbgerade. → 7

> Die Federkonstante D gibt an, wie „hart" eine Feder ist: $D = \frac{F}{\Delta l}$.

Plastisch verformt • Bei zu großen Kräften sind Kraft und Verlängerung nicht mehr direkt proportional zueinander. → 8 Wenn die Feder überdehnt wird, bleibt sie dauerhaft verformt.

F in N	0	5,0	10,0	15,0	20,0
Δl in cm	0	1,0	2,1	3,0	3,9
$\frac{F}{\Delta l}$ in $\frac{N}{cm}$	–	5,0	4,8	5,0	5,1

4 Schraubenfeder 1

F in N	0	7,0	14,0	21,0	28,0
Δl in cm	0	1,0	2,0	2,9	3,9
$\frac{F}{\Delta l}$ in $\frac{N}{cm}$	–	7,0	7,0	7,2	7,2

5 Schraubenfeder 2

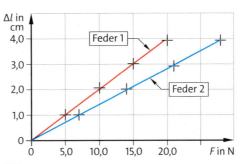

7 Verlängerung und Zugkraft

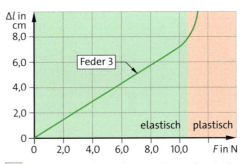

8 Erst elastisch verformt, dann plastisch

Der griechische Buchstabe Δ (sprich: Delta) wird in der Physik für Differenzen verwendet.

Längendifferenz:
$\Delta l = l_2 - l_1$

Wegdifferenz:
$\Delta s = s_2 - s_1$

Zeitdifferenz:
$\Delta t = t_2 - t_1$

6 Δ: Delta

Aufgabe

1 Kraft und Verlängerung → 4 5
a Berechne die Verlängerung der Federn 1 und 2 bei einer Kraft von 35 N.
b Feder 1 wird um 12,5 cm gedehnt. Berechne die Kraft.

Gesetz von Hooke

B Aufgabe

Verschiedene Federn

1 Zum Abfedern der Stöße beim Radfahren braucht man andere Federn als zum Einbau in Kugelschreibern oder zur Federung von Güterwagen. ▸ 1 – 3 Sortiere die drei Federn nach ihrer Härte. Begründe deine Reihenfolge.

1 Fahrradrahmen

2 Kugelschreiber

3 Güterwaggon

C Aufgabe

Kraft und Verlängerung

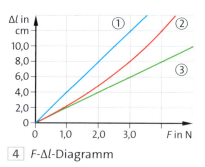

4 F-Δl-Diagramm

1 Drei Körper wurden durch Zugkräfte verlängert. ▸ 4
a Gib an, welche Körper Schraubenfedern sind. Begründe deine Zuordnung.
b Gib an, welche Feder am härtesten bzw. am weichsten ist. Begründe.
c Berechne die Federkonstanten für die Federn.

D Aufgabe

Zerreißprobe

1 Bei der Zerreißprobe wird Stahl geprüft. ▸ 5
a Gib den Bereich im Diagramm an, in dem Kraft und Verlängerung proportional zueinander sind. ▸ 7 Begründe deine Zuordnung.
b Beschreibe, wie sich der Stahlstab in den anderen Bereichen verändert.

Die Zerreißprobe dient dazu, die Güte von Stahl zu beurteilen. Aus dem Stahl wird ein Stab hergestellt und in die Zerreißmaschine eingespannt. Dann werden die Einspannköpfe auseinandergezogen. Die Kraft wird langsam erhöht, bis der Stab reißt. Dabei wird der Zusammenhang zwischen Kraft und Verlängerung aufgezeichnet.

5 Zerreißprobe

6 Zerreißmaschine

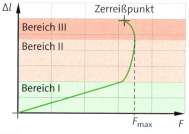

7 Dehnung eines Stabs aus Stahl

Im Fokus

Aus der Technik: Luftfederung

Mountainbikes • Früher wurden Stöße bei Fahrrädern nur durch die luftgefüllten Reifen abgefedert. Heute haben manche Mountainbikes zusätzlich eine zusammendrückbare Radgabel mit einem ölgefüllten Stoßdämpfer und einer Luftfederung. → 8 Das Vorderrad kann sich auf und ab bewegen, während der Lenker auf gleicher Höhe bleibt. Je weiter die Gabel zusammengedrückt wird („Federweg"), desto größer ist die „Federkraft" der eingeschlossenen Druckluft. → 9 Das maximale Luftvolumen kann durch Distanzstücke verkleinert werden. Je kleiner es ist, desto größer ist der Druck in der eingeschlossenen Luft und desto härter ist die Federung. Sehr anspruchsvolle Mountainbiker geben sich damit noch nicht zufrieden. Sie wollen zum Beispiel bergauf eine härtere Federung haben als bergab. Dazu können sie den Luftdruck im Kolben mit einem Hebel bei der Bergfahrt erhöhen, ohne mehr Distanzstücke einzusetzen.

Autos • Viele Autos haben neben Schraubenfedern und ölgefüllten Stoßdämpfern eine veränderbare Luftfederung. Sie reagiert in Bruchteilen von Sekunden darauf, wie der Straßenzustand ist oder ob man in Kurven fährt. Für eine optimale Straßenlage braucht man nämlich bei den Außenrädern eine härtere Federung als bei den Innenrädern.

Aufgaben

1 Beschreibe, wozu die Luftfederung bei Mountainbikes und Autos dient.

2 Beschreibe, wie sich die „Federkraft" in Abhängigkeit vom „Federweg" verändert. → 9

3 Entspricht die Luftfederung dem Gesetz von Hooke? → 9 Begründe deine Antwort.

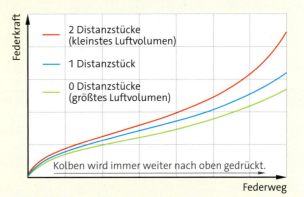

8 Luftfederung eines Mountainbikes

9 Veränderliche Luftfederung

Gesetz von Hooke

E Projekt

Wettbewerb: Kraftmesser selbst bauen

Gute Physikerinnen und Physiker können Messgeräte nicht nur bedienen – sie wissen auch, wie sie funktionieren und wie man sie bauen kann. Stelle dir vor, ein Baumarkt schreibt einen Wettbewerb aus. Du sollst einen „Superkraftmesser" erfinden, der perfekt funktioniert und sich top bauen und verkaufen lässt.

Doch die Konkurrenz ist hart – deine ganze Klasse nimmt teil! Startet einen Wettbewerb, wer den besten Kraftmesser baut.

1 Rechts seht ihr einen Vorschlag für Bewertungskategorien und zu vergebende Punkte. → 2 Einzelheiten legt euer Lehrer oder eure Lehrerin mit euch fest. Vereinbart einen Termin für den Wettbewerb und die Projektabgabe.

2 Kraftmesser bauen
a Plane und baue deinen Kraftmesser. Es gibt viele verschiedene Arten – für eine musst du dich entscheiden.
b Fertige parallel zum Bau deines Kraftmessers eine Mappe mit der Bauanleitung, Fotos und der Materialliste an.
c Erstelle mit deinem fertigen Kraftmesser eine Messreihe. Vergiss die Fotos nicht.
d Schreibe auf, was besonders gut oder eher schlecht lief. Was hat dir Spaß gemacht, was nicht?

3 Am Wettbewerbstag selbst werden mit jedem Kraftmesser drei verschiedene Messungen durchgeführt:
• Zeigt dein Kraftmesser stets den richtigen Wert, so bekommst du die volle Punktzahl.
• Funktioniert dein Kraftmesser überhaupt nicht, so bekommst du zumindest für deine Mühe ein paar Punkte.

Um deine Leistung angemessen würdigen zu können, brauchen die Prüfer Zeit. Deshalb werden die Punkte für das Design und die Mappe erst später vergeben.

1 Beispiele für selbst gebaute Kraftmesser mit Schraubenfedern

Um den „Superkraftmesser" küren zu können, muss die Baumarktleitung festlegen, worauf es ankommt. Was ist wichtig? Was muss der Kraftmesser können, damit er in Serie produziert und gut verkauft werden kann?

1. Funktion (maximal 12 Punkte)
Egal wie toll ein Messgerät aussieht, letzten Endes muss es zuverlässig funktionieren. Prüfe also, ob der neue Kraftmesser genau den erwarteten Wert anzeigt. Hat er Abweichungen, sind die Abweichungen immer dieselben – oder sind die Messwerte völlig unbrauchbar?

2. Dokumentation (maximal 20 Punkte)
Die Baumarktleitung ist gewillt, deinen Kraftmesser zu produzieren. Dazu muss die Fabrik wissen, wie du den Kraftmesser gebaut und was du dafür benötigt hast. Eine möglichst genaue Bauanleitung (mit Fotos) ist also entscheidend. Je ausführlicher sie ist, desto besser kann man den Kraftmesser nachbauen. Du beweist so auch, dass du dein Messgerät selbst gefertigt hast und niemand anders. Liste alle verwendeten Materialien auf! Damit die Massenproduktion reibungslos verläuft, ist es von Vorteil, der ausführenden Firma von deinen Erfahrungen zu berichten. Was lief gut, was schlecht? Gib ein Feedback.
Die Bewertungspunkte könnt ihr so aufteilen:
- bis 12 Punkte: Bauanleitung (Maße, Fotos, Genauigkeit der Bauschritte)
- bis 2 Punkte: Materialliste
- bis 3 Punkte: Feedback
- bis 3 Punkte: Sauberkeit

3. Skala (maximal 11 Punkte)
Natürlich spielt beim Bau eines Kraftmessers sein Messbereich eine Rolle. Einigt euch, ob ihr einen gemeinsamen Messbereich festlegen wollt oder ob er unterschiedlich sein kann. Die Messgenauigkeit soll möglichst hoch sein. Überlege dir also, wie fein deine Skala werden soll. Ist die Feder dafür überhaupt geeignet? Wichtig ist auch, dass du genau erklärst, wie deine Skala überhaupt entstanden ist.
Die Punkte könnt ihr so aufteilen:
- bis 5 Punkte: Fotodokumentation der Entstehung der Skala
- bis 3 Punkte: Erstellung der Skala (Nullpunkt, Skalenerweiterung, Umrechnung)
- bis 3 Punkte: Genauigkeit (Wahl der Skalengröße, Anzeige, Beschriftung)

4. Bauweise (maximal 12 Punkte)
Beim Gang durch den Baumarkt vergleicht der Käufer die Ware nicht nur nach Funktion, sondern auch nach Aussehen. Wie sauber sind die Bauteile verarbeitet? Steht die Einheit an der Skala? Wie stabil ist das Messgerät? Die oftmals entscheidende Frage ist jedoch, wie toll die Ware aussieht. Je besser das Design, desto größer die Verkaufschancen.

5. Qualitätssicherung (maximal 5 Punkte)
Wenn eine Firma deinen Kraftmesser falsch nachbaut, kann sie versuchen, die Schuld auf dich zu schieben. Dann ist es besser, wenn du schon im Voraus eine kleine Messreihe mit Beweisfotos angelegt hast, die zeigen, dass dein Kraftmesser tadellos funktioniert.

2 Bewertungskategorien

Kräfte

Zusammenfassung

1 – 3 Dynamische Kraftwirkungen

Physikalische Kräfte • Damit Kräfte entstehen, müssen immer mindestens zwei Körper aufeinander einwirken.
Die Ursache für die Bewegungs- oder Formänderung eines Körpers wird in der Physik Kraft genannt. → 1 – 5

Wirkung der Kraft: Das Band wird gedehnt. Änderung der Form (elastisch)

Wirkung der Kraft: Der Teig wird geformt. Änderung der Form (plastisch)

4 5 Statische Kraftwirkungen

Kraftpfeile • Eine Kraft wird bestimmt durch Angriffspunkt, Betrag und Richtung. → 6

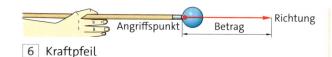

6 Kraftpfeil

Gravitation und Gewichtskraft • Alle Körper ziehen sich gegenseitig aufgrund ihrer Masse an (Gravitation). → 7
Die Gravitationskräfte zwischen zwei Körpern sind umso größer:
• je größer die Massen der Körper sind
• je kleiner der Abstand der Körper ist
Die Gravitationskraft der Erde auf Körper in ihrer Nähe bezeichnen wir als Gewichtskraft $\vec{F}_G$. → 8
Sie ist überall zum Erdmittelpunkt gerichtet.
Die Gewichtskraft ist keine Körpereigenschaft.

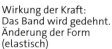

7 Gravitationskräfte   8 Gewichtskraft

Wechselwirkungsgesetz • Wenn zwei Körper aufeinander einwirken, entsteht immer ein Kräftepaar. Die beiden Kräfte greifen an verschiedenen Körpern an und sind gleich groß, aber entgegengesetzt gerichtet. → 9 10

Kräftegleichgewicht • Ein Körper ist im Kräftegleichgewicht, wenn an ihm zwei gleich große Kräfte mit entgegengesetzten Richtungen angreifen, die sich in ihrer Wirkung aufheben. Seine Bewegung ändert sich dann nicht. → 11 12

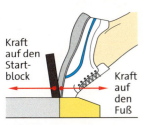

9 10 Kräftepaare (Wechselwirkungsgesetz)   11 12 Kräftegleichgewicht in Ruhe und in Bewegung

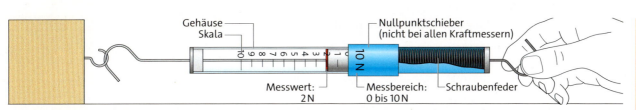

13 Aufbau eines Federkraftmessers

Kraftmessung • Kräfte messen wir mit Federkraftmessern. → 13
Die Einheit der Kraft ist 1 Newton (1 N). 1 Newton ist ungefähr die Gewichtskraft auf einen Körper mit einer Masse von 100 g. → 14

Gesetz von Hooke • Kraft F und Verlängerung Δl sind bei Schraubenfedern direkt proportional zueinander: $F \sim \Delta l$ (für nicht zu große Kräfte). → 15

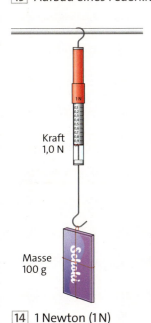
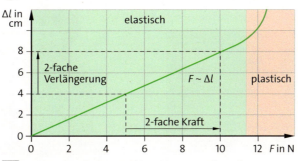

Die Federkonstante D gibt an, wie „hart" die Feder ist:
$D = \dfrac{F}{\Delta l}$.

14 1 Newton (1 N)   15 Schraubenfeder: Verlängerung und Kraft

Kräfte

Aufgaben

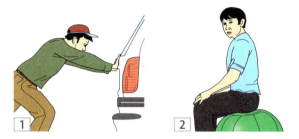

1 Hier wirken Kräfte. → 1 – 4 Nenne jeweils die Wirkung(en) der Kraft und gib an, welche beiden Körper aufeinander einwirken.

2 Die Wirkung einer Kraft auf einen Körper ist von drei Bestimmungsstücken abhängig.
a Gib für den Holzklotz jeweils an, durch welches Bestimmungsstück sich die beiden Kräfte unterscheiden. → 5 – 7
b Beschreibe jeweils die Wirkung der Kraft.

3 Vier Satelliten umkreisen die Erde. → 8 9 Auf sie wirken verschiedene Gewichtskräfte.
a Die Satelliten 1 und 2 haben die gleiche Masse. → 8 Begründe, warum die Kräfte trotzdem verschieden groß sind und in unterschiedliche Richtungen zeigen.
b Die Satelliten 3 und 4 haben den gleichen Abstand zur Erde. → 9 Erkläre, warum die Kräfte unterschiedlich groß sind. Wodurch unterscheiden sich die beiden Satelliten?

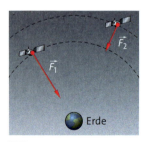

8 Gleiche Satelliten

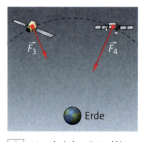

9 Ungleiche Satelliten

5

6

7

4 Max hat sich einen seltsamen Antrieb für sein Rollbrett ausgedacht. → 10 Erkläre, wie der Antrieb funktioniert. Gib an, auf welche Körper eine Kraft wirkt und welche Richtung sie jeweils hat.

10

5 Eine praktische Anwendung des Wechselwirkungsgesetzes ist der Antrieb im Weltraum.
a Astronauten haben für Außenarbeiten im Weltraum ein besonderes Rucksacksystem (SAFER). → 11 Es enthält kleine Schubdüsen, aus denen sie Stickstoff ausströmen lassen können. Auch ohne Verbindungsleine können die Astronauten dadurch zur Raumstation zurückgelangen. Erkläre, wie das gelingt.
b Beschreibe und erkläre, wie man mit einem Luftballon den Antrieb zeigen kann.
c Auch Raketen werden durch diese Art des Antriebs beschleunigt. Beschreibe und erkläre, wie ein Raketenantrieb funktionieren könnte.

6 Gib an, woran man beim Tauziehen erkennt, wenn zwischen beiden Gruppen ein Kräftegleichgewicht herrscht.

7 Ein Flugzeug fliegt mit gleichbleibender Geschwindigkeit in konstanter Flughöhe. → 12
a Ordne den Kraftpfeilen zu: Antriebskraft, Gewichtskraft, Luftwiderstandskraft.
b $\vec{F_2}$ und $\vec{F_3}$ sind entgegengesetzt gerichtet und gleich groß. Beschreibe, was das für die Bewegung des Flugzeugs bedeutet.
c Begründe, warum noch eine vierte Kraft auf das Flugzeug wirken muss. Benenne sie.

8 Für zwei Schraubenfedern wurde der Zusammenhang zwischen Zugkraft F und Verlängerung Δl untersucht. → 13
a Stelle den Zusammenhang zwischen Kraft und Verlängerung für beide Federn in einem Diagramm dar.
b Gilt für die Federn das Gesetz von Hooke? Begründe deine Antwort.

11

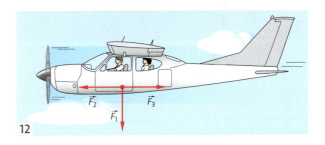

12

F in N	0	0,5	1,0	1,5	2,0	2,5	
Δl in cm	0	2,4	5,1	7,5	10,1	12,5	Feder 1
Δl in cm	0	1,6	3,3	5,0	6,6	8,3	Feder 2

13 Messung an zwei Schraubenfedern

c Berechne für beide Federn die Federkonstante. Gib an, welche Feder härter ist.
d Für beide Federn ist eine maximale Belastbarkeit von 3,0 N angegeben. Vermute, was bei größerer Belastung passieren würde.

9 Eine Schraubenfeder verlängert sich bei einer Zugkraft von 1,2 N um 0,40 m.
a Berechne die Federkonstante.
b Berechne, wie groß die zusätzliche Kraft sein muss, damit sich die Feder von 15 cm auf 40 cm ausdehnt.
c Berechne die Verlängerung Δl für eine Kraft von 2,0 N.

Trägheit

Wer im Bus steht, sollte sich gut festhalten. Sonst kann es zu gefährlichen Situationen kommen.

1 Gut festhalten!

A Versuch

Anfahren und Bremsen

Material: Wagen, Faden, Holzklotz, festes Hindernis

1 Beschreibt jeweils, wie sich die Bewegung von Wagen und Holzklotz ändert:
a Zieht ruckartig am stehenden Wagen. → 2
b Lasst den rollenden Wagen auf ein festes Hindernis prallen. → 3

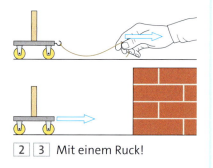

2 3 Mit einem Ruck!

B Versuch

Tricks mit der „Trägheit"

Material: schweres Trinkglas, Blatt Papier, Münze, Sand

1 Beschreibt jeweils, was geschieht:
a Zieht das Papier schnell unter der Münze weg. → 4
b Zieht das Papier schnell unter dem halb vollen Glas weg. → 5 Gelingt der Trick auch mit leerem Glas?

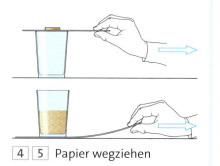

4 5 Papier wegziehen

C Aufgabe

Wo reißt der Faden?

1 Wenn man langsam immer stärker am unteren Faden zieht, reißt der obere Faden.
→ 6 Zieht man dagegen ruckartig und kräftig, reißt der untere Faden!
Erklärt den Unterschied.
Tipp: Die Kraft zum Zerreißen der Fäden ist stets gleich groß. Welche Kräfte wirken auf den oberen Faden?

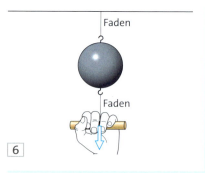

6

Mechanik
Trägheit und Schwere

das Trägheitsgesetz

Grundlagen

Trägheitsgesetz • Stelle dir vor, dass du im Bus stehst und dich nicht festhältst:
- Beim ruckartigen Anfahren fällst du im Bus nach hinten. → 7 Von außen beobachtet, bleibst du an der gleichen Stelle. Du wirst nicht mitbeschleunigt, weil keine Kraft auf dich wirkt.
- Beim plötzlichen Abbremsen fällst du im Bus nach vorne. → 8 Du bewegst dich mit unveränderter Geschwindigkeit geradeaus weiter, weil keine Kraft auf dich wirkt.
- Beim schnellen Kurvenfahren fällst du im Bus zu Seite. → 9 Von außen beobachtet, bewegst du dich geradeaus weiter. Deine Bewegungsrichtung ändert sich nicht, weil keine Kraft auf dich wirkt.

Nur wenn du dich festhältst, kann der Bus Kräfte auf dich ausüben. Dann wirst du abgebremst, beschleunigt und in die richtige Richtung gelenkt.

Alle Körper sind träge. Ihre Geschwindigkeit oder Bewegungsrichtung ändert sich nur, wenn eine Kraft auf sie wirkt (Trägheitsgesetz).

7

8

9

Aufgaben

1 Laura steht im fahrenden Bus. Sie hält sich am Haltegriff fest.
a Gib an, in welchen Situationen das besonders wichtig ist.
b Begründe, weshalb das Festhalten Verletzungen verhindern kann.

2 Im Zugabteil liegt eine Flasche auf dem Boden. → 10
a Gib jeweils an, wann die Flasche in welche Richtung rollt.
b Erkläre, warum die Flasche rollt.

10

Trägheit

Im Fokus

Aus dem Straßenverkehr: Sicherheit im Auto

Folgenreiche Unfälle • Vor 100 Jahren fuhren die Autos zwar noch nicht so schnell wie heute. Sie hatten aber keine Gurte oder Airbags. Wenn ein Auto frontal gegen ein Hindernis krachte, bewegten sich die Insassen infolge ihrer Trägheit ungebremst weiter, bis sie gegen das Lenkrad oder das Armaturenbrett prallten – oder gar durch die Windschutzscheibe geschleudert wurden. Das führte zu schlimmen Verletzungen. Um dies zu verhindern, haben moderne Autos verschiedene Sicherheitssysteme. → 1

Sicherheitsgurt • Bei einem Aufprall zieht der Gurtstraffer den Sicherheitsgurt an den Körper, sodass die Insassen bei ihrer Vorwärtsbewegung aufgefangen werden.

Knautschzone • Als Knautschzone bezeichnet man den vorderen Bereich eines Fahrzeugs, der bei einem Aufprall stark zusammengepresst wird. Dabei wird die Geschwindigkeit des Fahrzeugs und der angeschnallten Insassen verringert, bevor das Fahrzeug abrupt zum Stillstand kommt.

Airbag • Der Kopf der Fahrzeuginsassen wird vom Sicherheitsgurt nur unzureichend geschützt. Hier hilft der Airbag. Er ist ein Kissen, das beim Aufprall auf ein Hindernis sofort aufgeblasen wird. Der Airbag bietet eine große und weiche Aufprallfläche für den Kopf. Er verhindert Verletzungen der Halswirbelsäule oder einen Aufprall des Kopfs auf das harte Lenkrad.

1 Sicherheitsgurt, Airbag und Knautschzone

Kopfstütze • Bei Auffahrunfällen werden die Insassen des vorderen Autos von den Rückenlehnen nach vorne geschleudert. Ihre Köpfe machen diese rasche Bewegungsänderung nicht mit, sie knicken wegen der Trägheit nach hinten ab. Auch bei einem Frontalzusammenstoß wird der Kopf nach dem Aufprall auf den Airbag wieder nach hinten geschleudert. Die Kopfstütze verhindert jeweils, dass die Halswirbelsäule überdehnt wird oder bricht.

Kindersitz • Bei kleinen Kindern würde der Sicherheitsgurt am Hals anliegen und sie könnten unter ihm durchrutschen. Deshalb dürfen Kinder erst ab 12 Jahren oder einer Größe von 1,50 m ohne Kindersitz im Auto mitfahren.

Aufgaben

1 „Der Sicherheitsgurt rettet jeden Tag Menschenleben." Erkläre diese Aussage.

2 Viele Autos haben Seitenairbags. Beschreibe, wie sie die Insassen bei einem Unfall schützen.

Im Fokus

Aus der Raumfahrt: Raumsonde Voyager

Voyager 1 • Im Jahr 1977 startete die Raumsonde ins All. → 2 Sie ist inzwischen das am weitesten von der Erde entfernte Objekt, das je von Menschen gebaut wurde. Aus 39 Milliarden Kilometern Entfernung brauchen ihre Funksignale mehr als 17 Stunden bis zur Erde. Die Sonde wurde im Weltraum auf hohe Geschwindigkeit gebracht. Seitdem braucht sie keinen Antrieb und keinen Treibstoff mehr – und das bei 60 000 Kilometern pro Stunde!

Reibungsloser Flug • Ein Auto verbrennt beim Fahren dauernd Benzin. Sein Motor muss laufen, sonst bleibt es nach kurzer Zeit stehen. Der Grund dafür ist die Reibung, die jede Bewegung auf der Erde abbremst.
Im luftleeren Weltraum spielt Reibung keine Rolle. Solange keine Kraft auf Voyager 1 wirkt, gilt: einmal in Bewegung – immer in Bewegung. Treibstoff wird nur zum Beschleunigen oder Abbremsen sowie zum Ändern der Flugrichtung benötigt.
In etwas mehr als 38 000 Jahren wird Voyager 1 den nächsten Stern passieren, eine schwach leuchtende Sonne im Sternbild Kleiner Bär. Funksignale wird sie nur noch bis 2025 senden, dann ist ihre Batterie erschöpft.

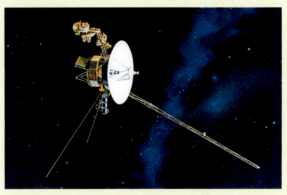

2 Raumsonde Voyager 1 (Zeichnung)

Aufgaben

1 Die Raumsonde Voyager 1 fliegt jahrelang ohne Antrieb durch den Weltraum.
a Erkläre, wie die Bewegung ohne Antrieb möglich ist.
b Ein Auto wird immer langsamer, wenn man seinen Motor auf ebener Strecke ausschaltet. Erkläre den Unterschied zur Sonde.

2 Aus einem Science-Fiction-Film: Der Sternenkreuzer verfolgt ein flüchtendes Raumschiff. Dann fällt der Warp-Antrieb aus – und der Sternenkreuzer bleibt stehen. Beurteile die Szene physikalisch.

3 Die Reise der Voyager 1 (Zeichnung nicht maßstäblich)

Masse

Michelle und David haben die Kugeln gleich weit gestoßen. Wer von beiden setzte die größere Kraft ein?

A Versuch

Trägheit und Masse

Material: 2 kleine Wagen (mit senkrechtem Stift), 2 gleiche Schraubenfedern, Wägestücke, Stab

1 Beladet die beiden Wagen mit unterschiedlich vielen Wägestücken. → 2 Zieht ruckartig am Stab. Beobachtet und beschreibt genau, was mit den Federn und den Wagen geschieht.

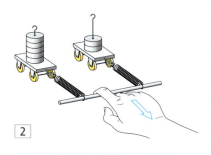

B Versuch

Gewichtskraft und Masse

Material: 1 Stahlkugel und 1 Holzkugel (Kugeln gleich groß, mit Haken), 2 gleiche Schraubenfedern, Stativstange

1 Hängt beide Kugeln an die Federn und lasst sie dann los. → 3 Beschreibt und erklärt eure Beobachtung. *Tipp:* Gewichtskraft, Rückstellkraft, Kräftegleichgewicht

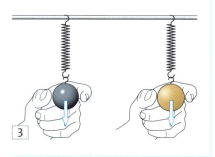

C Versuch

Schwere und Trägheit

Material: 1 große Stahlkugel und 1 große Holzkugel (Kugeln gleich groß, ohne Haken)

1 Hebt beide Kugeln an. Welche Kugel ist schwerer?

2 Bringt beide Kugeln gleich schnell zum Rollen. → 4 Bei welcher Kugel benötigt ihr die geringere Kraft? Gebt an, welche Kugel träger ist.

die **Masse**
das **Kilogramm**
das **Urkilogramm**

Grundlagen

Schwere und Trägheit • Um eine schwere Kugel wegzustoßen, brauchst du eine größere Kraft als bei einer leichten Kugel. Die schwerere Kugel ist viel träger als die leichte Kugel.
Alle Körper zeigen zwei Eigenschaften:
• Sie sind schwer.
• Sie sind träge.
Je schwerer ein Körper ist, desto träger ist er auch. Diese beiden Körpereigenschaften beschreiben wir mit der physikalischen Größe Masse.

> Die Masse eines Körpers ist ein Maß für seine Schwere und seine Trägheit. Je größer die Masse des Körpers ist, desto schwerer und träger ist er.

Messung der Masse • Die Masse eines Körpers kann man mit einer Balkenwaage bestimmen. → Dabei legt man den Körper in die eine Waagschale. In die andere legt man Wägestücke mit genau definierter Masse, bis die Waage im Gleichgewicht ist.
Heute werden Massen meist mit elektronischen Waagen bestimmt. Sie enthalten eine Feder, die sich bei Belastung verformt. Diese Verformung wird durch einen elektrischen Sensor gemessen. Aus dem Messwert wird die Masse berechnet und digital angezeigt.

> Die Masse eines Körpers wird gemessen, indem man sie mit der bekannten Masse von Wägestücken vergleicht.

5 Balkenwaage

6 Kopie des Urkilogramms

Einheit • Im Alltag sagt man häufig „ein Körper wiegt 10 Kilo" oder „er hat ein Gewicht von 10 Kilogramm". Physikalisch ist damit die Größe Masse gemeint. Die Einheit der Masse ist durch das Urkilogramm festgelegt. → 6
Dieser Metallzylinder hat die gleiche Masse wie 1 l Wasser bei 4 °C.

> Die Masse ist eine Grundgröße. Ihre Einheit ist 1 Kilogramm (1 kg). Das Symbol für die Masse ist m.

1 kg = 1000 g
1 g = 1000 mg
1 t = 1000 kg

7 Umrechnungen

Aufgaben

1 Zum Fangen eines Medizinballs brauchst du eine größere Kraft als zum Fangen eines gleich schnellen Fußballs. Erkläre den Unterschied.

2 Beim Anfahren an einer Ampel beschleunigt ein Motorrad viel schneller als ein Auto, obwohl das Auto einen stärkeren Motor hat. Erkläre diese Beobachtung.

3 Rechne um:
a in kg: 200 g, 3880 g, 1,5 t
b in g: 50 kg, 2000 mg, 16 mg

Ortsfaktor

[1] Alan L. Bean auf dem Mond (Apollo 12, 1969)

Die Ausrüstung des Astronauten hat eine Masse von 163 kg. Auf der Erde könnte er sie nicht anheben. Auf dem Mond trägt er die Geräte über viele Meter. Was hat sich auf der Reise zum Mond geändert, was nicht?

A Aufgaben

Zusammenhang zwischen Masse und Gewichtskraft

1 1 Newton (1 N) ist bei uns auf der Erde ungefähr die Gewichtskraft auf einen Körper mit einer Masse von 100 g. Dieser Zusammenhang soll nun etwas genauer untersucht werden.
In einem Versuch wurden bei verschiedenen Wägestücken Masse und Gewichtskraft gemessen. ▸ [2]

a Welcher Zusammenhang besteht zwischen den beiden Größen? Stellt eine Vermutung auf.
b Überprüft eure Vermutung rechnerisch und mit einem Diagramm.

2 Auf dem Mond würde man andere Gewichtskräfte messen. ▸ [3]

a Wertet die Messwerte rechnerisch und grafisch aus.
b Übertragt die Messwertestrecke vom Mond in das Diagramm für die Erde. Vergleicht.
Tipp: Tragt nur das größte Messwertepaar vom Mond in das Diagramm für die Erde ein und zeichnet damit die Strecke.

m in kg	0,100	0,200	0,300	0,400	0,500	0,600
F_G in N	0,98	1,96	2,95	3,91	4,91	5,89
$\frac{F_G}{m}$ in $\frac{N}{kg}$	?	?	?	?	?	?

[2] Messung auf der Erde

m in kg	0,100	0,200	0,300	0,400	0,500	0,600
F_G in N	0,160	0,318	0,486	0,654	0,810	0,978
$\frac{F_G}{m}$ in $\frac{N}{kg}$	?	?	?	?	?	?

[3] Messung auf dem Mond

der Ortsfaktor

Grundlagen

Masse und Ort • Eine 1-kg-Packung Zucker wiegt auf der Erde genauso viel wie auf dem Mond. → 4

> Die Masse ist eine unveränderliche, ortsunabhängige Körpereigenschaft.

4 Masse: nicht vom Ort abhängig

Masse und Gewichtskraft • Die Gewichtskraft auf einen Körper ist direkt proportional zu seiner Masse. Wenn man die Gewichtskraft durch die Masse teilt, erhält man in Mitteleuropa 9,81 $\frac{N}{kg}$, auf dem Mond nur 1,62 $\frac{N}{kg}$. → 5

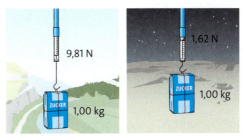

5 Gewichtskraft: vom Ort abhängig

> Masse und Gewichtskraft sind an jedem Ort direkt proportional zueinander: $F_G \sim m$.
> Der Quotient aus Gewichtskraft und Masse ist an jedem Ort konstant. Der Proportionalitätsfaktor wird als Ortsfaktor g bezeichnet: $g = \frac{F_G}{m}$.
> Im Mittel gilt auf der Erde: $g = 9{,}81 \frac{N}{kg}$.

Gewichtskraft und Ort • Die Gewichtskraft auf einen Körper hängt ab:
- von der Masse des Himmelskörpers, auf dem sich der Körper befindet
- von dem Abstand des Körpers zum Mittelpunkt des Himmelskörpers

Daher ist der Ortsfaktor auf verschiedenen Himmelskörpern und an verschiedenen Orten unterschiedlich groß.

> Die Gewichtskraft auf einen Körper ist ortsabhängig. Es gilt:
> Gewichtskraft = Ortsfaktor · Masse
> $F_G = g \cdot m$

Aufgaben

1 Erkläre, wieso Alan L. Bean die Geräte auf dem Mond tragen kann. → 1
Berechne die Gewichtskraft, die dort auf die Ausrüstung wirkt. → 6

2 Eine Marssonde erfährt auf der Erde eine Gewichtskraft von 2,5 kN.
a Berechne die Masse der Sonde.
b Berechne die Gewichtskraft auf dem Mars. *Tipp:* $g_{Mars} = 3{,}69 \frac{N}{kg}$

Berechne die Gewichtskraft in Mitteleuropa auf die Ausrüstung des Astronauten von Bild 1.
Gegeben: $m = 163\,kg$, $g = 9{,}81 \frac{N}{kg}$ Gesucht: F_G in N
$F_G = g \cdot m$
$F_G = 9{,}81 \frac{N}{kg} \cdot 163\,kg = 1599{,}03\,N$
$9{,}81 \frac{N}{kg}$, $163\,kg$: 3 sinnvolle Ziffern → F_G: 3 sinnvolle Ziffern
Ergebnis: $F_G = 1{,}60 \cdot 10^3\,N$

6 Beispielaufgabe

Ortsfaktor

B Aufgaben

Unterschiedliche Gewichtskräfte

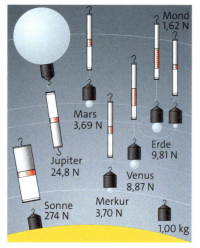

[1] Gewichtskräfte auf verschiedenen Himmelskörpern

1 Die Gewichtskraft auf ein 1-kg-Wägestück ist nicht überall gleich groß. → [1]
a Ordne die Himmelskörper nach dem Betrag der Gewichtskräfte.
b Gib an, woran es liegen könnte, dass die Gewichtskräfte verschieden groß sind.

2 Auf dem Mars
a Gib den Ortsfaktor auf dem Mars an. → [1]
b Ein Astronaut hat mit Raumanzug eine Masse von 120 kg. Berechne die Gewichtskraft, die auf dem Mars auf ihn wirken würde.

3 Die Astronauten von Apollo 15 brachten Mondgestein mit auf die Erde. Die Gewichtskraft auf die Steine betrug auf dem Mond 124 N. Berechne die Masse der Gesteinsproben.

4 Ein Wettersatellit hat eine Masse von 980 kg. In seiner Erdumlaufbahn auf einer Höhe von 36 000 km wirkt eine Gewichtskraft von 302 N auf ihn.
a Berechne den Ortsfaktor in dieser Höhe.
b Vergleiche mit dem Ortsfaktor an der Erdoberfläche.

C Aufgabe

Weltraummission

1 Die Raumsonde Vega 1 setzte 1985 ein Landemodul auf dem Planeten Venus ab und flog dann weiter zum Kometen Halley. → [2]
a Gib den Ortsfaktor auf der Venus an. → [1]
b Auf das Landemodul wirkte an der Venusoberfläche eine Gewichtskraft von 13,5 kN. Berechne seine Masse.
c Vega 1 hatte beim Start im Kosmodrom von Baikonur eine Masse von 4920 kg. Berechne, welche Schubkraft die Rakete beim Start mindestens aufbringen musste.

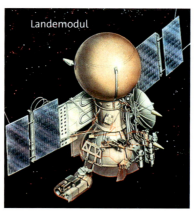

[2] Vega 1 (Zeichnung)

D Aufgabe

Ausrüstung zum Üben

1 Die Ausrüstung des Astronauten Alan L. Bean hatte eine Masse von 163 kg (siehe vorige Doppelseite). Er übte seinen Einsatz auf der Erde nicht mit der richtigen Ausrüstung, sondern mit einer Attrappe.
Berechne, welche Masse die Attrappe ungefähr hatte, um unter realistischen Bedingungen zu trainieren. Könntest du diese Masse anheben?

Im Fokus

Aus der Geografie: „Schwerekartoffel"

Verschieden große Gewichtskräfte • Die Erde ist nicht rund, sondern hat die Form einer Kartoffel – wenn man einen „Gravitationsglobus" (Geoid) der Erde betrachtet. → 3 Gebiete mit relativ kleiner Gewichtskraft sind als blaue Dellen dargestellt. Die roten Beulen sind Gebiete mit relativ großer Gewichtskraft.

Ursachen • Die Gewichtskraft ist nicht überall gleich groß. → 4 Auf hohen Bergen ist sie im Prinzip etwas kleiner als auf Meereshöhe, weil die Gewichtskraft mit zunehmendem Abstand zum Erdmittelpunkt abnimmt. Abweichungen entstehen auch durch die Rotation der Erde und die ungleichmäßige Massenverteilung in der Erde. Dort gibt es schwerere und leichtere Bereiche, die verschieden starke Anziehungskräfte bewirken. Das hat Auswirkungen auf die Wassermassen der Ozeane, die von der Erde angezogen werden: Auf der glatten Meeresoberfläche gibt es Höhenunterschiede! Schiffe fahren also auf den Weltmeeren manchmal leicht bergauf oder bergab, ohne es zu merken.

Vermessung der Gewichtskraft • Satellitenbahnen werden durch die Gravitation der Erde beeinflusst. Das nutzt das deutsch-amerikanische Projekt GRACE-FO zur genauen Vermessung der Gewichtskraft. Zwei Satelliten umkreisen im Abstand von 220 km in rund 500 km Höhe die Erde. → 5 Wenn ein Satellit als erster eine Region mit größerer Gewichtskraft überfliegt, wird er dadurch beschleunigt und der Abstand zum anderen Satelliten vergrößert sich ein wenig. Daraus wird die Abweichung der Gewichtskraft berechnet.

Aufgaben

1. Nenne Ursachen für die unterschiedlich große Gewichtskraft auf der Erdoberfläche.

2. Max Mustermann stellt sich am Äquator auf die Waage: Sie zeigt 75,0 kg an. Am Nordpol würde die Waage mehr als 75,0 kg anzeigen. Hat Max zugenommen? Erkläre und berechne den Unterschied.

3 Die Erde als Geoid

Ort	g in $\frac{N}{kg}$
Mitteleuropa	9,81
München	9,807
Äquator	9,78
Nordpol	9,83
Südpol	9,83
Zugspitze	9,801
Mount Everest	9,76

4 Ortsfaktoren auf der Erde

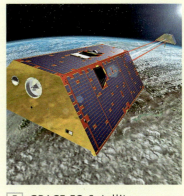

5 GRACE-FO-Satelliten

Trägheit und Schwere

Zusammenfassung

Trägheit • Alle Körper sind träge. Ihre Geschwindigkeit oder ihre Bewegungsrichtung ändern sich nur, wenn eine Kraft auf sie wirkt (Trägheitsgesetz). → ⬜1

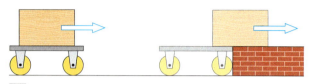

⬜1 Der Klotz ist träge, er rutscht weiter.

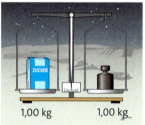

⬜2 Die Masse ist überall gleich groß.

Masse • Die Masse gibt an, wie schwer und wie träge ein Körper ist. Die Einheit der Masse m ist 1 Kilogramm (1 kg): 1 kg = 1000 g.
Die Masse ist ortsunabhängig. → ⬜2

Masse und Trägheit • Je größer die Masse eines Körpers ist, desto größer ist die Kraft für die gleiche Änderung seines Bewegungszustands. → ⬜3

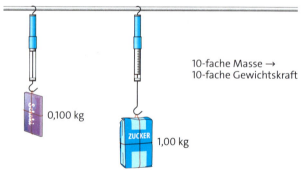

⬜3 Bei größerer Masse ist die Trägheit größer.

⬜4 Die Gewichtskraft ist proportional zur Masse.

Masse und Gewichtskraft • Je größer die Masse eines Körpers ist, desto größer ist die Gewichtskraft auf ihn an einem bestimmten Ort. → ⬜4
Masse und Gewichtskraft sind an jedem Ort direkt proportional zueinander:
$F_G \sim m$.
Die Gewichtskraft auf einen Körper ist ortsabhängig. → ⬜5 Deshalb hängt auch der Quotient aus Gewichtskraft und Masse vom Ort ab. Er wird als Ortsfaktor bezeichnet:
$g = \dfrac{F_G}{m}$ bzw. $F_G = g \cdot m$.
In Mitteleuropa gilt: $g = 9{,}81 \, \dfrac{\text{N}}{\text{kg}}$.

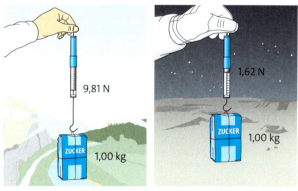

⬜5 Die Gewichtskraft hängt vom Ort ab.

Aufgaben

1 In einem Versuchswagen hängt eine Kugel. → 6 Gib für die folgenden Situationen jeweils an, wie sich die Kugel relativ zum Wagen bewegt: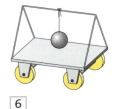
a Der stehende Wagen wird in Längsrichtung angestoßen.
b Der Wagen rollt mit konstanter Geschwindigkeit geradeaus.
c Der rollende Wagen prallt plötzlich frontal auf ein Hindernis.
d Der Wagen fährt eine Linkskurve.

2 Beschreibe und erkläre, wie sich die Trägheit in den folgenden Situationen jeweils äußert:
a Claudia sitzt auf dem Schlitten und hält sich nicht fest. Ihr Vater zieht den Schlitten ruckartig an.
b Du sitzt in einer Achterbahn und fährst durch eine Rechtskurve.
c Ein Koffer steht im Gang eines Zugs, der stark abbremst.

3 Erkläre, wodurch sich die Reisenden verletzt haben könnten. → 7

4 Bei einem Crashtest fliegt der Dummy über das Auto. → 8 Erkläre seine Bewegung.

5 Elektronische Waage
a Gib an, welche Größe eine elektronische Personenwaage anzeigt – und welche sie misst.
b Berechne, welche Masse die Waage für eine 72-kg-Person auf dem Mond anzeigen würde.
c Würde die Waage überall auf der Erde denselben Wert anzeigen? Begründe deine Antwort.

6 Berechne die Gewichtskraft in Mitteleuropa auf ein 250-g-Stück Butter.

7 Die Sonde Huygens landete 2005 auf dem Saturnmond Titan. Sie hat eine Masse von 318 kg. Auf dem Titan wirkt eine Gewichtskraft von 429 N auf die Sonde. Berechne den Ortsfaktor.

8 Der Marsrover Opportunity ist seit 2004 auf dem Mars. → 9 Auf der Erde wirkte eine Gewichtskraft von 1760 N auf den Rover.
a Berechne die Masse des Rovers.
b Gib die Masse des Rovers auf dem Mars an.
c Berechne die Gewichtskraft, die auf dem Mars auf den Rover wirkt. *Tipp:* $g_{Mars} = 3{,}69 \frac{N}{kg}$

9 Ein Astronaut findet einen Stein auf dem Mond und misst eine Gewichtskraft von 10 N.
a Berechne die Masse des Steins.
b Berechne die Gewichtskraft, die auf der Erde auf den Stein wirken würde.

Durch den Fahrfehler eines vorausfahrenden Autos musste ein voll besetzter Reisebus eine Notbremsung machen. Dabei wurden acht Reisende zum Teil schwer verletzt.

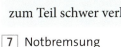
7 Notbremsung

8 Crashtest

9 Marsrover Opportunity

Eigenschaften von Materie

Eiswürfel schmelzen auf einer heißen Glasschale: Hier tritt Wasser im festen, flüssigen und gasförmigen Zustand auf. Form, Masse und Volumen – was ändert sich, was bleibt gleich?

A Versuch

Was ändert sich?

Material: Wasser, Flasche, verschieden geformte Gefäße, Waage mit „Tara" (lässt sich auf 0 g zurückstellen)

1 Füllt etwas Wasser in die Flasche. Schüttet es dann in andere Gefäße um. → 2 Berichtet über Volumen, Form und Masse des Wassers. Was ändert sich, was bleibt gleich?

B Versuch

Lassen sich Luft und Wasser zusammenpressen?

Material: Plastikspritze, Wasser

1 Beschreibt und vergleicht eure Beobachtungen:
a Haltet die Spitze der luftgefüllten Plastikspritze mit dem Daumen zu und drückt auf den Kolben. → 3
b Füllt die Spritze diesmal mit Wasser.

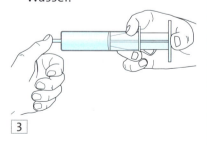

C Versuch

Luft eintauchen

Material: Trinkglas, wassergefülltes Glasbecken

1 Taucht ein leeres Trinkglas mit der Öffnung nach unten in das wassergefüllte Becken. → 4 Beobachtet und beschreibt, was mit der Luft im Glas geschieht.

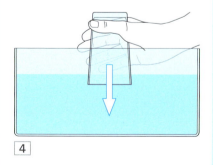

die Zustandsform
der Aggregatzustand
die Zustandsänderung

Grundlagen

Aggregatzustände • Ein Fahrradrahmen aus Metall ist fest. Der Saft in der Trinkflasche ist flüssig. Die Luft im Fahrradreifen ist gasförmig. Für alle Körper, die uns im Alltag begegnen, gilt:

| Materie tritt in verschiedenen Zustandsformen auf: fest, flüssig oder gasförmig. Man bezeichnet die Zustandsformen als Aggregatzustände.

Jeder Körper hat eine Masse, ein Volumen und eine Form. Je nach Aggregatzustand können Form und Volumen veränderlich sein. → 5
Gase können wir meist nicht sehen – auch nicht den Wasserdampf, das Wasser im gasförmigen Zustand. Der Nebel bzw. die Wölkchen über dem Wasser auf der heißen Platte besteht aus winzigen flüssigen Wassertröpfchen. → 1

Zustandsänderungen • Viele Stoffe lassen sich von einem Aggregatzustand in einen anderen überführen. → 1 6
Die Zustandsänderungen Schmelzen und Erstarren, Verdampfen und Kondensieren kennst du vom Wasser. Sublimieren kann man bei Trockeneis beobachten: Das feste Eis geht direkt in den gasförmigen Zustand über. → 7 Raureif im Winter oder Eis im Gefrierfach entstehen durch Resublimation, den Übergang von gasförmig zu fest. → 8

| Der Aggregatzustand eines Körpers kann sich ändern (z. B. beim Erwärmen oder Abkühlen).

	Fester Körper	Flüssiger Körper	Gasförmiger Körper
Masse	unveränderlich	unveränderlich	unveränderlich
Form	verändert sich nicht	passt sich der Gefäßform an	passt sich der Gefäßform an
Volumen	unveränderlich (bei konstanter Temperatur)	unveränderlich (bei konstanter Temperatur)	nimmt den ganzen zur Verfügung stehenden Raum ein

5 Masse, Form, Volumen in verschiedenen Aggregatzuständen

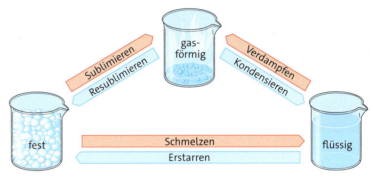

6 Zustandsänderungen von Wasser

7 Trockeneis: Sublimation

8 Raureif: Resublimation

Aufgaben

1 Fest, flüssig, gasförmig sind … der Materie. Ergänze richtig: Zustandsformen, Bewegungszustände, Aggregatzustände.

2 Beim Abbrennen einer Kerze tritt Wachs in drei Aggregatzuständen auf. → 9 Erkläre diese Aussage.

Vom Aufbau der Materie

Beim Drehen wird in der Salzmühle das grobe Salz zu feinen Körnern zermahlen. Könnte man die feinen Salzkörner weiter teilen – und die entstehenden winzigen Körnchen wieder?

1 Kann man Salzkörnchen immer weiter teilen?

A Versuch

Salz auflösen – und wiedergewinnen

Material: Gefäß, Wasser, Speisesalz, flacher Teller, Teelöffel

1. Füllt 100 ml Wasser in das Gefäß. Streut unter Rühren nach und nach 7–8 Teelöffel Salz in das Wasser. Kann man das Salz noch sehen? Ist es verschwunden?

2. Gießt die Salzlösung in einen flachen Teller und lasst die Anordnung über Nacht in Ruhe stehen. Beschreibt und erklärt, was ihr dann auf dem Teller beobachtet.

B Versuch

„Erbsenwasser"

Material: Erbsen, Wasser, Wasserglas und andere Gefäße

1. Füllt eine Handvoll Erbsen in das Glas. Haltet das Glas etwas schräg. Beschreibt, wie sich die Erbsen verhalten.

2. Schüttet die Erbsen in ein anderes Gefäß. Beschreibt wieder, wie sie sich verhalten.

3. Gießt Erbsen und wenig Wasser auf den Tisch. Vergleicht und stellt eine Vermutung auf, wie es zum Unterschied kommt.

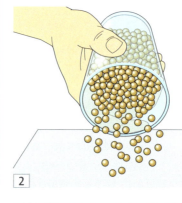

2

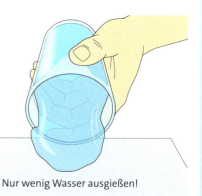

Nur wenig Wasser ausgießen!

Mechanik
Materie, Reibung, Dichte

C Versuche

50 + 50 = ?

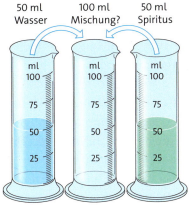

3 Wasser und Spiritus mischen

Material: Wasser, Spiritus (oder Ethanol; gefärbt) ⚠️ ❗; Erbsen, Reis, 6 Messzylinder

1. Bei diesem Demoversuch mischt der Lehrer oder die Lehrerin je 50 ml Wasser und Spiritus. → 3 Welches Gesamtvolumen erwartet ihr? Überprüft eure Vermutung.

Achtung • Spiritus ist entzündbar und darf nicht verschluckt werden! (→ Anhang, „Tabellen")

2. Schüttet je eine Handvoll Erbsen und Reis in jeweils einen Messzylinder.
   a Messt jeweils das Volumen.
   b Welches Gesamtvolumen erwartet ihr, wenn ihr Erbsen und Reis mischt? Überprüft eure Vermutung. Erklärt das Ergebnis.

3. Erklärt das Versuchsergebnis bei Wasser und Spiritus. Verwendet den Versuch mit Erbsen und Reis als Modell.

D Aufgabe

Mischen – von ganz alleine

1. Über den Sirup wurde vorsichtig Wasser gegossen. → 4 Beschreibt die Veränderungen. → 5 6 Vermutet, wie es dazu kommt.

4

5

6

E Versuche

Verschwunden?

Material: Wasser, Wasserglas, Tinte, Parfüm, Untertasse

1. Füllt ein Glas mit Wasser und lasst ein paar Tintentropfen in das Wasser fallen. Beschreibt eure Beobachtung. Stellt eine Vermutung auf, was mit den Tintentropfen geschieht.

2. Tropft etwas Wasser in die Untertasse. Lasst es einige Stunden stehen. Beschreibt das Ergebnis. Vermutet, was mit dem Wasser passiert.

3. Versprüht in einer Ecke des Klassenraums etwas Parfüm.
   a Wie lange dauert es, bis ihr das Parfüm in der gegenüberliegenden Ecke des Raums riechen könnt?
   b Stellt eine Vermutung auf, wie das Parfüm dorthin kommt.

Vom Aufbau der Materie

1 Salzkörner und -körnchen

2 Salz aus Salzwasser

Im Lauf von vielen Jahrhunderten sind die Naturforscher zu der Vorstellung gekommen, dass das Teilen irgendwann immer ein Ende hat:

> Wir stellen uns vor, dass alle Stoffe aus kleinsten, nicht teilbaren Teilchen aufgebaut sind.

Grundlagen

Kleinste Teilchen • Salz gibt es in verschiedenen Größen: grobe Kristalle oder feine Körner. → 1 Wenn die Körner in Wasser aufgelöst werden, sieht man sie nicht mehr, kann sie aber noch schmecken. Das aufgelöste Salz kann sich sogar wieder zusammenfinden und sichtbare Kristalle bilden. → 2
Ein Stück Brot können wir in der Mitte durchschneiden, die Hälfte wieder teilen, das Viertel nochmals und immer so weiter. Bald sind wir bei Brotkrümeln angelangt. Die Krümel können wir zwar nicht mehr mit dem Messer teilen, aber gedanklich können wir die Teilungen fortsetzen. Die spannende Frage ist: Geht das immer so weiter?

Eigenschaften der Teilchen • Wir stellen uns die Teilchen erst einmal als Kügelchen vor. Salz besteht aus anderen Teilchen als Zucker, Zucker aus anderen Teilchen als Eisen. Die Teilchen haben eine kleine Masse, lassen sich nicht verformen und sind nur in unseren Zeichnungen farbig.
Ein verblüffendes Experiment: 50 ml Wasser und 50 ml Ethanol ergeben zusammen nur 97 ml! → 3 Das erklären wir so: Die Teilchen von Wasser sind kleiner als die Teilchen von Ethanol.
→ 4 Beim Mischen nehmen die kleineren Teilchen Freiräume zwischen den größeren Teilchen ein. Das spart Platz.

> Teilchen verschiedener Stoffe sind unterschiedlich groß und schwer.

Zusammenhalt • Wasser passt sich der Gefäßform an und lässt sich nicht zusammendrücken. Bei „Erbsenwasser" ist das ähnlich. → 5 Schüttet man es aus, fallen die Erbsen auseinander – Wasser bildet dagegen eine Pfütze.
→ 6 7 Wir erklären den Zusammenhalt damit, dass zwischen den Wasserteilchen anziehende Kräfte wirken. Die Kräfte sind nicht allzu groß, denn wir können Wasser leicht umrühren.

3 Wasser + Ethanol (gefärbt)

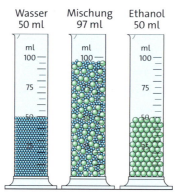

4 Erklärung mit Teilchen

das **Teilchen**
die **Diffusion**
die **Teilchenbewegung**

Gase können wir beliebig durchdringen: Zwischen den Teilchen wirken fast keine anziehenden Kräfte.
Feste Körper lassen sich nur mit großer Kraft zerteilen, weil die Anziehungskräfte zwischen den Teilchen groß sind.

| In festen und flüssigen Stoffen wirken anziehende Kräfte zwischen den Teilchen, in Gasen fast keine.

Teilchenbewegung • Die Gase Luft und Brom durchmischen sich von alleine, wenn man die Trennung entfernt. → 8
Der Vorgang heißt Diffusion (lat. *diffusus*: auseinandergeflossen). Wir erklären ihn so: → 9 Die Teilchen der Gase haben jeweils große Abstände voneinander – und bewegen sich ständig von selbst in alle Richtungen! Sie dringen dabei in die großen Zwischenräume ein, verteilen und vermischen sich. Auch in Flüssigkeiten bewegen sich die Teilchen durcheinander, die Abstände sind aber viel geringer als bei Gasen. → 10 In festen Körpern sind die Teilchen sehr eng beieinander und halten fest zusammen. Sie bewegen sich nur an ihren Plätzen hin und her.

| Die Teilchen bewegen sich ständig von alleine.

8 Durchmischung (Diffusion)

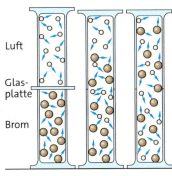

9 Erklärung mit Teilchen

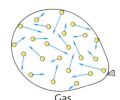

Gas

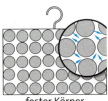

Flüssigkeit

5 „Erbsenwasser"

6 7 Wasser hält zusammen.

Aufgaben

1 Beschreibe einen Versuch, der zur Vorstellung führt, dass Salz aus kleinsten Teilchen aufgebaut ist.

2 Erkläre mit Teilchen:
a Wasser passt sich dem Gefäß an, ein Stein nicht.
b Sirup und Wasser durchmischen sich von alleine. → 11 Das geschieht viel langsamer als bei Brom und Luft.
c Eine flache Pfütze auf dem Gehweg verschwindet von alleine.

10 Teilchen – immer in Bewegung

11 Sirup + Wasser

Vom Aufbau der Materie

F Aufgaben

Teilchen

1 Ergänze die Übersicht. → 1
Nutze die folgenden Begriffe: sehr weit, regelmäßig, stark, klein, sehr schnell, langsam aneinander vorbei, völlig ungeordnet, schwach, sehr klein.

	Fester Körper	Flüssigkeit	Gas
Ordnung der Teilchen	?	unregelmäßig	?
Abstände der Teilchen	?	?	?
Bewegung der Teilchen	am Platz	?	?
Anziehungskräfte zwischen den Teilchen	?	?	fast keine

1 Aufbau der Körper aus Teilchen

2 Zwei Rinderherden stehen in getrennten Pferchen. → 2
Dann wird das Gatter dazwischen geöffnet …
a Beschreibe, was nach und nach geschehen wird.
b Nenne einen physikalischen Vorgang, der ähnlich abläuft.

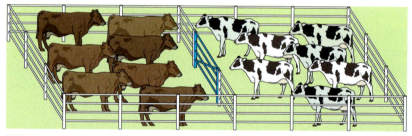

2 Viele „Teilchen"

3 Einen dünnen Eisendraht kannst du leicht verbiegen, eine dicke Eisenstange nicht. Erkläre den Unterschied mit der Vorstellung vom Aufbau des Eisens aus Teilchen. Fertige dazu Skizzen an.

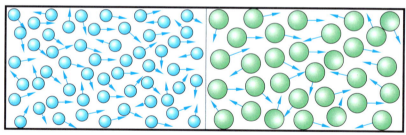

3 Zwei Körper: fest, flüssig, gasförmig?

4 Eine Wand trennt zwei verschiedene Körper. → 3
a In welchen Zustandsformen befinden sich diese beiden Körper? Begründe deine Antwort.
b Die Wand in der Mitte wird entfernt. Die Körper durchmischen sich. Skizziere den Vorgang mit Teilchen.
c Nehmen alle Teilchen zum Schluss genauso viel Volumen ein wie am Anfang? Begründe deine Antwort.

5 Ein Stückchen Kandiszucker fällt ins Wasser und löst sich dann langsam auf. Skizziere mithilfe von Teilchen, wie der Vorgang ablaufen könnte. → 4

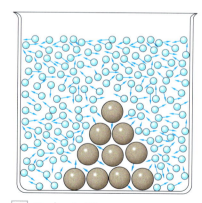

4 Zucker in Wasser

76 | Mechanik
Materie, Reibung, Dichte

das Modell
das Teilchenmodell

Methode

Kleinste Teilchen – ein Modell

Fest	Flüssig	Gasförmig
• Teilchen regelmäßig angeordnet • Teilchenabstände sehr gering • Anziehungskräfte sehr groß • Teilchen bewegen sich nur am Platz hin und her.	• Teilchen ohne feste Plätze • Teilchenabstände gering • Anziehungskräfte schwach • Teilchen bewegen sich aneinander vorbei.	• Teilchen ohne feste Plätze • Teilchenabstände groß • keine Anziehungskräfte • Teilchen frei beweglich, stoßen wie Billardkugeln zusammen.

[5] Aggregatzustände im Teilchenmodell

Der griechische Philosoph Demokrit vertrat schon um 400 v. Chr. die Vorstellung, dass alle Stoffe aus kleinsten Teilchen bestehen (griech. *atomos*: unteilbar). Beweisen konnte er diese Vorstellung nicht – aber sie ist bis heute hilfreich. Mit ihr erklären wir z. B. Eigenschaften der Materie in ihren Aggregatzuständen. → [5]
In der Physik zeichnen wir Teilchen als Kügelchen oder Kreise (in der Chemie verwendet man auch andere Formen). Diese Darstellung ist sehr vereinfacht. Wir sprechen von einem Modell oder einer Modellvorstellung. Unser einfaches Teilchenmodell darfst du nicht mit der Realität verwechseln! Es ist nur ein Hilfsmittel, um etwas verständlich zu machen, zu dem wir keinen direkten Zugang haben.
Auch ein Globus oder Landkarten sind Modelle. Sie helfen uns, den riesigen Planeten Erde „begreifbar" zu machen.

Die Grundregeln des Teilchenmodells kennst du jetzt. → [6] Im Physik- und im Chemieunterricht wirst du aber noch mehr Eigenschaften der Materie kennenlernen. Um sie erklären zu können, werden wir das einfache Teilchenmodell erweitern müssen.

Grundregeln des Teilchenmodells
- Jeder Stoff ist aus Teilchen aufgebaut.
- Die Teilchen verschiedener Stoffe unterscheiden sich in Größe und Masse.
- Die Teilchen führen ständige Eigenbewegungen aus.
- Zwischen den Teilchen gibt es Anziehungskräfte, die bei verschiedenen Stoffen unterschiedlich stark sind.

[6] Teilchenmodell – unser aktueller Stand

Reibung

Manchmal ist es eine Herausforderung, einen Schlitten in Bewegung zu setzen. Ist es aber geschafft, wird es leichter. Welche Rolle spielt die Reibung dabei?

1 2 Mal rutscht es zu wenig, mal zu viel.

A Versuch

Reibungsarten

Material: 200-g-Wägestück, Kraftmesser, Holzklotz mit Haken, kleiner Rollwagen (Masse von Klotz und Wagen möglichst gleich groß)

1 Stellt das Wägestück auf den Holzklotz und hakt den Kraftmesser ein. → 3

a Haftreibung: Zieht so am Kraftmesser, dass der Klotz gerade noch liegen bleibt. Messt die Kraft.

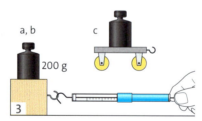

b Gleitreibung: Zieht den Klotz gleichmäßig mit dem Kraftmesser über den Tisch. Messt wieder die Kraft.

c Rollreibung: Legt das Wägestück auf den Wagen. Zieht wieder gleichmäßig und lest die Kraft ab.

d Vergleicht die Kräfte. Welche ist am größten, welche am kleinsten?

B Versuch

Kugellager

In diesem Spielzeug ist ein Kugellager. → 4 Welchen Nutzen hat das Kugellager?

Material: Honigdeckel, viele gleich große Murmeln (ein wenig höher als der Rand des Deckels)

1 Ein schweres Buch soll möglichst leicht über den Tisch geschoben werden. Überlegt und probiert, wie ihr das mit dem angegebenen Material erreicht.

2 Nennt weitere Beispiele für Kugellager. Vielleicht könnt ihr Kugellager mitbringen.

4 Fidget-Spinner

Mechanik
Materie, Reibung, Dichte

> die Reibung
> die Haftreibung
> die Gleitreibung
> die Rollreibung

Grundlagen

Reibung • Wenn du einen Schlitten mit Freunden darauf über einen gestreuten Weg ziehst, hast du es schwer. Die Reibung zwischen Kufen und Untergrund ist groß. Sie hemmt die Bewegung. Auf festgetretenem Schnee zieht es sich leichter, weil die Reibung geringer ist. Wie kommt es zur Reibung? Unter einem Mikroskop sieht man, dass jede Oberfläche Unebenheiten hat. → 5

> Liegen zwei feste Körper aufeinander, verzahnen und verhaken sich ihre Unebenheiten. Dadurch treten die Körper in Wechselwirkung miteinander, wenn sie gegeneinander bewegt werden. Dies nennt man Reibung.

Reibungsarten • Ein schwerer Eisenklotz haftet auf seiner Unterlage. → 6 Die Haftreibungskraft ist genauso groß wie die Zugkraft, solange er sich noch nicht bewegt. Überschreitet die Zugkraft einen bestimmten Wert, fängt der Klotz an zu gleiten. Die Zugkraft beim Gleiten ist jetzt geringer als zuvor. Liegt der Klotz auf Rollen, ist sie noch geringer.

> Wir unterscheiden Haftreibung, Gleitreibung und Rollreibung. Die Haftreibungskraft ist bei gleichen Oberflächen größer als die Gleitreibungskraft. Die Rollreibungskraft ist am geringsten.

Erwünschte Reibung • Wer einen beladenen Schlitten auf Eis losziehen will, rutscht leicht weg. → 2 Um vorwärtszukommen, muss man eine große Kraft nach hinten auf das Eis ausüben (Wechselwirkungsprinzip). Das geht aber nicht, weil Haft- und Gleitreibung so gering sind. Dann helfen Spikes an den Schuhen oder Streusand.

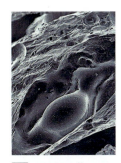

5 Glatter Überzug eines Schokoeises (stark vergrößert)

Aufgaben

1 Verschiedene Reibungsarten → 6
a Vergleiche die Reibungskräfte.
b Gib jeweils an, wie Reibungskraft und Zugkraft zusammenhängen.
c Erkläre im Modell, weshalb die Reibungskräfte verschieden groß sind.

2 Erkläre, warum Kugellager in den Rädern von Inlineskates sind. → 7

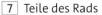

7 Teile des Rads

Haftreibung	Gleitreibung	Rollreibung
Der Klotz haftet gerade noch. F_{haft} F_{zug} ○ Verzahnung	Der Klotz gleitet gleichförmig. F_{gleit} F_{zug}	F_{roll} F_{zug}
Alle Verzahnungen müssen gleichzeitig aufgebrochen werden und der Klotz muss aus den Vertiefungen der Unterlage herausgehoben werden.	Es brechen laufend Verzahnungen auf und bilden sich neu. Die neuen Verzahnungen haben zu wenig Zeit, um sich vollständig auszubilden.	Beim Rollen ist die Zahl und Fläche der Verzahnungen, die aufbrechen und sich neu bilden, viel geringer als beim Gleiten.

6 Verschiedene Reibungsarten

Einflussgrößen der Reibung

Mit dem Mountainbike im Gelände – das ist Adrenalin pur! Um die Kraft auf die Piste zu bringen, müssen die Reifen gut haften und greifen.
Beim Bremsen ist noch eine andere Reibungsart wichtig: die Gleitreibung.
Wovon hängt es jeweils ab, wie groß die Reibung ist?

A Versuche

Unterlage und Anpresskraft

Material: Holzklotz mit Haken, Kraftmesser, drei 100-g-Wägestücke, verschiedene Unterlagen (Tisch, Teppich, Sandpapier …), Waage

1 Wie hängen Haft- und Gleitreibungskraft von den reibenden Oberflächen ab?

a Stellt ein Wägestück auf den Holzklotz und hakt den Kraftmesser ein. Messt die maximale Haftreibungskraft und die Gleitreibungskraft auf dem Tisch. → 2
b Messt die Reibungskräfte für die anderen Unterlagen.
c Vergleicht, wie groß die Reibung auf den verschiedenen Unterlagen ist.

2 Wie hängen die Reibungskräfte von der Kraft ab, mit der der Holzklotz z. B. auf den Tisch gepresst wird?
a Beladet den Holzklotz nacheinander mit 1, 2, 3 Wägestücken und messt jeweils die Gesamtmasse. Notiert die Messwerte. → 3
b Berechnet jeweils die Gewichtskraft auf den beladenen Holzklotz. Das ist die Kraft, mit der er auf den Tisch gepresst wird.
c Messt die maximale Haftreibungskraft und die Gleitreibungskraft auf dem Tisch. Notiert die Messwerte.
d Formuliert euer Ergebnis.

3 Wie groß sind die Reibungskräfte von Mountainbike-Reifen auf verschiedenen Unterlagen? Plant einen Versuch dazu.

	Tisch	Teppich	Sandpapier
F_{haft} in N	?	?	?
F_{gleit} in N	?	?	?

2 Reibung auf verschiedenen Unterlagen (Beispieltabelle)

	mit 1 Wägestück	mit 2 Wägestücken	mit 3 Wägestücken
m_{ges} in g	?	?	?
F_G in N	?	?	?
F_{haft} in N	?	?	?
F_{gleit} in N	?	?	?

3 Reibung bei verschiedenen Anpresskräften (Beispieltabelle)

die Anpresskraft

Grundlagen

Reibung und Bewegung • Damit du beim Mountainbike kräftig antreten kannst, müssen die Reifen gut auf dem Boden haften. Sonst dreht das Hinterrad durch. Die beschleunigende Kraft ist höchstens so groß wie die maximale Haftreibungskraft. → 4 Wenn die Reifen rutschen, ist nur die viel kleinere Gleitreibungskraft wirksam. Beim Bremsen ist es ähnlich: Damit die größte Bremskraft wirksam werden kann, dürfen die Räder nicht blockieren und rutschen. Solange sie rollen, wird die Bremskraft durch die Gleitreibung zwischen Bremsbelägen und -scheibe (oder Felge) bestimmt.

Reibende Oberflächen • Auf trockener Straße ist die Haftreibung viel größer als auf vereister Straße. Die trockene Straße ist viel rauer als die mit Eis überzogene. Zwischen Reifen und trockener Straße bilden sich viel mehr Verzahnungen. Deshalb ist der Bremsweg viel kürzer als bei Eisglätte. → 5

| Die Reibungskräfte sind bei rauen Oberflächen in der Regel größer als bei glatten Oberflächen.

Anpresskraft • Je kräftiger die Bremsklötze gegen die sich drehende Bremsscheibe gepresst werden, desto größer ist die Reibungskraft. → 1
Auch beim Schlittenschieben merkst du, wie die Reibungskraft von der Anpresskraft abhängt. Wenn zwei Personen statt einer auf dem Schlitten sitzen, lässt er sich schwerer in Bewegung setzen – die Haftreibungskraft ist größer. → 6 Und auch das gleichmäßige Ziehen fällt bei zwei Personen schwerer: Die Gleitreibungskraft ist größer. Wir stellen uns vor, dass die Verzahnungen zwischen Bremsbelag und -scheibe oder Schlittenkufen und schneebedecktem Weg tiefer und stärker sind, wenn die Oberflächen stärker gegeneinander gepresst werden.

| Die Reibungskräfte nehmen mit steigender Anpresskraft zu.

Aufgaben

1 Beschreibe, wo und wie die Reibung beim Fahrrad eine Rolle spielt. Denke dabei an einzelne Bestandteile und auch an die Strecke.

2 Beschreibe Situationen beim Rodeln, bei denen sich die Reibung ändert.

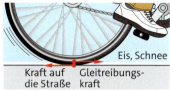

4 Rad dreht durch und gleitet. → Antriebskraft wird geringer.

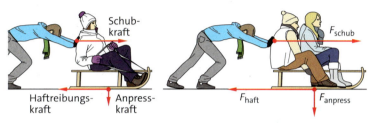

6 Größere Anpresskraft → größere Haftreibungskraft

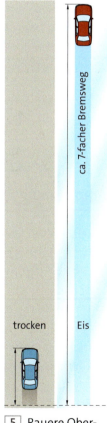

5 Rauere Oberfläche → kürzerer Bremsweg

Einflussgrößen der Reibung

B Aufgaben

Richtig bremsen

1 Florian und Svetlana radeln schnell auf einer belebten Straße. Da tritt ein Fußgänger nicht weit vor ihnen auf die Straße. Florian bremst mit quietschenden, rutschenden Reifen. Svetlana ist behutsamer: Wenn die Räder blockieren, lässt sie ganz kurz los und bremst dann wieder.

a Wer wird eher zum Stehen kommen – Florian oder Svetlana? Begründe deine Antwort.
b Gib an, wie sich die Bremswege bei eisglatter Fahrbahn verändern. Formuliere einen Tipp, wie Florian und Svetlana ihre Fahrweise anpassen sollten.

Ein Auto schert plötzlich aus der Parklücke aus. Der von hinten kommende Fahrer bremst mit voller Kraft und versucht auszuweichen. Wenn die Räder blockieren, rutschen die Reifen und das Auto lässt sich nicht mehr lenken. Hier hilft das Antiblockiersystem: Die Drehzahl der Räder wird ständig an einen Bordcomputer gemeldet. Sobald ein Rad viel langsamer als die anderen dreht und Blockiergefahr besteht, verringert das ABS ganz kurz die Bremskraft auf dieses Rad. Die Folge ist, dass das Rad weiterhin rollt und voll gelenkt und gebremst werden kann. Bis zu 10-mal pro Sekunde vollzieht sich dieses Wechselspiel.

1 Mehr Sicherheit mit ABS

2 Moderne Autos haben ein Antiblockiersystem (ABS). → 1 Vergleiche es mit den Bremsweisen von Florian und Svetlana.

C Aufgabe

Aquaplaning

1 Beschreibe, wie es zum Aquaplaning kommt. → 2 Gib an, warum es so gefährlich ist.

2 Formuliere zwei Tipps, wie man Aquaplaning vermeiden kann. Begründe jeweils.

3 Erkläre mit einer Modellvorstellung, warum die Reibung beim Aquaplaning so gering ist. *Tipp:* Verzahnung

Wenn in großen Pfützen Wasser auf der Fahrbahn steht, wird es sehr gefährlich. Fährt ein Auto zu schnell oder mit schlechtem Reifenprofil, bildet sich zwischen Reifen und Fahrbahn ein Wasserkeil. Das Auto „schwimmt" dann auf der Wasserschicht und lässt sich weder bremsen noch lenken. Man spricht von Wasserglätte oder Aquaplaning.

2 So entsteht Aquaplaning.

Im Fokus

Aus Umwelt und Technik: Vielfältige Reibung

Bionik • Der Klettverschluss kopiert eine „Erfindung" aus der Welt der Pflanzen: die Klette. → 3 4 Beides beruht auf dem Verhaken fester Körper. Auch bei vielen anderen Erfindungen haben Wissenschaftler die Natur als Vorbild genommen. Biologie und Technik kommen zusammen, man spricht von Bionik.

3 Klette

4 Klettverschluss

Bewegung in Luft • Wildgänse legen weite Entfernungen in „V-Formation" zurück. → 5 So können sie jeweils im Windschatten fliegen. Ihr Körperbau ist stromlinienförmig. Sie setzen der Luft wenig Widerstand entgegen und die bremsende Luftreibung ist gering. → 6 Eine geringer Luftwiderstand ist auch für den Autobau interessant. → 7 Im Windkanal werden die Luftverwirbelungen beobachtet. Wenn sie nur schwach sind, ist der Luftwiderstand klein. Eine Stromlinienform ist ideal.

Bewegung in Wasser • Makohaie haben starke Muskeln und einen stromlinienförmigen Körper. → 8 Auf ihrer Haut sorgen winzige gewellte Schuppen für geringe Reibung. → 9 Dadurch können Haie bis zu $80\ \frac{km}{h}$ schnell schwimmen. Die „schnellsten" Schwimmzüge, die jemals entwickelt wurden, sind der Haihaut nachempfunden worden. → 10

Innere Reibung • Zur Reibung kommt es auch in zähen Flüssigkeiten, die sich gegeneinander oder gegen einen festen Körper bewegen. Die innere Reibung kann Bewegungen dämpfen. Das nutzt man z. B. in ölgefüllten Stoßdämpfern von Mountainbikes.

5

8

6

9

7

10

Aufgaben

1 Sammle die Beispiele auf dieser Seite für Nutzung oder Verringerung von Reibung in einer Tabelle. Ergänze weitere Beispiele.

2 Gib an, ob es für ein Auto günstiger ist, einen großen oder einen kleinen Luftwiderstand zu haben. Informiere dich, was der c_w-Wert über den Luftwiderstand aussagt.

Dichte

„Federn sind leichter als Blei."
Was ist damit gemeint?

[1] Federleicht = bleischwer?

A Versuch

Wie hängen Masse und Volumen zusammen?

Eine einzelne Feder hat eine geringere Masse als ein Bleigewicht. Ist auch ein Kopfkissen voller Federn leichter als das Bleigewicht?

Material: elektronische Waage, Messzylinder, Sand, Wasser

1 Untersucht, wie sich die Masse mit zunehmendem Volumen verändert. Verwendet Sand – damit lassen sich einfach Körper mit verschiedenem Volumen „formen".
  a Stellt den Messzylinder auf die Waage. Stellt die Waage auf 0 g ein („Tara").
  b Übertragt die Tabelle (ohne „?") in euer Heft. → [2]
  c Füllt in Schritten von 20 cm³ immer mehr Sand in den Zylinder (1 ml = 1 cm³).
    Tipp: Klopft leicht gegen den Zylinder, sodass die Oberfläche des Sands eben wird.
  d Messt jeweils die Masse des Sands. Notiert eure Messwerte in der Tabelle.
  e Zeichnet die Messwerte in ein Diagramm ein: Masse (senkrecht) in Abhängigkeit vom Volumen (waagerecht).
  f Beschreibt den mathematischen Zusammenhang zwischen der Masse und dem Volumen.
  g Berechnet jeweils den Quotienten „Masse durch Volumen". Rundet sinnvoll und tragt die Ergebnisse in die unterste Zeile der Tabelle ein. Gebt die Einheit an.

2 Wiederholt den Versuch mit Wasser.
  a Messt Volumen und Masse.
  b Wertet die Messungen aus. Vergleicht die Graphen und die Quotienten von Wasser und Sand.
  c Vermutet, wie sich der Unterschied im Teilchenmodell erklären lässt.

Volumen V in cm³	0	20	40	60	80	100
Masse m in g	0	?	?	?	?	?
$\frac{m}{V}$ in ?	–	?	?	?	?	?

[2] Masse in Abhängigkeit vom Volumen

B Versuch

Volumen und Masse unregelmäßiger Körper

Die Masse eines Steins lässt sich leicht bestimmen – und sein Volumen?

Material: Messzylinder, Überlaufgefäß, Knetmasse, Faden oder Draht, Wasser, Waage

1. Bestimmt Masse und Volumen verschiedener Körper aus Knete. Wendet dazu beide Methoden an. → 3 Notiert die Messwerte.

2. Bewertet beide Methoden in Bezug auf Messgenauigkeit.

Verdrängungsmethode
Der Körper wird in einen Messzylinder mit Wasser getaucht. Er verdrängt genauso viel Wasser, wie er selbst an Volumen hat.

Überlaufmethode
Der Körper wird in ein Überlaufgefäß voll Wasser getaucht. Das überlaufende Wasser hat das gleiche Volumen wie der Körper.

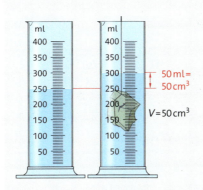
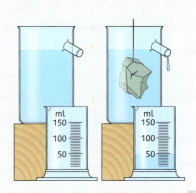

3 So könnt ihr das Volumen unregelmäßiger Körper messen.

C Aufgabe

Cola leicht?

Cola geht unter, Cola light schwimmt. → 4 Was ist gleich, was unterscheidet sich?

1. Übertragt die Tabellen und berechnet die Quotienten (sinnvolle Ziffern!). → 5 6

2. Statt Zucker ist in Cola light Süßstoff. Davon benötigt man eine geringere Menge. Erläutert, wie sich das am Quotienten $\frac{m}{V}$ zeigt.

3. Wertet beide Messreihen in einem Diagramm aus (m senkrecht, V waagerecht).

Welcher Graph wird steiler sein? Überprüft die Vermutung.

V in cm³	0	110	330	440	550	660
m in g	0	122	371	489	610	735
$\frac{m}{V}$ in $\frac{g}{cm^3}$	–	?	?	?	?	?

5 Messwerte für Cola

V in cm³	0	110	330	440	550	660
m in g	0	119	357	475	589	714
$\frac{m}{V}$ in $\frac{g}{cm^3}$	–	?	?	?	?	?

6 Messwerte für Cola light

Dichte

V in cm³	0	23	34	41	58	70
m in g	0	60	87	110	151	182
$\frac{m}{V}$ in $\frac{g}{cm^3}$	–	2,6	2,6	2,7	2,6	2,6

[1] Messwerte für Glas

V in cm³	0	18	32	49	60	76
m in g	0	26	48	73	91	115
$\frac{m}{V}$ in $\frac{g}{cm^3}$	–	1,4	1,5	1,5	1,5	1,5

[2] Messwerte für Sand

V in cm³	0	20	41	58	79	100
m in g	0	21	40	58	80	98
$\frac{m}{V}$ in $\frac{g}{cm^3}$	–	1,1	1,0	1,0	1,0	1,0

[3] Messwerte für Wasser

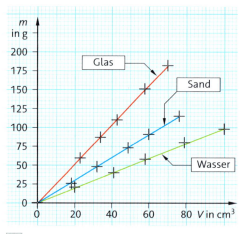

[4] Masse in Abhängigkeit vom Volumen

[5] Würfel mit 1 cm³ Volumen aus verschiedenen Stoffen

Grundlagen

Dichte • Flaschen, Trinkgläser, Fensterscheiben bestehen alle aus demselben Stoff – Glas. Für verschiedene Körper aus dem gleichen Glas sind die Messwertepaare von Masse und Volumen (nahezu) quotientengleich. → [1] Masse und Volumen sind also direkt proportional. Das gilt auch bei Sand und Wasser. → [2] [3] Die Proportionalitätsfaktoren sind aber verschieden.

> Der Quotient aus Masse und Volumen ist für jeden Stoff konstant und stofftypisch. Diesen Proportionalitätsfaktor bezeichnet man als Dichte ϱ (griech.: Rho) des Stoffs.
>
> Dichte = $\frac{\text{Masse}}{\text{Volumen}}$; $\varrho = \frac{m}{V}$

Im Diagramm liegen die Messwertepaare je nach Stoff auf verschiedenen Ursprungshalbgeraden: Je größer die Dichte, desto steiler der Graph. → [4]

Einheit • Die Angabe $\varrho_{Alu} = 2{,}7\,\frac{g}{cm^3}$ bedeutet: Ein Aluwürfel von 1 cm³ hat die Masse 2,7 g. → [5] Je mehr ein Würfel von 1 cm³ wiegt, desto größer ist die Dichte des Stoffs, aus dem er besteht. Für größere Würfel aus Aluminium gilt:
- 1000 cm³ = 1 dm³ wiegen 2,7 kg.
- 1000 dm³ = 1 m³ wiegen 2,7 t.

Es gilt: $2{,}7\,\frac{g}{cm^3} = 2{,}7\,\frac{kg}{dm^3} = 2{,}7\,\frac{t}{m^3}$.

> Die Einheit der Dichte ist $1\,\frac{kg}{m^3}$.
>
> Umrechnung: $1\,\frac{g}{cm^3} = 1\,\frac{kg}{dm^3} = 1\,\frac{t}{m^3}$

die Dichte

Aufgaben

1 Granit hat eine Dichte von $2{,}8\,\frac{g}{cm^3}$. Beschreibe, was diese Angabe bedeutet.

2 Gib an, wie viel $1\,cm^3$ ($1\,dm^3$) aus Eisen, Holz, Blei wiegt. → 5

3 Ein Metallstück wiegt 178 g und hat ein Volumen von $20\,cm^3$.
a Berechne seine Dichte. → 6
b Gib an, um welches Metall es sich handelt. → 5

4 Berechne die Masse von $2{,}50\,m^3$ Beton $\left(\varrho_{Beton} = 2{,}2\,\frac{t}{m^3}\right)$. → 7

5 Berechne das Volumen von 100 g Blei $\left(\varrho_{Blei} = 11{,}3\,\frac{g}{cm^3}\right)$. → 8

---

30 g Plastilin verdrängen in einem Gefäß 25 ml Wasser. Berechne die Dichte von Plastilin.

Gegeben: $m = 30\,g$, $V = 25\,ml = 25\,cm^3$
Gesucht: $\varrho_{Plastilin}$ in $\frac{g}{cm^3}$
Gleichung: $\varrho = \frac{m}{V}$

Einsetzen, Kürzen, Rechnen:
$\varrho = \frac{30\,g}{25\,cm^3} = 1{,}2\,\frac{g}{cm^3}$

Runden:
30 g: 2 sinnvolle Ziffern
15 ml: 2 sinnvolle Ziffern
→ Dichte: 2 sinnvolle Ziffern

Ergebnis: $\varrho_{Plastilin} = 1{,}2\,\frac{g}{cm^3}$

6 Beispiel: Berechnung der Dichte

Berechne die Masse von $40\,cm^3$ Plastilin $\left(\varrho_{Plastilin} = 1{,}2\,\frac{g}{cm^3}\right)$.

Gegeben: $V = 40\,cm^3$, $\varrho = 1{,}2\,\frac{g}{cm^3}$
Gesucht: m in g
Gleichung: $\varrho = \frac{m}{V}$ | $\cdot V$
$\varrho \cdot V = m$

Einsetzen, Kürzen, Rechnen:
$m = 1{,}2\,\frac{g}{cm^3} \cdot 15\,cm^3 = 18\,g$

Runden:
$40\,cm^3$: 2 sinnvolle Ziffern
$1{,}2\,\frac{g}{cm^3}$: 2 sinnvolle Ziffern
→ Masse: 2 sinnvolle Ziffern
Ergebnis: $m = 18\,g$

7 Beispiel: Berechnung der Masse

Berechne das Volumen von 100 g Plastilin $\left(\varrho_{Plastilin} = 1{,}2\,\frac{g}{cm^3}\right)$.

Gegeben: $m = 100\,g$, $\varrho = 1{,}2\,\frac{g}{cm^3}$
Gesucht: V in cm^3
Gleichung: $\varrho = \frac{m}{V}$ | $\cdot V$
$\varrho \cdot V = m$ | $: \varrho$
$V = \frac{m}{\varrho}$

Einsetzen, Kürzen, Rechnen:
$V = \frac{100\,g}{1{,}2\,\frac{g}{cm^3}} = 83{,}33\,cm^3$

Runden:
100 g: 3 sinnvolle Ziffern
$1{,}2\,\frac{g}{cm^3}$: 2 sinnvolle Ziffern
→ Volumen: 2 sinnvolle Ziffern
Ergebnis: $V = 83\,cm^3$

8 Beispiel: Berechnung des Volumens

Dichte

D Aufgabe

Material bestimmen

1 Der Comic ist nicht ganz vollständig und es sind noch Fragen offen. → [1] Ergänze den Comic und beantworte die Fragen.

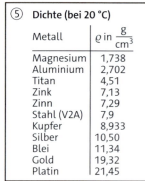

⑤ Dichte (bei 20 °C)

Metall	ϱ in $\frac{g}{cm^3}$
Magnesium	1,738
Aluminium	2,702
Titan	4,51
Zink	7,13
Zinn	7,29
Stahl (V2A)	7,9
Kupfer	8,933
Silber	10,50
Blei	11,34
Gold	19,32
Platin	21,45

[1] Die Dichte verrät das Material.

E Aufgaben

Grundaufgaben

1 Ergänze die Tabelle. → [2]
   Tipps:
   - Tabelle in Bild 1
   - $1\,\frac{g}{cm^3} = 1\,\frac{kg}{dm^3}$

2 Berechne das Volumen von 245 kg Luft $\left(\varrho_{Luft} = 1{,}2\,\frac{kg}{m^3}\right)$.

	Metall 1	Metall 2	Metall 3	Metall 4
Masse m	210 g	1,2 kg	593 kg	0,420 kg
Volumen V	20 cm³	689 cm³	66,4 dm³	37 cm³
Dichte ϱ	?	?	?	?
Material	?	?	?	?

[2] Dichte berechnen – Material bestimmen

3 Berechne die Masse eines Gesteinsbrockens vom Mars: $V = 7{,}7\,cm^3$; $\varrho_{Stein} = 3{,}94\,\frac{g}{cm^3}$.

F Aufgaben

Weiterführende Aufgaben

Tipps:
- Tabelle im Comic → 1
- $1\,\frac{g}{cm^3} = 1\,\frac{kg}{dm^3}$
- $\varrho_{Styropor} = 15\,\frac{kg}{m^3} = 0{,}015\,\frac{g}{cm^3}$

1 Berechne das Volumen von 1,00 kg Blei, Gold, Silber und Styropor.

2 Ein Streifen Aluminiumfolie ist 10 cm breit, 10 cm lang und hat eine Masse von 330 mg. Berechne:
a das Volumen des Aluminiumstreifens
b die Dicke der Folie

3 Berechne die Masse von 5,00 dm³ Plastilin.
Tipp: $\varrho_{Plastilin} = 1{,}2\,\frac{g}{cm^3}$

4 Ein Klassenzimmer ist 9,50 m lang, 7,0 m breit und 3,50 m hoch. Berechne:
a das Volumen der Luft im leeren Raum
b die Masse der Luft im leeren Raum
Tipp: $\varrho_{Luft} = 1{,}2\,\frac{kg}{m^3}$

5 Max stemmt einen Quader aus Styropor hoch. Der Quader ist 1,00 m lang, 50 cm breit und 50 cm hoch. Berechne seine Masse.

6 Stein und Gold
a Franzi möchte einen großen Stein ($V = 7000$ ml) anheben. Bestätige durch Rechnung, dass sie es schaffen kann.
Tipp: $\varrho_{Stein} = 2{,}5\,\frac{g}{cm^3}$
b Könntest du einen gleich großen Goldklumpen tragen? Beantworte die Frage mit einer Rechnung.

G Aufgabe

Dichte und Teilchen

1 Warum ist die Dichte des einen Stoffs größer als die eines anderen Stoffs? Liegt es daran, dass die Teilchen im Stoff mit der größeren Dichte dichter gepackt sind? Untersuche es anhand der Tabelle. → 3
a Übertrage die Tabelle ins Heft und ergänze sie.
b Beschreibe, wie eine größere Dichte als beim Vergleichsstoff entstehen kann.

	Vergleichsstoff	Stoff 1	Stoff 2	Stoff 3	Stoff 4
Aufbau					
Teilchenmasse	mittel	größer	kleiner	gleich groß	gleich groß
Teilchengröße	mittel	gleich groß	gleich groß	gleich groß	kleiner
Packungsdichte	mittel	gleich groß	gleich groß	kleiner	größer
Dichte des Stoffs	mittel	?	?	?	?

3 Verschiedene Teilchen und Packungsdichten

Materie, Reibung, Dichte

Zusammenfassung

Aggregatzustände • Materie kann in den Aggregatzuständen fest, flüssig oder gasförmig auftreten. Je nach Aggregatzustand können das Volumen und die Form eines Körpers veränderlich sein. → 1 Die Masse bleibt dagegen konstant. Der Aggregatzustand eines Körpers kann sich ändern, beispielsweise beim Erwärmen oder Abkühlen. → 2

	Fester Körper	Flüssiger Körper	Gasförmiger Körper
Masse	unveränderlich	unveränderlich	unveränderlich
Form	verändert sich nicht	passt sich der Gefäßform an	passt sich der Gefäßform an
Volumen	unveränderlich (bei konstanter Temperatur)	unveränderlich (bei konstanter Temperatur)	nimmt den ganzen zur Verfügung stehenden Raum ein

1 Aggregatzustände – Masse, Form, Volumen

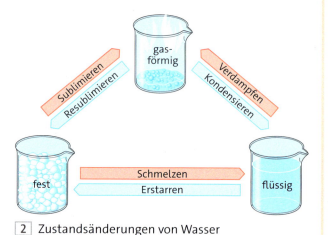

2 Zustandsänderungen von Wasser

Teilchenmodell • Wir stellen uns vor, dass jeder Stoff aus Teilchen aufgebaut ist, die sich ständig bewegen. Die Teilchen verschiedener Stoffe unterscheiden sich in Größe und Masse. Zwischen den Teilchen von festen und flüssigen Stoffen gibt es Anziehungskräfte. → 3

Fest	Flüssig	Gasförmig
• Teilchen regelmäßig angeordnet • Teilchenabstände sehr gering • Anziehungskräfte sehr groß • Teilchen bewegen sich am Platz hin und her.	• Teilchen ohne feste Plätze • Teilchenabstände gering • Anziehungskräfte schwach • Teilchen bewegen sich aneinander vorbei.	• Teilchen ohne Anordnung • Teilchenabstände groß • keine Anziehungskräfte • Teilchen bewegen sich frei, stoßen wie Billardkugeln zusammen.

3 Aggregatzustände im Teilchenmodell

Reibung • Wenn zwei Körper gegeneinander bewegt werden, tritt Reibung auf. → 4 Wir stellen uns vor, dass sich die Unebenheiten der Kontaktflächen verhaken.
Die Haftreibungskraft ist die größte Reibungskraft, die Rollreibungskraft die kleinste. → 5
Die Reibungskraft ist in der Regel umso größer,
• je größer die Anpresskraft ist und
• je rauer die beiden Kontaktflächen sind.

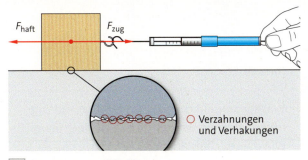

4 Bewegung mit Reibung

Haftreibung	Gleitreibung	Rollreibung
Vorstellung: Wenn zwei Gegenstände gegeneinander bewegt werden, haften sie zunächst aneinander, bis alle Verzahnungen aufbrechen.	Vorstellung: Gleiten zwei Gegenstände aneinander vorbei, gibt es weniger Verzahnungen. Sie brechen immer wieder auf und bilden sich neu.	Vorstellung: Die Zahl und Fläche der Verzahnungen ist bei Kugeln, Rädern und Rollen sehr gering.
	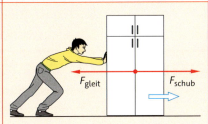	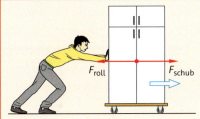
Vergleich der Reibungskräfte: $F_{haft} > F_{gleit} > F_{roll}$		
Erwünscht: • kleine Haftreibung beim Anschieben eines Schranks • große Haftreibung beim Beschleunigen und Bremsen des Autos	Erwünscht: • kleine Gleitreibung beim Rodeln • große Gleitreibung zwischen Bremsbelag und Felge beim Abbremsen des Fahrrads	Erwünscht: • kleine Rollreibung in den Kugellagern von Fahrrädern • kleine Rollreibung zwischen Reifen und Straße

5 Verschiedene Reibungsarten

Dichte • Der Quotient aus Masse und Volumen ist für jeden Stoff konstant und stofftypisch. Man bezeichnet ihn als Dichte ϱ des Stoffs. → 6

$$\text{Dichte} = \frac{\text{Masse}}{\text{Volumen}}; \quad \varrho = \frac{m}{V}$$

Einheit: $1\,\frac{kg}{m^3}$; Umrechnung: $1\,\frac{g}{cm^3} = 1\,\frac{kg}{dm^3} = 1\,\frac{t}{m^3}$

Stoff	Luft	Holz	Ethanol	Wasser (4°C)	Plastilin	Sand	Granit	Eisen
Dichte	$1{,}2\,\frac{g}{dm^3}$	$0{,}4\text{–}0{,}8\,\frac{g}{cm^3}$	$0{,}79\,\frac{g}{cm^3}$	$1{,}00\,\frac{g}{cm^3}$	$1{,}2\,\frac{g}{cm^3}$	$1{,}5\,\frac{g}{cm^3}$	$2{,}8\,\frac{g}{cm^3}$	$7{,}9\,\frac{g}{cm^3}$

6 Dichte verschiedener Stoffe (in der Regel bei 20°C)

Materie, Reibung, Dichte

Aufgaben

Materie

1 Gib die vier Grundregeln für unser Teilchenmodell an.

2 Wasser kann in den Zuständen fest, flüssig und gasförmig vorkommen. Skizziere jeweils, wie die Teilchen angeordnet sind.

3 Gib jeweils an, für welchen Aggregatzustand die folgenden Aussagen zutreffen:
a Die Teilchen sind frei beweglich.
b Der Körper hat eine feste Form.
c Der Körper füllt den zur Verfügung stehenden Raum aus.
d Die Teilchen sind dicht gepackt.
e Der Körper ist zusammendrückbar.
f Der Körper ist nicht zusammendrückbar.
g Der Körper füllt Vertiefungen aus und bildet eine ebene Oberfläche.

4 Flüssige und gasförmige Körper passen ihre Form dem Behälter an, feste nicht. Erkläre den Unterschied mit dem Teilchenmodell.

- Der Reifen rollt mit der ganzen Lauffläche auf der Fahrbahn.
- große Haftfläche
- kurzer Bremsweg
- hohe Fahrstabilität
- Das Profil fährt sich gleichmäßig ab.

- Der Reifen läuft auf den „Schultern", die Mitte hat kaum Bodenkontakt.
- kleine Haftfläche
- längerer Bremsweg
- weniger Fahrstabilität
- erhöhter Reifenabrieb im Schulterbereich
- höhere Rollreibung

- Der Reifen berührt nur mit der Mitte der Lauffläche die Fahrbahn.
- kleine Haftfläche
- längerer Bremsweg
- weniger Fahrstabilität
- unbequemes Fahren aufgrund erhöhter Reifenhärte

[1] Mehr Sicherheit durch richtigen Reifendruck

5 Wenn man bei Frost feuchte Wäsche draußen aufhängt, trocknet sie auch in der Kälte. Überlege, in welchen Schritten das Wasser aus der Wäsche verschwindet. Beschreibe die Vorgänge mit Fachworten.

6 Wenn in der Küche gekocht wird, kann man den Essensgeruch bald in der ganzen Wohnung riechen. Erkläre, wie es dazu kommt.

Reibung

7 Gib bei den folgenden Beispielen aus der Schule an, ob Reibung erwünscht oder unerwünscht ist. Begründe jeweils kurz.
a Kunst: Bleistiftskizze
b Hauswirtschaft: Teller putzen
c Sport: auf dem Hallenboden rutschen
d Werken: einen Eisenwürfel feilen
e Pause: Airhockey spielen
f Biologie: Schweineaugen sezieren

8 „Ohne Haftreibung würde kein Nagel in der Wand halten." Nimm Stellung zu dieser Aussage.

9 Auch der Reifendruck hat bei Autos einen Einfluss auf die Reibung. → [1] Beschreibe und erkläre im Modell, weshalb die Sicherheit bei falschem Reifendruck sinkt.

Dichte

10 Ist die Dichte eine Grundgröße oder eine abgeleitete Größe? Begründe deine Antwort.

11 Beschreibe mithilfe von Skizzen, wie man die Dichte eines Steins bestimmen kann.

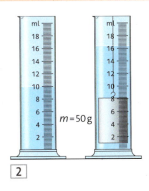
2

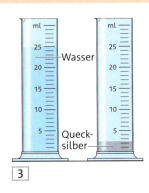
3

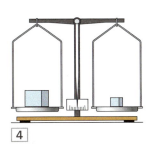
4

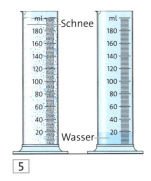
5

12 Ergänze die folgenden Zusammenhänge:
a Je größer die Masse eines Gegenstands bei gleichem Volumen ist, desto … ist die Dichte.
b Je größer das Volumen eines Gegenstands bei gleicher Masse ist, desto … ist die Dichte.
c Je größer die Dichte eines Gegenstands ist, desto … ist die Masse bei gleichem Volumen.
d Je größer die Dichte eines Gegenstands ist, desto … ist das Volumen bei gleicher Masse.

13 Messing hat eine Dichte von 8,5 $\frac{g}{cm^3}$ (bei 20 °C). Beschreibe, was diese Angabe bedeutet.

14 Bestimme die Dichte des Wägestücks. → 2 Gib an, aus welchem Material der Körper besteht. *Tipp:* Verwende die Dichtetabelle im Anhang.

15 In welchem Messzylinder befindet sich die Flüssigkeit mit der größeren Masse? → 3 Begründe deine Antwort rechnerisch. *Tipp:* Verwende die Dichtetabelle im Anhang.

16 Vergleiche Masse und Volumen der Würfel auf den Waagschalen. → 4 Gib an, welcher Würfel aus Aluminium besteht und welcher aus Silber. *Tipp:* Verwende die Dichtetabelle im Anhang.

17 In einem Messzylinder wurde frisch gefallener Schnee aufgefangen. → 5 Im Physiksaal ist der Schnee geschmolzen. Vergleiche die Dichte von Schnee und Wasser. Begründe deine Aussage.

18 Rechne um: → 6

a	200 dm³	= ? cm³	h	15 dm³ = ? ml
b	1800 mm³	= ? cm³	i	17 m³ = ? dm³
c	19,8 dm³	= ? cm³	j	2,7 $\frac{kg}{dm^3}$ = ? $\frac{g}{cm^3}$
d	3000 ml	= ? dm³		
e	360 cm³	= ? dm³	k	2,7 $\frac{kg}{dm^3}$ = ? $\frac{kg}{m^3}$
f	22 000 ml	= ? dm³		
g	30 dm³	= ? cm³	l	2,7 $\frac{t}{m^3}$ = ? $\frac{g}{cm^3}$

6 Volumen umrechnen

19 Die maximale Nutzlast eines Autoanhängers beträgt 600 kg. Seine Ladefläche ist 201 cm lang und 108 cm breit. Berechne, wie hoch Sand in den Anhänger gefüllt werden kann. Der Sand hat eine Dichte von 1,5 $\frac{g}{cm^3}$.

20 Eine Glasscheibe ist 4,0 mm dick, 60 cm breit und 1,2 m hoch. Das Glas hat eine Dichte von 2,5 $\frac{g}{cm^3}$. Berechne die Masse der Scheibe.

Mechanik

Teste dich! (Lösungen im Anhang)

Länge, Zeit, Geschwindigkeit

1 Geschwindigkeitskontrolle auf der Landstraße: Bei einem Auto werden 0,020 s für 50 cm gemessen.
a Gib die drei physikalischen Größen und ihre Einheiten an, die hier eine Rolle spielen.
b Berechne, ob der Fahrer die zulässige Höchstgeschwindigkeit von 80 $\frac{km}{h}$ eingehalten hat.
c Berechne, wie weit das Auto mit der gemessenen Geschwindigkeit in 30 min kommt.
d Berechne, wie lange das Auto mit der gemessenen Geschwindigkeit für 20 km braucht.

2 Zwei Autofahrten sind gemessen worden. → 1
a Gib an, welches Auto insgesamt schneller war.
b Berechne jeweils die durchschnittliche Geschwindigkeit in $\frac{m}{s}$ und $\frac{km}{h}$.
c Stelle beide Fahrten im selben Diagramm dar.
d Gib an, welches Auto (nahezu) gleichförmig fuhr. Begründe deine Auswahl.

Kräfte, Trägheit und Schwere

3 „Der Pokal bewegt sich nicht, weil keine Kraft auf ihn wirkt." → 2 Nimm Stellung dazu.

4 Die Dehnung von Schraubenfedern und einem Gummiband ist gemessen worden. → 3

Zeit t in s	0	5	10	15	20	25	
Weg s in m	0	66	123	162	183	195	Auto A
	0	50	101	149	200	251	Auto B

1 Fahrt zweier Autos

a Stelle die Messwerte im Diagramm dar.
b Berechne, welche Feder „härter" ist.

5 Masse und Gewichtskraft
a Lege eine Tabelle mit den Spalten Masse und Gewichtskraft an. Ordne ein: 1 N, überall gleich groß, 1 kg, Waage, ortsabhängig, Kraftmesser.
b Gib an, welcher Gegenstand auf der Erde und welcher auf dem Mond mit einer Kraft von rund 10 N angezogen werden würde: Milchtüte (1,0 kg), Kasten Cola (13 kg), Auto (0,80 t), Korb mit Äpfeln (6,0 kg). Begründe deine Auswahl.

6 Eine Busfahrerin stellt einen offenen Becher mit Kaffee auf das Armaturenbrett. Bald darauf bremst sie scharf. Beschreibe und erkläre, was mit dem Becher passiert.

Materie, Reibung, Dichte

7 Übertrage die Zeichnung vergrößert in dein Heft. → 4 Skizziere jeden Aggregatzustand im Teilchenmodell und beschrifte die Pfeile.

2

Kraft in N	Verlängerung in cm		
	Feder A	Feder B	Gummiband
1,0	3,2	4,0	3,7
2,0	6,0	7,9	8,7
3,0	9,0	12,1	14,7
4,0	12,4	16,3	20,4

3

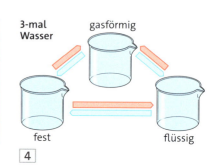

4

8 Nenne die Aussagen, die in unserem Teilchenmodell zutreffen. Korrigiere falsche Aussagen.
a Alle Teilchen sind kugelförmig.
b Alle Teilchen haben Masse.
c Beim Lösen von Zucker in Tee verändern sich die Zuckerteilchen.
d Wasserteilchen sind blau.
e Alle Teilchen bewegen sich ständig.
f Alle Teilchen sind gleich groß.
g In Luft bewegen sich alle Teilchen in dieselbe Richtung.
h In einem Körper haben die Teilchen alle den gleichen Abstand voneinander.
i Im Wasser sind alle Teilchen gleich schnell.
j Zwischen den Teilchen wirken Kräfte.

9 Skizziere in deinem Heft im Teilchenmodell:
a zwei aufeinander liegende feste Körper
b zwei unterschiedliche Gase in einer Flasche
c Ein Tropfen Tinte verteilt sich in Wasser.

10 Erkläre die Verse physikalisch: → 5
„Der Fahrer tritt aufs Gaspedal,
die Straße spürt das allemal!
Sie schiebt das Auto samt Motor
(zum Glück kommt Glatteis selten vor)!"

11 Erkläre, wieso die Autos nicht rutschen. → 6
Skizziere ein passendes Kräftepaar im Heft.

12 Erkläre, warum man bei solchen Untergründen sehr vorsichtig fahren muss. → 7 8

13 Verschiedene Dichten
a Bestimme die Dichte von Ethanol. → 9
b Die Dichte von Sand beträgt 1,5 $\frac{g}{cm^3}$, die Dichte von Wasser 1,0 $\frac{g}{cm^3}$. Übertrage das Diagramm vergrößert in dein Heft und zeichne die Graphen für Sand und Wasser ein.

14 Auf dem Dach einer Bushaltestelle liegt viel Schnee.
a Berechne die Masse des Schnees:
 • Das Dach ist 3,00 m lang und 1,50 m breit.
 • Die Schneeschicht ist 30,0 cm hoch.
 • Der Schnee hat eine Dichte von 0,20 $\frac{g}{cm^3}$.
b Am nächsten Tag schmilzt der Schnee. Berechne das Volumen des Schmelzwassers. Das Wasser hat eine Dichte von 1,0 $\frac{g}{cm^3}$.

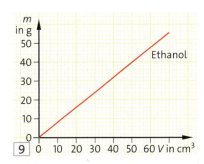

Optik

Diese Lightshow in der Disco kann sich sehen lassen. Laser und Spiegel zaubern ein buntes Spektakel aus Licht.

Sind Schatten immer schwarz? Wie entsteht eigentlich ein Schatten?

Ein komisches Bild – Warum ist das Gesicht an der Rückseite der Glaskugel zu sehen und wieso steht es auf dem Kopf?

Lichtquellen und Lichtempfänger

Hier dreht sich alles um Licht!

1 Sonne, Solarmodule, Glühlampen, Glühwürmchen, Blitze, Kerze, Fotoapparat, Leuchtdioden, Auge

A Aufgabe

Lichtobjekte

1 Teilt die Objekte in Bild 1 in zwei Gruppen ein. Nennt die Eigenschaften, die die Objekte in der jeweiligen Gruppe gemeinsam haben. Entwickelt eine Tabelle.

B Aufgabe

Lichtquellen

1 Unsere wichtigste Lichtquelle ist die Sonne. Nennt weitere leuchtende Objekte am Himmel, die ihr kennt. Beschreibt, wie sie sich von der Sonne unterscheiden.

2 Gebt verschiedene Möglichkeiten an, wie man ein dunkles Zimmer erhellen kann. Beschreibt, wie die Menschen früher in ihren Räumen Licht gemacht haben, bevor es elektrische Lampen gab.

C Versuch

Leuchtet die Lampe?

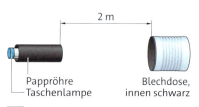

2 Schaut von der Seite her auf diesen Aufbau.

Material: Taschenlampe, Papprohre, leere Blechdose (innen schwarz), staubiger Lappen (z. B. Kreidestaub)

1 Dunkelt den Raum ab. Richtet den Strahl der Taschenlampe in die Blechdose hinein. → 2

a Könnt ihr das Licht der Taschenlampe von der Seite sehen? Beschreibt eure Beobachtung.

b Schüttelt den staubigen Lappen zwischen Taschenlampe und Dose aus. Beschreibt wieder eure Beobachtung.

Optik
Licht und Schatten

die Lichtquelle
der Lichtsender
der Lichtempfänger

Grundlagen

Lichtquellen • Die Sonne erzeugt und sendet Licht aus. Sie gehört zu den Lichtquellen oder Lichtsendern. Neben der Sonne gibt es weitere natürliche Lichtquellen, wie zum Beispiel den Blitz oder das Glühwürmchen. Viele Lichtquellen sind vom Menschen geschaffen: die Flamme einer Kerze, der glühende Draht einer Glühlampe oder die Leuchtdioden im Display deines Handys.

Lichtempfänger • In die Kamera muss Licht einfallen, sonst entstehen keine Bilder. Sie gehört zu den Lichtempfängern. So bezeichnen wir Geräte oder Lebewesen, die Licht für ihre Funktion benötigen:
- Solarzellen liefern nur elektrischen Strom, wenn Licht auf sie fällt.
- Die meisten Pflanzen brauchen Sonnenlicht zum Leben.
- Die Augen sind für Menschen und Tiere ein wichtiges Sinnesorgan, um die Umwelt wahrzunehmen.

| Lichtquellen sind Sender für Licht. Lichtempfänger nutzen Licht. → 3

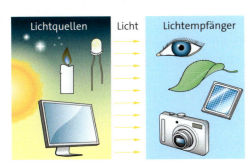

3 Sender und Empfänger von Licht

Auge und Sehen • Wenn du die Augen schließt oder wenn es ganz dunkel ist, siehst du nichts. Zum Sehen muss Licht ins Auge gelangen:
- Wir sehen die Flamme einer Kerze nur, wenn Licht von der Flamme her in unsere Augen fällt. → 4 Die Kerze sendet das Licht aus, das Auge empfängt es.
- Beim Lesen dieser Seite erzeugen weder das Buch noch die Buchstaben Licht. Du siehst den Text nur, weil das Buch beleuchtet wird und Licht in deine Augen lenkt. → 5 Die Augen selbst senden kein Licht zum Lesen aus oder „werfen einen Blick" auf den Text.

| Wir sehen Gegenstände nur, wenn Licht von ihnen in unser Auge fällt.

Aufgaben

1 Nenne drei natürliche und drei künstliche Lichtquellen.

2 Zum Sehen sind drei „Dinge" notwendig. Nenne sie.

3 Der Astronaut und die Lufthülle der Erde sind hell zu sehen. → 6 Der Weltraum ist dagegen ganz dunkel. Erkläre den Unterschied.

4 „Schau doch mal hin!" Sollst du jetzt „etwas" (z. B. Licht) aus dem Auge auf einen Gegenstand richten? Erkläre, was mit der Aufforderung gemeint ist.

4 5 Licht muss zum Sehen in unsere Augen fallen.

6 Astronaut

Lichtquellen und Lichtempfänger

Im Fokus

Aus dem Straßenverkehr: Gesehen werden

[1] Blinkendes Blaulicht – schnell zur Seite fahren!

[2] Warnwesten und Leuchtstreifen

Lichtquellen im Straßenverkehr • Motorräder fahren am Tag mit Licht, alle neuen Autos auch. Hier geht es nicht darum, die Straße zu beleuchten, sondern gesehen zu werden. Besonders auffällig sind Blinklichter: Das gelbe Blinklicht eines Autos gibt an, wohin es abbiegen wird. Bei Blaulicht heißt es, schnell Platz zu machen. → [1]

Auch Ampeln und Blinklichter an Bahnschranken dienen nicht der Beleuchtung, sondern der Information der Verkehrsteilnehmer.

Nachts gesehen werden • Personen und Gegenstände auf der Straße müssen im Dunkeln gut zu sehen sein. Fahrradfahrer und Fußgänger sollten deshalb nachts helle Kleidung tragen. → [2] Sie streut nämlich viel mehr Licht als dunkle Kleidung. Leuchtstreifen und Katzenaugen reflektieren das Licht der Scheinwerfer. Autofahrer können deshalb hell gekleidete Personen mit Warnwesten schon von Weitem erkennen und ihnen rechtzeitig ausweichen.

Aufgaben

1 Blinkende Lichter fesseln die Aufmerksamkeit – nicht nur im Straßenverkehr. Wo noch? Beschreibe weitere Beispiele.

2 Welche Farbe sollte Kleidung haben, wenn man bei Dunkelheit auf die Straße geht? Begründe deine Antwort.

3 „Das Rücklicht am Fahrrad schützt dein Leben." Erkläre diesen Satz.

4 Autofahrer müssen für Gefahrensituationen immer Rettungswesten im Auto dabeihaben.
Überprüfe im Versuch, ob diese Westen tatsächlich gut zu erkennen sind.

Im Fokus

Aus der Natur: Lebendige Lichtquellen

[3] Großer Leuchtkäfer (Johanniskäfer)

[4] Leuchtende Tintenfische

Leuchtkäfer • Glühwürmchen oder Johanniskäfer sind bei uns heimisch. In besonderen Körperzellen bilden sie einen Stoff aus, den sie zum Leuchten bringen können. → [3]
Damit locken sie Partner an.

Leuchtende Meeresbewohner • Manche Tintenfische haben Leuchtorgane. → [4]
Der Anglerfisch kann in der Dunkelheit der Tiefsee seine Beute nicht sehen. → [5] Er sorgt aber dafür, dass er gesehen wird: Mit dem Leuchtorgan über seinem Kopf lockt er die Beute an – direkt vor sein aufgerissenes Maul.

Leuchtpilze • In tropischen Regenwäldern gibt es leuchtende Pilze. → [6] Ihr Leuchten wird von Bakterien hervorgerufen, die auf der Oberfläche der Pilze leben.

[5] Anglerfisch

[6] Leuchtende Pilze auf Borneo (Malaysia)

Aufgabe

1 Manche Tiere senden Licht aus. Gib Gründe dafür an.

Ausbreitung des Lichts

1 Sonnenlicht im Wald

Was sagen die beiden Bilder über die Ausbreitung des Lichts aus?

2 Laserlicht bei einem Konzert

A Versuch

Lichtausbreitung sichtbar machen

Material: leuchtende Glühlampe, Karton

1 Stellt den Karton über die Glühlampe. → 3

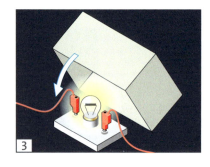

a Wie könnt ihr das Licht aus dem Karton austreten lassen? Setzt eure Idee um.
b Macht das austretende Licht mit Staub oder Rauch sichtbar. Beobachtet und beschreibt die Lichtwege. Fertigt eine Skizze an.

B Versuch

Licht fällt durch ein Loch

Material: Experimentierleuchte, Lochblenden, Schirm

1 Baut den Versuch auf. → 4
a Bewegt den Schirm von der Blende weg. Beschreibt eure Beobachtung.
b Übertragt Bild 5 in euer Heft. Zeichnet den Lichtkegel ein, der den Lichtfleck auf dem Schirm erzeugt. Geht dabei von der Mitte der Lampe aus.
Begründet, warum es physikalisch sinnvoll ist, dass ihr ein Lineal verwendet.

c Stellt eine zweite Blende hinter der ersten Blende so auf, dass der Lichtfleck kleiner wird. Gebt an, worauf ihr achten müsst.

Experimentierleuchte ohne Linse
Lochblende
Schirm
4

Lampe
5

Lochblende
Schirm

das Lichtbündel
der Lichtstrahl
die Lichtgeschwindigkeit

Grundlagen

Geradlinig • Wenn Licht durch Staub oder kleine Wassertröpfchen in unsere Augen gelenkt wird, wird der Lichtweg sichtbar. → [1] [2] Wir erkennen:

| Licht breitet sich nach allen möglichen Seiten hin geradlinig aus.

Lichtbündel • Eine Lochblende oder eine Taschenlampe lässt nur einen begrenzten Teil des Lichts durch. Wir sprechen von einem Lichtbündel. → [6] [7]

Lichtstrahl • Wenn das Blendenloch immer kleiner wird, wird das Lichtbündel immer dünner. → [8] In Gedanken können wir es verengen, bis es gar keinen Durchmesser mehr hat – wie ein Strahl in der Geometrie. In der Optik spricht man vom Lichtstrahl. → [9] Tatsächlich darf das Loch aber nicht unendlich klein werden, weil dann kein Licht mehr durchgeht. Der Lichtstrahl ist also nur eine Modellvorstellung! Wir zeichnen ihn als Strahl von der Lichtquelle aus. Meist genügen Randstrahlen oder der mittlere Strahl.

| Wir stellen die Ausbreitung des Lichts durch Lichtstrahlen dar.

Lichtgeschwindigkeit • Wenn man eine Lampe einschaltet, erreicht das Licht den angestrahlten Gegenstand sehr, sehr schnell – aber nicht sofort.

| Die Lichtgeschwindigkeit c beträgt in Luft und im All rund $300\,000\,\frac{km}{s}$.

[6] Die Lochblende erzeugt ein Lichtbündel.

[7] Verschiedene Lichtbündel

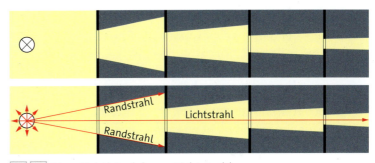

[8] [9] Vom Lichtbündel zum Lichtstrahl

Aufgaben

1 Zeichne Lichtquelle, Blende und Schirm 4-mal in dein Heft. → [10] Ergänze Randstrahlen und Lichtbündel:
a Aufbau wie in Bild 10 (ohne Pfeile)
b Bild 10 + Loch wird vergrößert.
c Bild 10 + Blende wird weggerückt.
d Bild 10 + Schirm wird weggeschoben.

2 „Der Laserpointer erzeugt einen Lichtstrahl." Nimm Stellung dazu.

3 Die Sonne ist rund 150 Mio. Kilometer von der Erde entfernt. Berechne, wie lange das Licht zur Erde braucht.

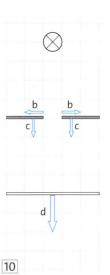

[10]

Ausbreitung des Lichts

Im Fokus

Aus der Geschichte: Lichtgeschwindigkeit messen

Galilei • Der italienische Forscher Galileo Galilei (1564–1642) versuchte nachzuweisen, dass Licht Zeit braucht, um sich auszubreiten. Er stellte zwei Helfer mit abgedeckten Laternen ein paar Kilometer voneinander entfernt auf Berggipfel. Der erste Helfer deckte seine Laterne auf. Sobald der zweite das Licht sah, schickte er ein Lichtsignal zurück. Brauchbare Ergebnisse erhielt Galilei aber nicht.

Römer • Der dänische Astronom Ole Christensen Römer (1644–1710) verblüffte 1676 seine Zeitgenossen mit einer seltsamen Erscheinung. Der Jupitermond Io tritt regelmäßig in den Schatten hinter dem Jupiter ein und ist dann für einige Zeit nicht zu sehen. → 1 2 Der Eintritt in den Schatten erfolgt alle 42,5 Stunden, man kann ihn daher vorausberechnen. Römer hatte nun beobachtet, dass Io nach einem halben Jahr etwas mehr als eine Viertelstunde (ungefähr 1000 s) später als berechnet in den Schatten eintritt. Nach einem weiteren halben Jahr stimmten die Beobachtungen wieder mit den Berechnungen überein. Römer fand die richtige Erklärung: → 2 3 Während die Erde um die Sonne läuft, ändert sich ihre Entfernung zum Jupiter. In der Fernstellung legt das Licht von Io zur Erde 300 Millionen km mehr zurück als in der Nahstellung. Dafür braucht es ca. 1000 s mehr Zeit. Deshalb beobachtet man den Eintritt in den Schatten später als berechnet.
300 Millionen km in 1000 s bedeutet 300 Tausend km in 1 s. Die Lichtgeschwindigkeit beträgt somit rund $300\,000\,\frac{km}{s}$.

1 Der Mond Io vor dem Planeten Jupiter

2 3 In der Fernstellung ist das Licht von Io zur Erde ungefähr 1000 s länger unterwegs.

Aufgaben

1 Erkläre, warum Galilei mit zwei Helfern und Lampen auf Bergen die Lichtgeschwindigkeit nicht bestimmen konnte.
Tipp: Wie lange braucht Licht für 1 km?

2 „Am Sternenhimmel sehen wir immer in die Vergangenheit." Erkläre diese Aussage.

Im Fokus

Aus Natur und Technik: Sonnen- und Laserstrahlen

<u>4</u> <u>5</u> Sonnenstrahlen und parallele Schienen

<u>6</u> <u>7</u> Entfernungsmesser und Nivellierlaser

Sind Sonnenstrahlen parallel? • Manchmal sieht man im Wald oder an Wolken, wie sich das Sonnenlicht strahlenförmig abzeichnet. → <u>4</u> Die Sonne ist sehr weit von uns entfernt. Das gesamte Sonnenlicht, das die Erde erreicht, kommt annähernd aus der gleichen Richtung. Müssten die Sonnenstrahlen dann nicht parallel verlaufen?
Nicht alles, was parallel verläuft, sieht parallel aus! Die Schienen laufen nur scheinbar in der Ferne zusammen. → <u>5</u> Auch das Sonnenlicht verläuft praktisch parallel. Weil es aus der Tiefe des Weltalls auf uns zukommt, scheinen die Sonnenstrahlen in einem Fluchtpunkt zusammenzulaufen – der Sonne.

Gerade messen – mit Lasern • Auf Baustellen muss genau gearbeitet werden: Wände sollen im richtigen Abstand stehen, Böden sollen eben verlegt werden. Hier kommen Geräte mit Lasern zur Anwendung. Das Laserlicht breitet sich geradlinig aus und die Lichtbündel sind so schmal, dass man von Laserstrahlen spricht.

Um Entfernungen zu messen, wird mit dem Laserstrahl zum Beispiel ein Punkt auf der Wand angepeilt. → <u>6</u> Auf Knopfdruck zeigt das Gerät den Abstand millimetergenau an. Mit einem Nivellierlaser kann man waagerechte und senkrechte Ebenen im Raum genau einmessen. → <u>7</u> Ein rotierender Laserstrahl „zeichnet" die gewünschten Linien an die Wände.

Aufgaben

1 „Sonnenstrahlen gehen in alle Richtungen." – „Nein, die Sonnenstrahlen verlaufen parallel." Nimm Stellung dazu.

2 Manche Entfernungsmesser messen die Laufzeit des Lichts vom Gerät zum Messpunkt und wieder zurück.
a Beschreibe, wie man damit den Abstand zum Messpunkt bestimmen kann.
b Der Messpunkt ist 1 km entfernt. Berechne die Laufzeit, die der Entfernungsmesser misst.

Schatten

Wo Licht ist, ist auch Schatten.
Wo ist hier die Lichtquelle?

A Versuch

Große Schatten – kleine Schatten

Material: leuchtende Glühlampe, kleines Brett

1 Stellt das Brett etwa 1 m vor der Wand auf. → 2
a Schaltet die Glühlampe ein und zeichnet den Schatten auf der Tafel nach. Skizziert den Versuch mithilfe von Lichtstrahlen im Heft.
b Verändert den Aufbau so, dass der Schatten größer wird / kleiner wird. Skizziert wieder.

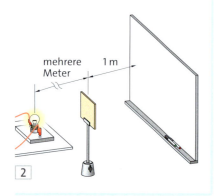

B Versuch

Zwei Lampen – wie viele Schatten?

Material: 2 farbige Strahler

1 Sind die Schatten auf der Wand immer gleich? → 3
a Rückt die Strahler weit auseinander und richtet sie auf den Stift. Skizziert den Aufbau und konstruiert die Schatten im Heft. → 4
b Rückt die Strahler zusammen. Skizziert wieder. → 5

2 Welchen Strahler müsst ihr bewegen, damit sich der rote Schatten bewegt? Überprüft es. *Tipp:* Schaltet den roten Strahler einmal aus.

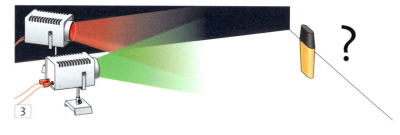

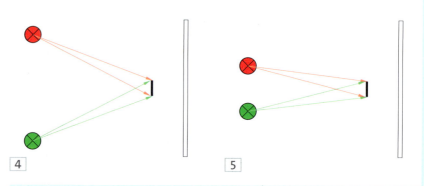

106 | Optik
Licht und Schatten

der **Schatten**
der **Schattenraum**
das **Schattenbild**
der **Kernschatten**
der **Halbschatten**

Grundlagen

Schatten • Licht breitet sich geradlinig aus. Oft wird es aber am Weiterkommen gehindert.

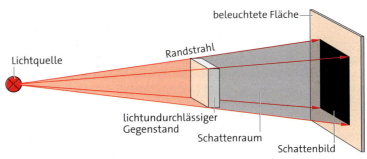

6 Schatten (bei einer Lampe)

> Wenn dem Licht ein undurchsichtiger Gegenstand im Weg steht, gelangt kein Licht in den Raum hinter dem Gegenstand. Dieser dunkle Raum heißt Schattenraum. Auf einem Schirm hinter dem Gegenstand entsteht ein Schattenbild. → 6

Wenn wir von Schatten sprechen, kann der Schattenraum oder das Schattenbild gemeint sein. Das Schattenbild wird größer, wenn man den Schirm vom Gegenstand entfernt oder den Gegenstand der Lichtquelle nähert.

Kern- und Halbschatten • Wenn ein Gegenstand von zwei Lichtquellen beleuchtet wird, entstehen hinter ihm zwei Schatten. Je nach Anordnung von Lichtquellen, Gegenstand und Schirm können sich die Schatten überlappen.

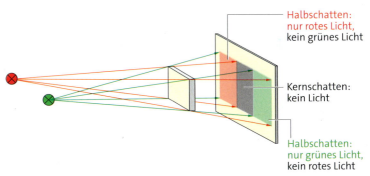

7 Kern- und Halbschatten (bei zwei Lampen)

> Der Kernschatten ist der dunkle Bereich hinter dem Gegenstand, in den kein Licht fällt. → 7
> Halbschatten nennt man die Bereiche hinter dem Gegenstand, in die Licht von nur einer Lampe fällt.

Aufgaben

1 Drei Dinge braucht man, damit Schattenbilder entstehen. Nenne sie.

2 Erläutere anhand der Fotos:
a Schattenraum / Schattenbild → 8
b Kernschatten / Halbschatten → 9

3 Erkläre, wie die farbigen Schatten entstehen. → 7

8

9

Sonnen- und Mondfinsternis

Manchmal scheint sich etwas in den Mond oder in die Sonne „hineinzufressen". Wie kommt es dazu?

A Aufgabe

Sonnenfinsternis

1 Am 11.8.1999 gab es eine totale Sonnenfinsternis in Süddeutschland. → 3 Beantworte folgende Fragen:
a Wie lange dauerte die totale Sonnenfinsternis?
b Warum wurde es kühler?
c Was ist die Korona?
d Was sind Protuberanzen?
e Was sind Venus und Merkur?

Der Mond schob sich als schwarze Scheibe vor die Sonne. Die Sichel der Sonne wurde immer schmäler. Die Helligkeit und die Temperatur sanken rapid. Plötzlich war der letzte Funke der Sonne verschwunden. Schwarz stand sie am Himmel, umgeben von der Korona und den herrlichen Protuberanzen. Links neben der Sonne strahlte die Venus, rechts sahen wir den Merkur.
2 Minuten und 20 Sekunden konnten wir das Schauspiel genießen. Genau so schnell wie das Sonnenlicht erloschen war, kam es jetzt wieder. Auch die Temperatur stieg wieder an.

3 Augenzeugenbericht vom 11. August 1999

B Versuch

Sonnen- und Mondfinsternis – im Modell

4 Sonnenfinsternis im Modellversuch

Material: Lampe (Sonne), Globus (Erde), Tennisball (Mond)

1 Stellt die Sonnenfinsternis nach. → 4 Zeichnet die Anordnung ins Heft: zuerst Sonne und Mond, dann die Erde.

2 Stellt auch die Mondfinsternis nach. *Tipp:* Der Mond ist im Schatten der Erde.

Grundlagen

Schatten im Weltraum • Erde und Mond werden ständig von der Sonne beschienen. Hinter der Erde und dem Mond entstehen Kern- und Halbschatten, die weit in den Weltraum reichen.

Mondfinsternis • Der Mond läuft in rund 27 Tagen einmal um die Erde.

> Bei einer Mondfinsternis streift oder durchquert der Mond den Kernschatten der Erde. Man sieht den Erdschatten auf dem Mond. → 5

Bei einer partiellen (teilweisen) Mondfinsternis bleibt stets ein Teil des Monds beleuchtet. Bei einer totalen Finsternis bedeckt der Erdschatten den Mond völlig. Im Jahr gibt es im Mittel zwei Mondfinsternisse.

Sonnenfinsternis • Der Schatten hinter dem Mond geht meistens an der Erde vorbei – aber nicht immer.

> Bei einer Sonnenfinsternis steht der Mond so zwischen Sonne und Erde, dass sein Schatten auf die Erde fällt. Auf der Erde beobachtet man, dass sich der Mond vor die Sonne schiebt und sie verdunkelt. → 6

Wenn man sich auf der Erde im Halbschatten des Monds aufhält, sieht man die Sonne als Sichel. Im Kernschatten ist die Sonne ganz verdeckt.
Der Kernschatten des Monds auf der Erde hat einen Durchmesser von 200 km. Nur wo er entlangwandert, kann man die totale Sonnenfinsternis sehen. Wo der Halbschatten entlangläuft, sieht man eine partielle Sonnenfinsternis.
Durchschnittlich gibt es weltweit zwei Sonnenfinsternisse im Jahr.

Aufgabe

1 Wer verdeckt wen? Beschreibe es für beide Finsternisse.

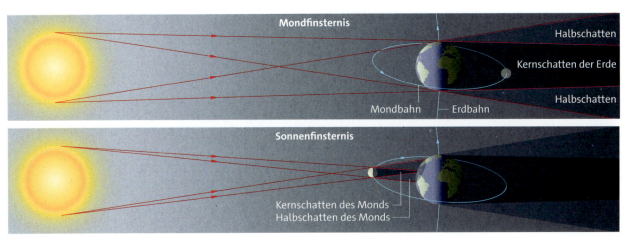

5 6 Mondfinsternis und Sonnenfinsternis

Licht und Schatten

Zusammenfassung

Lichtquellen und Lichtausbreitung • Lichtquellen senden Licht aus, Lichtempfänger nutzen es. → 1

Wir sehen Gegenstände nur, wenn Licht von ihnen in unser Auge fällt. → 2

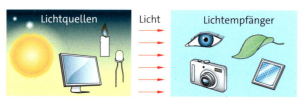

1 Sender – Empfänger

2 Lichtquellen und beleuchtete Gegenstände sehen

Ausbreitung des Lichts • Licht breitet sich geradlinig nach allen möglichen Seiten hin aus. Wir stellen den Lichtweg durch Lichtstrahlen dar. → 3 Die Lichtgeschwindigkeit c beträgt in Luft rund $300\,000\,\frac{km}{s}$.

3 Lichtwege darstellen

Schatten • Sie entstehen, wenn Licht auf einen Körper trifft und ihn nicht durchdringt. → 4

Kern- und Halbschatten • Mehrere punktförmige Lichtquellen erzeugen mehrere Schatten. → 5

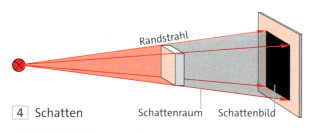

4 Schatten

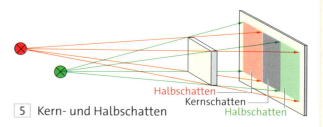

5 Kern- und Halbschatten

Mondfinsternis • Der Mond durchquert den Schattenraum der Erde. → 6

Sonnenfinsternis • Der Kernschatten des Monds „wandert" über die Erde. → 7

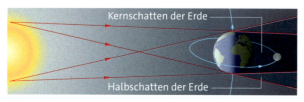

6 Mondfinsternis

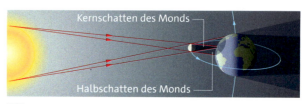

7 Sonnenfinsternis

Aufgaben

8 Lasershow

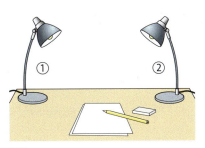

9 Richtig beleuchten

10 Verschiedene Schatten

1 Nenne jeweils 5 Lichtquellen und Lichtempfänger aus dem Alltag.

2 In einer klaren Vollmondnacht kann man im Freien auch ohne Lampe lesen. Erkläre diese Beobachtung. Ist der Vollmond eine Lichtquelle?
Tipp: Die Streuung spielt zweimal eine Rolle.

3 Lasershow bei einem Konzert → 8
a Das Foto zeigt eine Eigenschaft des Lichts sehr deutlich. Nenne sie.
b Die Personen im Vordergrund sehen dunkel aus. Erkläre diese Beobachtung.

4 Diana schreibt mit der rechten Hand. Welcher Lampenort ist für sie günstiger? → 9
Begründe deine Antwort.

5 Du hältst einen Stift zwischen eine Kerze und eine Wand. Skizziere, wie ein …
a großes Schattenbild des Stifts entsteht.
b kleines Schattenbild des Stifts entsteht.

6 Hinter dem Bauklotz sind verschiedene Schatten. → 10 Benenne die Schatten und erkläre, wie sie entstehen.

7 Eine weiße Vase wird von zwei farbigen Lampen beleuchtet. → 11 Skizziere, wie die farbigen Schattenbilder zustande kommen.

8 Die Fotos wurden bei derselben totalen Finsternis aufgenommen. → 12 13 Gib an, um welche Art von Finsternis es sich handelt. Beschreibe und erkläre, was auf den Fotos zu sehen ist.

11 Weiße Vase – farbige Schatten

12 Blick von der Erde

13 Blick von einem Satelliten

Reflexion

[1] Spiegelkugel in der Disco

Hunderte kleine Spiegel lenken Licht in alle Richtungen. Dafür gilt ein einfaches Gesetz.

A Versuche

Lichtwege am Spiegel

Material: Spiegel, 2 Experimentierstrahler, Blatt Papier, weiße Pappe, Stativmaterial

1 Legt das Blatt Papier auf den Tisch und baut den Versuch darauf auf. → [2] Markiert die Lage des Spiegels.
  a Schaltet den Strahler ein. Beschreibt, was mit dem Licht geschieht.
  b Markiert 3 Punkte auf dem Blatt Papier. Sie sollen vom Licht getroffen werden, das am Spiegel umgelenkt wird. Überlegt jeweils vorher, wie ihr den Strahler ausrichten müsst. Probiert es dann aus.
  c Markiert mehrere Punkte des Lichtwegs auf dem Papier. Zeichnet dann den Lichtweg nach.
  d Dreht den Spiegel etwas zur Seite. Zeichnet wieder, aber in einer anderen Farbe.
  e Wie lenkt der Spiegel das Licht um? Formuliert ein Gesetz.

2 Stellt den zweiten Strahler (noch ausgeschaltet) genau entgegengesetzt zum reflektierten Licht auf. → [3] Schaltet ihn dann ein. Beschreibt eure Beobachtung.

3 Ersetzt den Spiegel durch eine zerknitterte Alufolie. Vergleicht mit den Beobachtungen am Spiegel.

4 Legt den Spiegel auf den Tisch und lasst das Licht von schräg oben auf den Spiegel fallen. → [4] Macht das einfallende und das reflektierte Licht mit der Pappe sichtbar. Vergleicht die Richtungen des Lichts.

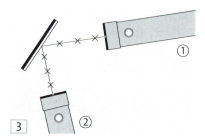

Optik — Reflexion und Brechung

das Einfallslot
das Reflexionsgesetz
der Einfallswinkel
der Reflexionswinkel
die diffuse Reflexion

Grundlagen

Reflexionsgesetz • Ein Spiegel lenkt Licht in eine bestimmte Richtung um. Man sagt, das Licht wird reflektiert (lat. *reflectere*: zurückbiegen).
Was bedeutet „in eine bestimmte Richtung" umlenken? Wenn man die Reflexion genauer untersucht, erkennt man:
→ 5 Der Winkel zwischen dem einfallenden Lichtstrahl und dem Einfallslot ist stets genauso groß wie der Winkel zwischen dem Einfallslot und dem reflektierten Lichtstrahl. In Kurzform lautet das Reflexionsgesetz:

> Einfallswinkel = Reflexionswinkel
> $\varepsilon = \varepsilon'$
> Einfallender Lichtstrahl, Einfallslot und reflektierter Lichtstrahl liegen in einer gemeinsamen Ebene.

Das Einfallslot steht immer senkrecht auf der Spiegelebene.
Vertauscht man den reflektierten und den einfallenden Lichtstrahl, so nimmt das Licht denselben Weg wie vorher – nur in umgekehrter Richtung.

> Der Lichtweg bei der Reflexion ist umkehrbar.

Diffuse Reflexion • Bei Spiegeln spricht man von gerichteter Reflexion. Bei einer zerknitterten Alufolie liegt eine diffuse Reflexion vor (lat. *diffusus*: ausgebreitet). → 6 Für jede kleine ebene Teilfläche gilt das Reflexionsgesetz. Insgesamt wird das Licht aber in viele verschiedene Richtungen reflektiert.

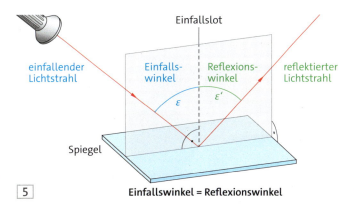

5 Einfallswinkel = Reflexionswinkel

 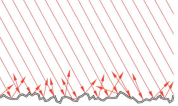

6 Diffuse Reflexion

Aufgaben

1 Nenne das Reflexionsgesetz. Fertige dazu eine beschriftete Skizze an.

2 Übertrage das Bild ins Heft. → 7
a Bestimme den Einfallswinkel.
b Ergänze den reflektierten Strahl.

3 Konstruiere im Heft die reflektierten Strahlen. → 8 Erläutere an diesem Beispiel den Begriff diffuse Reflexion.

7

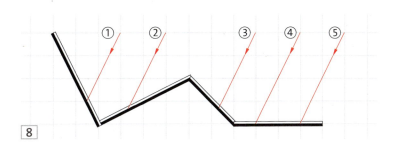

8

113

Spiegelbilder

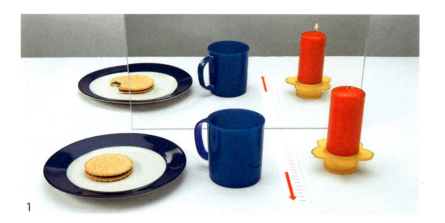

Spiegelbilder hast du schon oft gesehen. Manchmal lohnt es sich aber, etwas genauer hinzuschauen.

A Versuch

Lage des Spiegelbilds

Material: Spiegel, 2 gleiche Stifte, Lineal

1 Der Spiegel steht senkrecht auf dem Tisch. → 2 Ein Stift schaut hinter ihm hervor. Legt den anderen Stift so vor den Spiegel, dass sein Spiegelbild in den Stift hinter dem Spiegel übergeht. Messt nun die Abstände der beiden Stifte vom Spiegel.

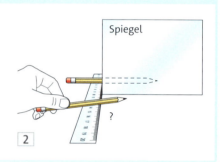

B Aufgaben

Spiegelverkehrt

1 Vertauscht ein Spiegel links und rechts? → 3
  a Der rote Stift zeigt nach ... Sein Spiegelbild zeigt ...
  b Der gelbe Stift ...
  c Der grüne Stift ...
  d Der Spiegel vertauscht ...

2 Bemalt einen Papierzylinder so, dass er dem Spiegelbild der Figur auf dem linken Papierzylinder entspricht. → 4 Überprüft mit einem Spiegel.

3 Zeichnet eine „Rennstrecke" wie in Bild 5 auf ein Blatt Papier. Fahrt sie mit dem Stift nach – schaut dabei aber nur in den Spiegel! Wo sind die schwierigen Stellen? Warum sind sie schwierig?

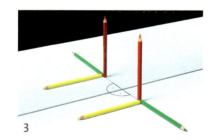

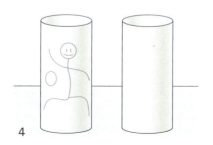

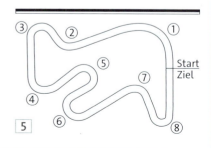

das **Spiegelbild**
das **virtuelle Bild**

Grundlagen

Eigenschaften von Spiegelbildern • Im Bild 1 scheint das Spiegelbild der Kerze genauso weit vom Spiegel entfernt zu sein wie die Kerze selbst. In Wirklichkeit ist aber hinter dem Spiegel gar keine Kerze. → 6

> Spiegelbilder sind virtuelle Bilder (virtuell: scheinbar vorhanden). Beim ebenen Spiegel ist das Spiegelbild genauso groß wie der Gegenstand und genauso weit vom Spiegel entfernt.

Im Bild 3 zeigt der gelbe Stift nach links – genau wie im Spiegelbild. Der rote Stift zeigt auch im Spiegelbild nach oben. Nur der grüne Stift zeigt in die entgegengesetzte Richtung wie im Spiegelbild.

> Für einen Betrachter vor dem Spiegel sind links und rechts, oben und unten im Spiegel nicht „vertauscht".

Spiegelbilder sehen • Wir sehen die Spitze der Kerzenflamme, wenn Licht von ihr in unser Auge fällt. → 1 Der Spiegel reflektiert Licht von der Flammenspitze ins Auge. → 7 Wir sehen

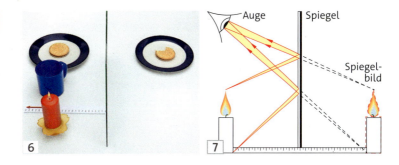

sie in Richtung des einfallenden Lichts. Unser Gehirn verlegt das Spiegelbild dorthin, wo sich die nach hinten verlängerten Lichtstrahlen treffen.

Konstruktion von Spiegelbildern • Wir können das Spiegelbild eines Gegenstands und die Strahlengänge mithilfe der Achsenspiegelung aus der Mathematik konstruieren. → 8

Aufgaben

1 Erkläre, wie das Spiegelbild der Tasse entsteht. → 1

2 Erkläre den Trick mit dem Keks. → 1 Skizziere dazu den Aufbau von oben im Heft.

3 Spiegelbilder sind virtuelle Bilder. Erläutere, was damit gemeint ist.

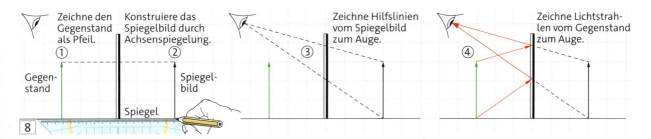

Brechung

Ein Zauberkunststück zum Nachmachen: Legt eine Münze in eine leere Tasse. Blickt so über den Rand, dass ihr die Münze nicht seht. Behaltet diese Position bei, während Wasser in die Tasse gegossen wird.
Wie lässt sich dieser „Trick" erklären?

[1] [2] Eine Münze „taucht auf".

A Versuch

Zielen im Wasser

Material: Glasrohr, Gummistopfen mit Loch, Glasbecken, Wasser, Münze, langer Stab, Stativmaterial; Laserpointer

1 Richtet das Glasrohr so aus, dass ihr die Münze seht, wenn ihr durch das Rohr schaut. → [3] [4] Lasst nun den Stab durch das Glasrohr gleiten. Trifft er die Münze? Beschreibt, was ihr seht.

2 Der Lehrer oder die Lehrerin schickt einen Laserstrahl durch das Glasrohr. Trifft das Licht die Münze?

3 Verschiebt die Befestigung des Glasrohrs nach oben oder unten. Wiederholt die Versuche.

B Versuch

Von Wasser nach Luft

Material: Glasbecken, Wasser, Schirm, kleiner Spiegel, Experimentierlampe, Schlitzblende

1 Die Münze in Bild 2 sieht man nur, wenn Licht von ihr durch das Wasser und die Luft geht und ins Auge trifft. Verläuft das Licht unterwegs geradlinig?

a Im Versuch geht Licht über den Spiegel durch das Wasser wieder in die Luft. → [5] Der Schirm macht es sichtbar. Beschreibt den Lichtweg.

b Stellt den Spiegel mal steiler und mal flacher auf. Beschreibt wieder.

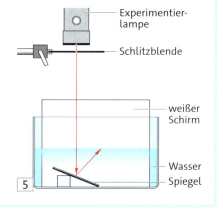

die **Brechung**
der **Brechungswinkel**
die **optische Hebung**

Grundlagen

Brechung des Lichts • Um das „Auftauchen" der Münze zu erklären, betrachten wir den Weg des Lichts an der Wasseroberfläche: → 6 7

> Wenn Licht schräg durch die Grenzfläche von Luft nach Wasser dringt, wird es abgelenkt. Es wird zum Lot hin gebrochen. → 6
> Beim Übergang von Wasser nach Luft wird das Licht vom Lot weg gebrochen. → 7

Die Brechung des Lichts beobachtet man zum Beispiel auch beim Übergang von Luft nach Glas (und umgekehrt).

Optische Hebung • Wenn kein Wasser in der Tasse ist, sieht man die Münze nicht. → 1 Die Münze streut auftreffendes Licht. → 8 Das Streulicht geht am Auge vorbei.
Mit Wasser sehen wir die scheinbar angehobene Münze. → 2 Das Streulicht von der Münze wird an der Wasseroberfläche vom Lot weg gebrochen. → 9 Ein Teil des Streulichts fällt ins Auge. Wir bemerken die Umlenkung des Lichts nicht und sehen ein virtuelles Bild der Münze in der Richtung, aus der das Licht ins Auge einfällt.

> Gegenstände unter Wasser sehen wir scheinbar angehoben.
> Wir sehen virtuelle Bilder der Gegenstände in der Richtung, aus der das gebrochene Licht ins Auge fällt.

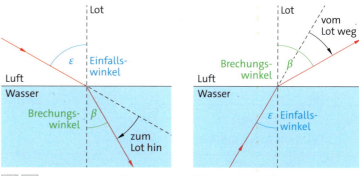

6 7 Brechung des Lichts an der Wasseroberfläche

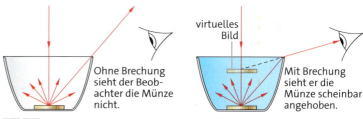

8 9 Optische Hebung im Wasser (übertrieben gezeichnet)

Aufgaben

1 Beschreibe den Verlauf des Lichts beim Übergang
  • von Luft nach Wasser und
  • von Wasser nach Luft.
  Verwende dabei jeweils den Begriff „Lot".

2 Erkläre, wieso die Münze im Wasser angehoben erscheint. → 2 Verwende dabei den Begriff „virtuelles Bild".

3 Max hat die Münze durch das Glasrohr hindurch anvisiert. → 4 Dann schiebt er einen langen Stab durch das Glasrohr – und der Stab geht oberhalb der Münze vorbei. Erkläre diese Beobachtung.

Brechung – genauer betrachtet

Im gefüllten Wasserglas sind die Finger teilweise nicht zu sehen. Sobald das Glas leer ist, erscheint die Hand wieder vollständig. Wie ist das möglich? Für eine Antwort untersuchen wir die Brechung genauer.

[1] [2] Wasser ist nicht immer durchsichtig!

A Versuch

Von Luft nach Plexiglas

Material: Experimentierleuchte mit Schlitzblende, optische Scheibe, Halbzylinder aus Plexiglas

1 Legt den Halbzylinder auf die Mitte der optischen Scheibe und stellt die Lampe außen auf. → [3]
a Richtet das Licht zunächst senkrecht auf die Mitte des Halbzylinders. Beschreibt den Lichtweg.
b Dreht nun die Lampe so, dass das Licht immer flacher auf die Mitte des Halbzylinders trifft. Beschreibt eure Beobachtungen möglichst genau.

2 Wie hängt der Brechungswinkel β im Plexiglas vom Einfallswinkel ε ab? → [4]
a Vergrößert den Einfallswinkel ε schrittweise. → [5]

[3] [4]

Einfallswinkel ε	0°	10°	20°	30°	40°	50°	60°	70°	80°	88°
Brechungswinkel β	?	?	?	?	?	?	?	?	?	?

[5] Messwertetabelle (Muster) für die Brechung Luft → Plexiglas

Einfallswinkel ε	0°	10°	20°	30°	40°	50°	60°	70°	80°	88°
Brechungswinkel β	0°	8°	15°	22°	29°	35°	41°	45°	48°	49°

[6] Messwerte für die Brechung Luft → Wasser

Messt jeweils den Brechungswinkel β. Übertragt die Tabelle und notiert die Messwerte im Heft.
b Wertet den Versuch in einem Diagramm aus (Brechungswinkel in Abhängigkeit vom Einfallswinkel).

3 Die untere Tabelle zeigt die Brechungswinkel beim Übergang von Luft nach Wasser. → [6] Zeichnet den zugehörigen Graphen ebenfalls in das Diagramm von Versuch 2. Vergleicht die Graphen.

B Versuch

Von Plexiglas nach Luft

Material: Experimentierleuchte mit Schlitzblende, optische Scheibe, Halbzylinder aus Plexiglas

1. Richtet das Lichtbündel diesmal auf die runde Seite des Halbzylinders. Es soll die Mitte der optischen Scheibe schräg treffen. → 7
a. Gebt an, wo diesmal der Einfallswinkel ε ist und wo der Brechungswinkel β.
b. Verändert den Einfallswinkel: Beginnt bei 0° und lasst das Licht dann immer flacher auftreffen. Beobachtet das gebrochene Lichtbündel. Was fällt euch auf?
c. Messt den Brechungswinkel für verschiedene Einfallswinkel. Verwendet als Einfallswinkel die Brechungswinkel aus dem Versuch A, Aufgabe 2. → 5 Erstellt wieder eine Tabelle. Beschreibt, was euch an den Messwerten auffällt.

2. Ab einem bestimmten Einfallswinkel wird das Licht nicht mehr gebrochen, sondern total reflektiert.
a. Bestimmt diesen Grenzwinkel für die Grenzfläche Plexiglas – Luft experimentell. Beschreibt, wie ihr vorgeht.
b. Vermutet, wie groß der Grenzwinkel der Totalreflexion für die Grenzfläche Wasser – Luft ist. *Tipp:* Versuch A, Aufgabe 3 → 6

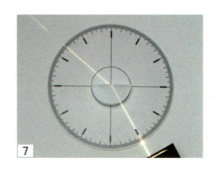

7

C Aufgabe

Verschobene Schrift

1. Auf dem Ausdruck liegt eine dicke Plexiglasplatte. → 8
a. Beschreibt, was euch auffällt.
b. Erklärt die Beobachtung: Übertragt die Zeichnung ins Heft. → 9 Ergänzt die weiteren Lichtwege und die virtuellen Bildpunkte. Nutzt die Messwerte aus Versuch B.

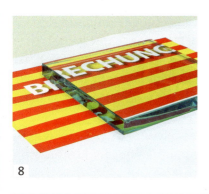

8

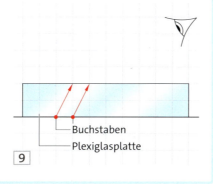

9

D Aufgabe

Lichtweg vorhersagen

1. Übertragt die Zeichnung ins Heft und setzt den Lichtweg fort. → 10 Nutzt die Messwerte aus den Versuchen.

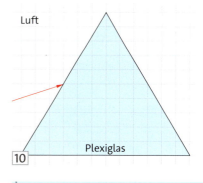

10

119

Brechung – genauer betrachtet

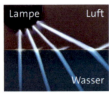
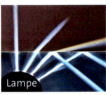

1 2

Grundlagen

Regeln bei der Brechung des Lichts • Wenn Licht senkrecht auf die Grenzfläche zwischen zwei lichtdurchlässigen Stoffen auftrifft, verläuft es geradlinig weiter. Trifft es schräg auf die Grenzfläche, so wird ein kleiner Teil reflektiert und der Rest gebrochen. → 1 2
Je flacher das Licht auftrifft, desto mehr Licht wird reflektiert und desto stärker wird es gebrochen. Einfallender Strahl, gebrochener Strahl und Einfallslot liegen immer in derselben Ebene.

Übergang aus Luft • Im ersten Versuch ist der Brechungswinkel in Abhängigkeit vom Einfallswinkel für den Übergang Luft → Plexiglas gemessen worden. → 3 Wir erkennen:
- Der Brechungswinkel β ist stets kleiner als der Einfallswinkel ε.
- Der Brechungswinkel wird nicht größer als 42°.
- Je größer der Einfallswinkel ε ist, desto größer ist der Brechungswinkel β. Der Zusammenhang ist aber nicht proportional: Der Graph verläuft nicht gerade, sondern wird immer flacher. → 4

Die Graphen für andere Übergänge verlaufen ähnlich. → 4 Jeder Übergang hat bei ε = 90° seinen maximalen Brechungswinkel: Bei Plexiglas sind es 42°, bei Wasser 49° und bei Diamant 24°. Wasser bricht also Licht weniger stark als Plexiglas. Diamant bricht das Licht viel stärker als Wasser und Plexiglas.

Übergang nach Luft • Im zweiten Versuch ist der Zusammenhang zwischen dem Einfallswinkel und dem Brechungswinkel für den umgekehrten Übergang Plexiglas → Luft gemessen worden. → 5 Die Wertepaare sind gegenüber dem Übergang Luft → Plexiglas genau vertauscht. Wie schon bei der Reflexion gilt:

> Der Lichtweg ist bei der Brechung umkehrbar.

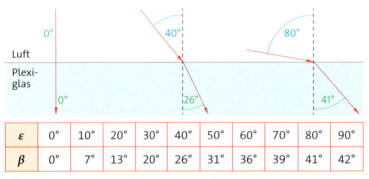

ε	0°	10°	20°	30°	40°	50°	60°	70°	80°	90°
β	0°	7°	13°	20°	26°	31°	36°	39°	41°	42°

3 Brechung beim Übergang Luft → Plexiglas

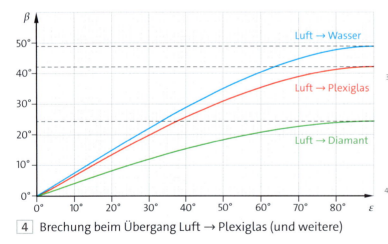

4 Brechung beim Übergang Luft → Plexiglas (und weitere)

ε	0°	7°	13°	20°	26°	31°	36°	39°	41°	42°
β	0°	10°	20°	30°	40°	50°	60°	70°	80°	90°

5 Brechung beim umgekehrten Übergang Plexiglas → Luft

die Totalreflexion
der Grenzwinkel
 der Totalreflexion
optisch dichter

Wenn der Einfallswinkel größer wird als 42°, tritt kein Licht in die Luft über. →6 Alles Licht wird reflektiert. Man spricht von Totalreflexion. Der Einfallswinkel ε_G = 42° heißt Grenzwinkel der Totalreflexion. Bei ihm nimmt der Brechungswinkel β den größtmöglichen Wert von 90° an: Das gebrochene Licht läuft an der Glasoberfläche entlang.

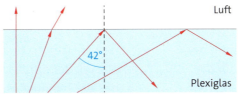

Stoff	ε_G
Diamant	24,4°
Plexiglas	42,2°
Wasser	48,6°

6 7 Grenzwinkel der Totalreflexion beim Übergang zur Luft

| Licht wird total reflektiert, wenn es aus einem durchsichtigen Stoff auf die Grenzfläche zur Luft trifft und der Einfallswinkel größer ist als der Grenzwinkel der Totalreflexion. →7 |

Bei Totalreflexion kann eine Wasseroberfläche wie ein Spiegel wirken. →8 Das Streulicht von den Fingern im Wasser erreicht uns auf zwei Wegen: einmal direkt und einmal nach Totalreflexion an der Wasseroberfläche.

8 Totalreflexion

Stoff	c in 1000 $\frac{km}{s}$
Vakuum	300,0
Luft	299,7
Wasser	225,6
Plexiglas	201,3
Diamant	124,0

9 Lichtgeschwindigkeit

In der Physik sagt man: Wasser ist optisch dichter als Luft, weil das Licht in Wasser langsamer ist. Damit gilt:

| Licht wird beim Übergang in ein optisch dichteres Medium zum Lot hin gebrochen.

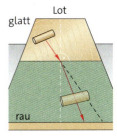

10 Modell für die Brechung des Lichts

Brechung und Lichtgeschwindigkeit • In Luft breitet sich Licht schneller aus als in Glas oder Wasser. →9 Wenn es senkrecht von Luft nach Wasser übergeht, läuft es zwar langsamer, aber geradeaus weiter. Bei schrägem Auftreffen wird es gebrochen. Wie es dazu kommt, erklären wir mit einem rollenden Holzzylinder. →10 Beim Übergang von der glatten zur rauen Oberfläche wird er langsamer – und ändert die Richtung. Je langsamer er auf der raueren Fläche rollt, desto größer ist die Ablenkung.

| Die Brechung des Lichts beruht auf verschiedenen Lichtgeschwindigkeiten in verschiedenen Stoffen.

Aufgaben

1 Wird Licht immer gebrochen, wenn es auf die Grenzfläche zwischen zwei durchsichtigen Stoffen trifft? Begründe deine Antwort.

2 Gib an, unter welchen Voraussetzungen Licht total reflektiert wird.

3 Welcher Stoff ist optisch dichter: Wasser oder Glas? Begründe.

4 Ergänze: Licht wird beim Übergang in ein optisch dünneres Medium …

Brechung – genauer betrachtet

E Aufgaben

1 Ein Lichtstrahl trifft mit dem Einfallswinkel 60° auf die Grenzfläche zu Wasser. Zeichne die Situation ins Heft und konstruiere die Brechung. *Tipp:* Du findest den Brechungswinkel im Diagramm 4 auf der vorigen Doppelseite.

2 Gib an, welcher Lichtstrahl ins Auge des Jungen im Boot trifft. → **1** Begründe deine Antwort kurz und mit einer Zeichnung. *Tipp:* Diagramm 4 auf der vorigen Doppelseite

3 Übertrage die Zeichnungen ins Heft. → **2**

a Setze die Lichtstrahlen fort, bis sie wieder durch Luft gehen. *Tipp:* Tabelle 7 auf der vorigen Doppelseite

b Zwischen den Lichtstrahlen ist am Anfang eine Person eingezeichnet. Wie würdest du sie zwischen den Lichtstrahlen am Ende einzeichnen? Gib an, wie sie durch den Glaskörper gedreht wird.

4 Wo sieht der Boden des Schwimmbeckens stärker angehoben aus: direkt vor dir oder auf der anderen Seite? Erkläre deine Antwort mit einer Zeichnung.

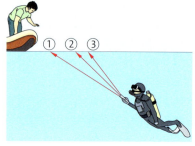

1 Welcher Lichtstrahl trifft?

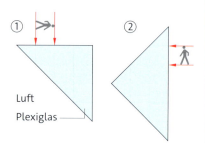

2 Wie geht es weiter?

Licht wird beim Übergang zwischen verschiedenen Stoffen gebrochen. → **A B** Übertrage die beiden Zeichnungen ins Heft und setze die Lichtwege fort. Die nötigen Winkel dafür findest du im Diagramm 4 auf der vorigen Doppelseite.

A Luft / Plexiglas, 30°

B Luft / Wasser, 32°

Luft – Plexiglas: → **C** Im Diagramm liest man ab, dass zum Einfallswinkel 30° der Brechungswinkel 20° gehört.

Wasser – Luft: → **D** Um den Brechungswinkel zu bestimmen, darf man im Diagramm nicht von ε = 32° ausgehen – dafür müsste ja das Licht aus Luft in Wasser übergehen! Die Umkehrbarkeit des Lichtwegs erlaubt es, die „Blickrichtung" umzukehren: Unter welchem Winkel muss Licht aus Luft auf Wasser treffen, um den Brechungswinkel β = 32° zu ergeben? Im Diagramm liest man ab, dass dazu ein Einfallswinkel von 45° nötig ist. Man setzt den Lichtstrahl so fort, dass er mit dem Lot 45° einschließt.

3 Beispielaufgabe

Im Fokus

Aus Medizin und Technik: Lichtleiter

Nachrichten übertragen • Wenn Glas zu feinen Fasern gezogen wird, lässt es sich biegen. Tritt Licht an einem Ende in die Glasfaser ein, bleibt es im Innern und folgt jeder Biegung. → 4
Denn in der Glasfaser wird das Licht immer wieder total reflektiert, sodass es sich in Richtung der Faser ausbreitet. → 5
In Glasfaserkabeln sind sehr viele Glasfasern gebündelt. → 6 Sie übertragen Telefongespräche, TV-Signale und Daten für das Internet. Sprache oder Zeichen werden dazu in elektrische Signale und dann in Lichtblitze umgewandelt. Beim Empfänger werden sie wieder zurückgewandelt. Mit einer einzigen Glasfaser lassen sich Zehntausende von Telefongesprächen gleichzeitig führen!

Endoskop • Dieses schlauchartige Gerät wird zum Beispiel eingesetzt, um den Magen zu untersuchen. → 7 Dazu wird das Endoskop (griech.: „Hineinschauer") über die Speiseröhre eingeführt. Viele Endoskope bestehen im Wesentlichen aus zwei Glasfaserbündeln. Das äußere Faserbündel leitet Licht in den Magen. Das Objektiv erzeugt ein Bild der Magenwand auf der Querschnittsfläche des inneren Faserbündels. Dieses Bild wird von den einzelnen Glasfasern Punkt für Punkt übertragen. Am anderen Ende wird es mit einer Lupe betrachtet oder auf einem Monitor gezeigt.

Aufgabe

1 Erkläre, warum der Laserstrahl die Glasfaser nicht verlässt. → 5

4 Modell für ein Glasfaserkabel

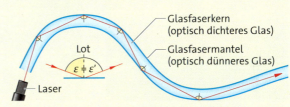
5 Aufbau der Glasfaser und Lichtweg

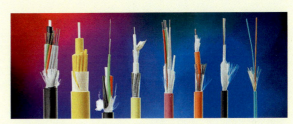
6 Verschiedene Glasfaserkabel

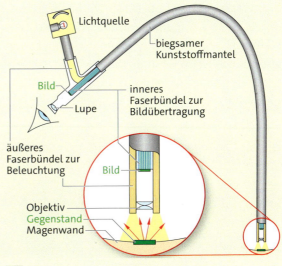
7 Untersuchung mit einem Endoskop

Brechung – genauer betrachtet

Im Fokus

Aus der Natur: Wundervoller Sonnenuntergang

1 Untergehende Sonne

2 So entsteht das virtuelle Bild der untergehenden Sonne.

Die Abendsonne ist nicht rund • Beim Sonnenuntergang erscheint uns die Sonne platt gedrückt. → 1 Das hat folgenden Grund: Wir sehen ein virtuelles Bild der Sonne. Es entsteht, weil das Sonnenlicht in der Lufthülle der Erde gebrochen wird. Die Lufthülle wird zur Erdoberfläche hin immer dichter. Wenn das Licht in die Lufthülle eindringt, wird es nach und nach immer stärker gebrochen. Dadurch macht es eine Kurve. Unsere Augen bekommen diese Kurve nicht mit. Wir sehen die Sonne in der Richtung, aus der das Licht ins Auge fällt. → 2 Die Sonne wird scheinbar angehoben. Das Licht von ihrem unteren Rand wird stärker gebrochen als das vom oberen. Der untere Rand scheint somit stärker angehoben als der obere. So kommt es zur scheinbaren Abplattung.

Goldener Wal • Die Sonne wird jeden Abend von einem goldenen Wal verschlungen – so erzählt es eine indianische Legende. Tatsächlich scheint an warmen, klaren Sommerabenden eine zweite Sonne aus dem Meer aufzutauchen und mit der echten Sonne zu verschmelzen. → 3 Bei der zweiten Sonne handelt es sich um ein Spiegelbild. Es entsteht durch Totalreflexion. → 4 Die Luftschicht direkt über dem warmen Meer ist viel wärmer als die Luft wei-

3 Die untergehende Sonne spiegelt sich – in der Luft!

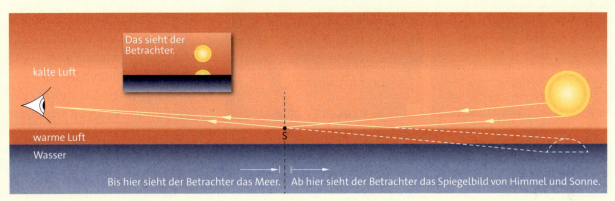

4 So entsteht die Luftspiegelung.

ter oben. Wenn das Licht von der kalten Luft her sehr flach auf die warme Luftschicht trifft, wird es total reflektiert. Die Grenze zwischen kalter und warmer Luft wirkt dann wie ein riesiger Spiegel:
- Bis zum Punkt S sieht der Betrachter die Oberfläche des Meers.
- Weiter entfernt sieht er ein Spiegelbild des Himmels mit der Sonne. Das Licht von allem, was hinter dem Punkt S ganz flach über dem „Luftspiegel" liegt, wird total reflektiert.
- Das Licht von Gegenständen weiter oben trifft so steil auf die warme Luftschicht, dass es nicht mehr total reflektiert wird.

Aufgaben

1 Die Abendsonne sieht „platt" aus. → 1
a Erkläre diese Beobachtung einem Mitschüler anhand von Bild 2.
b Gib an, ob du den oberen Rand der Sonne zu tief oder den unteren Rand zu hoch siehst. Begründe deine Antwort.

2 Beim Blick über das warme Meer sieht man manchmal merkwürdige „Inseln", die in der Luft zu schweben scheinen. → 5
a Schau genau hin: Was sieht wie Inseln aus?
b Erkläre, wie die „Inseln" zustande kommen.

5 Was schwebt denn da?

Dispersion

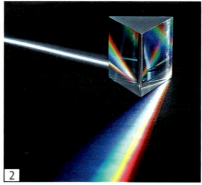

Kaum jemand kann sich dem Funkeln eines geschliffenen Diamanten entziehen. Er bricht und reflektiert einfallendes Licht vielfach. Dabei „zaubert" der Diamant aus weißem Licht wunderschön leuchtende Regenbogenfarben hervor. Auch mit einem Glasprisma lassen sich diese Farben erzeugen.

A Demoversuch

Weißes Licht steckt voller Farben

Material: Lampe, Schlitzblende, Sammellinse, gleichseitiges Prisma aus Flintglas, schmales Prisma, Schirm, weißes Blatt Papier, biegbarer Spiegel, Solarzelle, Stromstärkemessgerät, Pappstreifen, fluoreszierender Marker

1 Das Licht wird mit der Sammellinse zunächst ohne das Prisma auf den 2–3 m entfernten Schirm (oder die Wand) abgebildet. → 3 Dort entsteht ein scharfes Bild der Blendenöffnung.

a Das gleichseitige Prisma wird zwischen Linse und Schirm gestellt (1). Beschreibt, was ihr auf dem Schirm beobachtet.
b Das weiße Blatt Papier wird nun zwischen Prisma und Schirm bewegt (2). Wo wird der helle Streifen auf dem Papier farbig?
c Mit dem schmalen Prisma werden die einzelnen Farben nacheinander herausgelenkt (3). Beschreibt, was euch auffällt.

2 Die Farben lassen sich wieder mischen. Dazu wird das Licht mit einem biegbaren Spiegel so auf eine weiße Wand reflektiert, dass die Farben aufeinanderfallen. → 4 Beschreibt, welcher Farbeindruck entsteht.

3 Unsichtbare Strahlung
a Die Solarzelle wird durch den bunten Streifen hindurch über das rote Licht herausgeführt (5). Wenn Licht auf die Solarzelle fällt, zeigt es das Messgerät an.
b Der Pappstreifen wird durch den bunten Streifen hindurch über Violett herausgeführt (6). Er leuchtet nach, wenn Licht auf ihn fällt.

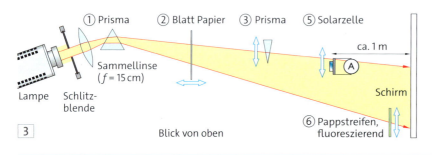
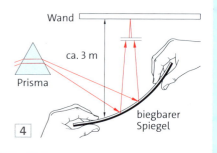

das **Spektrum**
die **Spektralfarben**
die **Dispersion**
die **infrarote Strahlung**
die **ultraviolette Strahlung**

Grundlagen

Licht zerlegen • Wenn weißes Licht auf ein Prisma fällt, wird es 2-mal gebrochen – und nach Farben aufgefächert! → 5 Dicht hinter dem Prisma erscheint das Lichtbündel noch weiß. Mit zunehmendem Abstand wird es immer stärker in verschiedene Farben aufgespreizt. Es entsteht ein buntes Lichtband: das Spektrum. Die Farben Rot, Orange, Gelb, Grün, Blau und Violett heißen Spektralfarben. Ein Spektrum ohne „Lücken" bezeichnet man als kontinuierliches Spektrum. → 6 Rotes Licht wird schwächer gebrochen als violettes. Die Abhängigkeit der Brechung von der Farbe heißt Dispersion (lat. *dispersus:* auseinandergestreut). Wenn man Licht einer bestimmten Farbe mit einem zweiten Prisma aus dem Spektrum herausführt, wird es nicht weiter zerlegt. → 8 Die einzelnen Farben sind monochromatisch (einfarbig).

> Weißes Licht setzt sich aus Licht mit vielen Farben zusammen. Durch ein Prisma werden die verschiedenen Farben unterschiedlich stark gebrochen. Das weiße Licht wird zerlegt, es entsteht ein Spektrum.

Führt man alle Spektralfarben wieder zusammen, dann entsteht erneut weißes Licht. → 9

Infrarot und Ultraviolett • Das Spektrum des Sonnenlichts ist bei Rot und Violett noch nicht zu Ende. → 5 Auf der roten Seite schließt sich die infra-

5 Weißes Licht wird vom Prisma gebrochen und zerlegt.

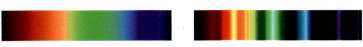

6 7 Spektren: Glühlampe (links) und Energiesparlampe (rechts)

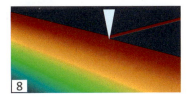 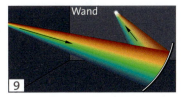

rote Strahlung an, auf der violetten Seite die ultraviolette. Beide Strahlungsarten sind für uns unsichtbar.

Aufgaben

1 Nenne die sechs Spektralfarben in der richtigen Reihenfolge. Beginne mit der Farbe, die das Prisma am schwächsten bricht.

2 Weißes Licht besteht aus farbigem Licht. Beschreibe einen Versuch, um das zu zeigen.

3 Nenne zwei Strahlungsarten im Sonnenlicht, die wir nicht sehen können.

4 Erkläre, warum der Laserstrahl vom Prisma nicht aufgefächert wird. → 10

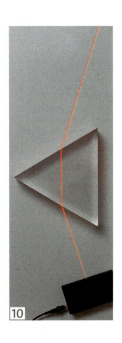

Dispersion

Im Fokus

Aus der Natur: Die Farben des Regenbogens

Bedingungen für Regenbögen • Wir sehen einen Regenbogen, wenn wir auf eine Regenwand blicken und dabei eine tief stehende Sonne im Rücken haben. → 1

Leuchtende Tröpfchen • Auf jeden Tropfen in der Regenwand fällt Sonnenlicht. → 2 Ein Teil des Lichts dringt in den Tropfen ein und wird gebrochen (1). Wenn es dann unter mehr als 49° auf die Rückseite des Tropfens trifft, wird es dort total reflektiert (2). Dieses Licht tritt größtenteils an der Vorderseite des Tropfens wieder aus und wird dabei erneut gebrochen (3). Bei der zweimaligen Brechung wird das Sonnenlicht in seine Farben zerlegt. Das rote Licht wird zum größten Teil um 42,5° abgelenkt, das violette Licht um 41°.
In unsere Augen trifft Licht aus verschiedenen Tropfen: → 3 Von höher gelegenen Tropfen sehen wir das rote Licht und von tiefer gelegenen Tropfen das violette Licht.
Alle Tropfen, die in einem Moment farbiges Licht in unser Auge schicken, liegen auf Kreisbögen mit Mittelpunkt auf der Verbindungsgeraden Sonne–Beobachter. → 4

Aufgaben

1 Beschreibe, unter welchen Bedingungen ein Regenbogen zu sehen ist.

2 Gib an, welche Farbe beim Regenbogen oben ist und welche unten.

3 Peter und Gina beobachten einen Regenbogen. Sehen sie denselben Regenbogen? Begründe deine Antwort.

4 Regenbögen sind höchstens halbkreisförmig (bei Regen). Erkläre diese Beobachtung.

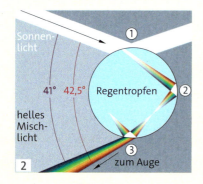

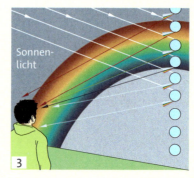

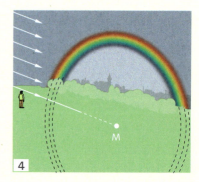

Im Fokus

Aus Gesundheit und Technik: Infrarot – Ultraviolett

5

6

Infrarotstrahlung • Sie wird von der obersten Hautschicht absorbiert und wirkt wohltuend und heilend. Infrarotstrahlung erwärmt die Haut und fördert so die Durchblutung. → 5
⁵ Jeder Körper sendet von selbst Infrarotstrahlung aus. Mit einer Wärmebildkamera kann man sie sichtbar machen. → 6

Ultraviolettstrahlung • Sie bräunt die Haut. Auf ungeschützter Haut kann sie Sonnenbrand
¹⁰ hervorrufen. Die Lufthülle der Erde absorbiert den größten Teil der UV-Strahlung von der Sonne. Im Gebirge und bei klarem Wetter ist aber verhältnismäßig viel UV-Strahlung vorhanden. Das wirkt sich besonders aus, wenn
¹⁵ Schnee- oder Wasserflächen die Strahlung reflektieren. Zum Schutz der Augen sollte man in solchen Fällen eine Sonnenbrille tragen. Sonst besteht die Gefahr, an Bindehautentzündung oder Schneeblindheit zu erkranken.
²⁰ UV-Strahlung regt bestimmte Stoffe zum Leuchten an. → 7 Sie wandeln die unsichtbare Strahlung in sichtbares Licht um. Man nennt diesen Vorgang Fluoreszenz. Geldscheine werden mit fluoreszierenden Fasern versehen, um
²⁵ sie fälschungssicher zu machen. Mit UV-Lampen macht man die Fasern sichtbar. Fehlen sie, ist der Schein gefälscht. In Diskotheken bringen UV-Lampen („Schwarzlichtlampen") weiße Kleidungsstücke zum Leuchten. → 8

Aufgaben

1 Erkläre, warum man scheue Nachttiere oft mit Infrarotkameras beobachtet.

2 Zum Schweißen setzt man Schutzbrillen mit dunklen Gläsern ein. → 9 Begründe diese Schutzmaßnahme.

7

8

9

Reflexion und Brechung

Zusammenfassung

Reflexionsgesetz • Bei der Reflexion sind Einfallswinkel und Reflexionswinkel gleich groß. → 1 Einfallender Strahl, reflektierter Strahl und das Einfallslot liegen in derselben Ebene.

Spiegelbilder • Licht vom Gegenstand wird am Spiegel reflektiert und gelangt in unser Auge. → 2 Wir sehen das Spiegelbild des Gegenstands in der Richtung, aus der das reflektierte Licht ins Auge fällt. Das Spiegelbild scheint hinter dem Spiegel zu liegen (virtuelles Bild). Es hat den gleichen Abstand von der Spiegelebene und ist genauso groß wie der Gegenstand. Für einen Betrachter vor dem Spiegel sind links und rechts, oben und unten im Spiegel nicht „vertauscht".

1 Reflexionsgesetz

2 Spiegelbild

Brechung • Licht wird gebrochen, wenn es schräg in einen anderen Stoff übergeht. → 3 Die Brechung beruht auf verschiedenen Lichtgeschwindigkeiten. An der Grenzfläche zum optisch dünneren Medium ist Totalreflexion möglich. → 4

Optische Hebung • Gegenstände unter Wasser erscheinen uns ein wenig angehoben. Wir sehen das virtuelle Bild eines Gegenstands in der Richtung, aus der das gestreute und gebrochene Licht in unser Auge fällt. → 5

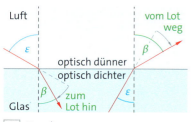

3 Brechung

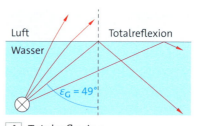

4 Totalreflexion

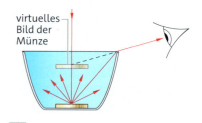

5 Optische Hebung

Dispersion • Weißes Licht setzt sich aus farbigem Licht zusammen. Ein Prisma bricht die Farben unterschiedlich stark. Dadurch spreizt sich das Lichtbündel auseinander, ein farbiges Spektrum entsteht. → 6

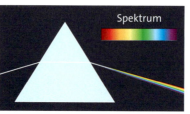

6 Zerlegung weißen Lichts

Die einzelnen Farben lassen sich nicht weiter zerlegen. Führt man alle Farben zusammen, entsteht weißes Licht. Ultraviolette und infrarote Strahlung sind unsichtbare Bestandteile des Sonnenlichts.

Aufgaben

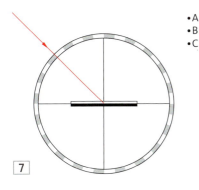
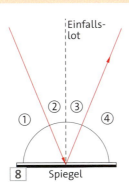
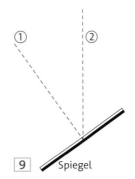

Reflexion und Spiegelbilder

1 Licht fällt auf einen Spiegel. → 7 Gib an, ob das Licht auf den Punkt A, B oder C reflektiert wird. Begründe deine Antwort mithilfe des Reflexionsgesetzes.

2 Gib an, welcher Winkel in Bild 8 der Einfallswinkel ist und welche Halbgerade in Bild 9 das Einfallslot ist.

3 Licht wird von einem Spiegel reflektiert. Der Einfallswinkel beträgt 40°. Fertige dazu eine vollständige Zeichnung an.

4 Zwei Spielkarten und ein Spiegel werden beleuchtet. → 10
a Erkläre, warum der Spiegel schwarz aussieht.
b Beschreibe, wo man stehen müsste, um vom Spiegel geblendet zu werden.
c Auch die Spielkarten werfen Licht zurück, nicht nur der Spiegel. Erkläre den Unterschied.

5 Im Kasten sind mehrere Spiegel. → 11 Gib an, ob das Mädchen das Auto, die Blume oder die Kerze sieht. Begründe deine Antwort.

6 Reflektoren werfen Scheinwerferlicht direkt zurück. → 12 Sie bestehen aus vielen spiegelnden Flächen, von denen immer drei senkrecht aufeinander stehen. → 13 Wie funktionieren Dreifachspiegel? Untersuche dazu den einfacheren Zweifachspiegel. → 14
a Übertrage die Zeichnung ins Heft. Setze die Lichtwege fort. Beschreibe, was dir auffällt.
b Erkläre, wozu der dritte Spiegel benötigt wird.

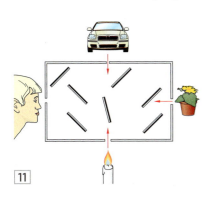
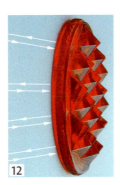

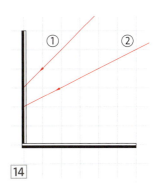

131

Reflexion und Brechung

Aufgaben

1

2

3

7 Beim Blick in den Rückspiegel sieht der Fahrer ein blinkendes Auto. → 1 In welche Richtung biegt es ab? Begründe deine Antwort.

8 Die Kerze scheint unter Wasser zu brennen. → 2 Erkläre die Beobachtung.

9 Tina sieht Martins Spiegelbild. → 3 Wie gelangt das Licht von Martin zu ihr?
a Übertrage die Zeichnung ins Heft. Bestimme, wo Martin steht.
b Zeichne den Lichtweg von Martins Nase in Tinas Auge.

10 Übertrage die Zeichnung in dein Heft. → 4 Konstruiere das Spiegelbild der Kerze, indem du die Punkte A und B spiegelst. Zeichne den vollständigen Lichtweg für beide Punkte ein.

11 Du willst einen Spiegel aufhängen, in dem du dich ganz sehen kannst. → 5 Löse zeichnerisch die anschließenden Fragestellungen. Wähle für die Zeichnung einen geeigneten Maßstab. Schätze die Größen realistisch ab.
a Wie hoch muss der Spiegel mindestens sein?
b In welcher Höhe muss die Oberkante des Spiegels hängen?

Brechung und optische Hebung

12 Von den sechs gebrochenen Lichtstrahlen ist jeweils nur einer richtig. → 6
a Gib die beiden richtigen Lichtstrahlen an.
b Begründe deine Auswahl jeweils.
c Übertrage die Bilder ins Heft. Zeichne nur die richtigen Lichtstrahlen ein. Trage jeweils den Einfalls- und den Brechungswinkel ein.

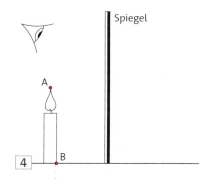

4

5

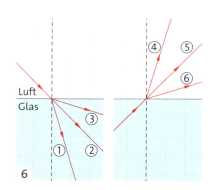

6

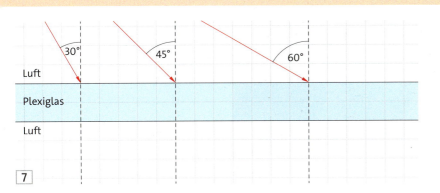
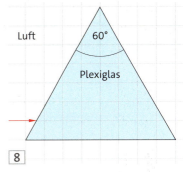

13 Licht trifft auf eine Plexiglasplatte. → 7
 Übertrage die Zeichnung in dein Heft.
 a Zeichne die gebrochenen Lichtstrahlen.
 b Erkläre, warum du für die Brechung unten an der Platte keine zusätzlichen Angaben über den Übergang Plexiglas → Luft brauchst.

14 Licht trifft auf ein Prisma. → 8 Übertrage die Zeichnung ins Heft und setze den Lichtstrahl fort. *Tipp:* Kasten 3 auf S. 122

15 Wohin muss der Jäger zielen, um den Fisch zu treffen? → 9 Begründe deine Antwort.

16 Der Schützenfisch spuckt Wasser auf die Fliege, damit sie abstürzt. → 10 Zielt er höher oder tiefer? Erkläre deine Antwort mit einer Skizze. *Tipp:* Zeichne vom Fisch nur das Auge.

17 Ordne die folgenden Stoffe nach ihrer optischen Dichte: Wasser, Luft, Plexiglas, Diamant. Begründe deine Ordnung.

Dispersion

18 Das Prisma wird mit weißem Licht beleuchtet. → 11
 a Erkläre den „Knick" im Licht.
 b Erkläre, wie es zu dem bunten Streifen auf dem Tisch kommt.
 c Leon sagt: „Der Streifen ist bunt, weil das Prisma weißes Licht einfärbt." Wie könntest du im Versuch zeigen, dass das Prisma das Licht nicht einfärbt? Beschreibe es.
 d Wie könnte man untersuchen, ob es neben dem bunten Streifen unsichtbare Strahlung gibt? Beschreibe das Vorgehen.

Brechung durch Linsen

Mit einer Lupe kann man das Sonnenlicht in einem kleinen Fleck sammeln – und sogar Gegenstände damit entzünden. Wie ist das möglich?

A Versuch

Wirkung von Linsen

Material: Experimentierleuchte, Netzgerät, Blende mit mindestens 3 Schlitzen, weißes Blatt Papier, Sammellinse, Zerstreuungslinse → 2 3

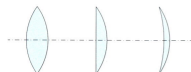

2 Sammellinsen

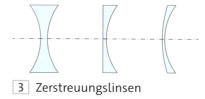

3 Zerstreuungslinsen

1 Untersucht, wie die Linsen ein paralleles Lichtbündel verändern.
a Erzeugt mit der Experimentierleuchte ein paralleles Lichtbündel und lasst es auf die Sammellinse fallen. → 4
b Skizziert und beschreibt den Verlauf des Lichtbündels auf beiden Seiten der Linse.
b Ersetzt die Sammellinse durch die Zerstreuungslinse. Fertigt noch eine Skizze an.
c Vergleicht die Lichtwege.

2 Steckt die Schlitzblende vorne in die Leuchte. So erhaltet ihr mehrere schmale parallele Lichtbündel.
a Richtet die Leuchte so aus, dass das mittlere Lichtbündel mittig und senkrecht auf die Sammellinse trifft. Skizziert die Lichtbündel auf beiden Seiten der Linse.
b Messt den Abstand zwischen dem Schnittpunkt der Lichtbündel und der „Mittelebene" der Linse.
c Wiederholt den Versuch 2a mit der Zerstreuungslinse.
d Erklärt die Bezeichnungen Sammellinse und Zerstreuungslinse.

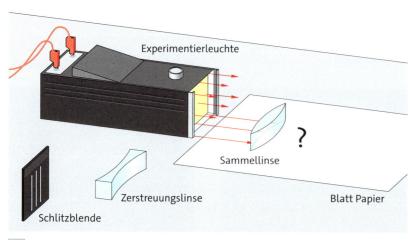

4 Wie verändert die Sammellinse das Lichtbündel?

Grundlagen

Optische Linsen • Das Kernstück der Lupe ist eine nach außen gewölbte Scheibe aus Glas oder Kunststoff. Sie wird als optische Linse bezeichnet. Wir unterscheiden zwei Arten von Linsen:
- Sammellinsen (Konvexlinsen) sind in der Mitte dicker als am Rand. → 2
- Zerstreuungslinsen (Konkavlinsen) sind dagegen in der Mitte dünner als am Rand. → 3

Wirkungen von Linsen • Bei einer Sammellinse wird aus einem parallelen Lichtbündel ein konvergentes Lichtbündel. → 5 Bei einer Zerstreuungslinse wird aus einem parallelen Lichtbündel ein divergentes Lichtbündel. → 6 Das Licht wird beim Eintritt und Austritt an den Grenzflächen von Luft und Glas gebrochen. → 7 Zur Vereinfachung zeichnen wir nur eine Brechung an der Hauptebene der Linse. → 8 Je weiter außen das Licht auftrifft, desto stärker wird es gebrochen.

Brennpunkt von Sammellinsen • Bei Sammellinsen gehen Lichtbündel, die parallel zur optischen Achse einfallen, nach der Linse durch einen gemeinsamen Punkt und laufen dann wieder auseinander. Man nennt diesen Punkt Brennpunkt F. Sein Abstand zur Hauptebene der Linse heißt Brennweite f. Je stärker eine Sammellinse gewölbt ist, desto kleiner ist ihre Brennweite.

> Sammellinsen brechen parallel zur optischen Achse einfallende Lichtstrahlen so, dass diese nach der Linse alle durch den Brennpunkt gehen.

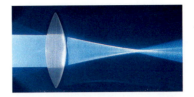
5 Sammellinse

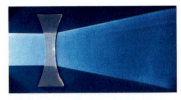
6 Zerstreuungslinse

Aufgaben

1 Formuliere zwei Sätze zu Sammellinsen und Zerstreuungslinsen mit den folgenden Begriffen: Lichtbündel, parallel, divergent, konvergent.

2 Ist die Lupe eine Sammellinse oder eine Zerstreuungslinse? → 1 Begründe deine Antwort. Schätze die Brennweite dieser Lupe ab.

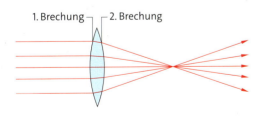
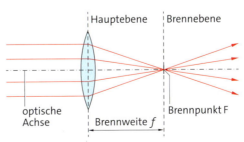

7 8 Sammellinse: Brechung, Brennpunkt und Brennweite

die Sammellinse
die Zerstreuungslinse
der Brennpunkt
die Brennweite

Sammellinsen erzeugen Bilder

Mit einer Sammellinse kann man ein Bild der Umgebung auf einer Wand erzeugen. In jeder Kamera passiert im Prinzip genau das Gleiche. Wie entstehen diese Bilder?

A Versuch

Bilder erzeugen mit Sammellinsen

Material: Sammellinsen (z. B. $f = 100$ mm, 50 mm), Teelicht, Schirm, Maßband

1 Schaut durch die Sammellinse mit der größeren Brennweite auf ein helles Fenster.
a Beschreibt, was ihr beobachtet.
b Versucht mit der Linse ein scharfes Bild des Fensters auf dem Schirm zu erzeugen. Beschreibt das Bild.

2 Stellt das Teelicht ca. 30 cm vor die Sammellinse. → 2 Verschiebt den Schirm so weit, bis auf ihm ein scharfes Bild der Flamme zu sehen ist. Messt die Bildweite b und die Bildgröße B.

3 Schiebt das Teelicht etwas näher an die Linse heran.
a Verschiebt den Schirm, bis wieder ein scharfes Bild auf ihm entsteht. In welche Richtung müsst ihr den Schirm verschieben: von der Linse weg oder zu ihr hin?
b Ergänzt die folgenden Sätze:
• Je kleiner die Gegenstandsweite ist, desto ... ist die Bildweite.
• Je größer die Bildweite ist, desto ... ist das Bild.
c Erzeugt ein vergrößertes Bild. Skizziert die Anordnung.

4 Stellt das Teelicht ca. 4 cm vor die Sammellinse.
a Versucht ein scharfes Bild auf dem Schirm zu erzeugen. Gelingt es euch?
b Schaut durch die Linse auf das Teelicht. Beschreibt eure Beobachtung. Vergleicht mit dem scharfen Bild, das ihr vorher auf dem Schirm erzeugt habt.

5 Führt die Aufgaben 2 und 3 auch mit der anderen Sammellinse ($f = 50$ mm) durch. Vergleicht die Ergebnisse.

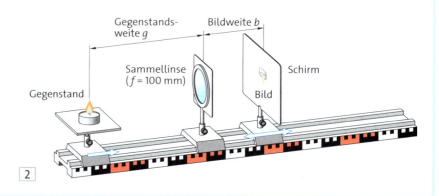

das reelle Bild
die Gegenstandsweite
die Bildweite
das virtuelle Bild

Grundlagen

Bildentstehung • Wir stellen uns vor, dass sich zum Beispiel die Flamme einer Kerze aus unendlich vielen leuchtenden Punkten zusammensetzt. Ein Lichtbündel geht von der Flammenspitze P aus und trifft auf die Linse. → [3] Es wird so gebrochen, dass es in einem Bildpunkt P' zusammenläuft. Auf die gleiche Weise entsteht auch zu jedem anderen leuchtenden oder beleuchteten Punkt ein Bildpunkt. Aus den unendlich vielen Bildpunkten setzt sich das Bild der Kerze zusammen. Es lässt sich auf einem Schirm auffangen. Wir sprechen von einem reellen Bild („wirklich vorhanden").

> Sammellinsen brechen Licht von Gegenstandspunkten so, dass es in Bildpunkten zusammenläuft. Die Bildpunkte ergeben das reelle Bild.

Bildeigenschaften • Reelle Bilder sind stets seitenverkehrt und stehen auf dem Kopf. Sie entstehen, wenn die Gegenstandsweite größer ist als die Brennweite der Sammellinse. Bildgröße und Bildweite hängen von mehreren Umständen ab:

> Je größer die Gegenstandsweite ist, desto kleiner sind Bildweite und Bildgröße. → [4] Die Bilder sehr weit entfernter Gegenstände liegen praktisch in der Brennebene. Je kleiner die Brennweite der Sammellinse ist, desto kleiner sind Bildweite und Bildgröße. → [5]

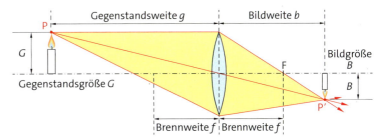

[3] Abbildung durch eine Sammellinse

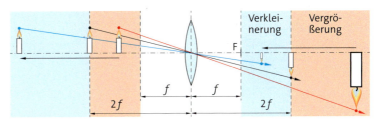

[4] Kerze rückt weg. → Bild rückt näher und wird kleiner.

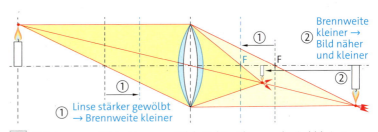

[5] Stärker gewölbte Linse → Bild rückt näher und wird kleiner.

Virtuelle Bilder • Von Gegenständen innerhalb der Brennweite entsteht kein reelles Bild. Blickt man durch die Linse, sieht man aber doch ein Bild! → [6] Es ist aufrecht und vergrößert. Man kann es nicht mit dem Schirm auffangen, es ist virtuell („scheinbar vorhanden").

[6] Virtuelles Bild

Aufgaben

1 Erkläre, wie das Bild des Fensters entsteht. → [1] Ist es ein reelles Bild?

2 Vergleiche reelle und virtuelle Bilder.

Bildkonstruktion bei Sammellinsen

Wohin mit dem Schirm? Wie groß wird das Bild?

Bisher hast du durch Probieren herausgefunden, wo das scharfe Bild entsteht und wie groß es ist. Du kannst seine Lage aber auch mithilfe von besonderen Lichtstrahlen konstruieren.

A Versuch

Besondere Lichtwege

Material: Experimentierleuchte, Blende mit mindestens 3 Schlitzen, Blende mit 1 Schlitz, Sammellinse, Netzgerät, weißes Blatt Papier

1 Steckt die Blende mit mehreren Schlitzen vor die Leuchte. → 2 Legt das Blatt Papier auf den Tisch. Zeichnet die optische Achse und die Hauptebene der Linse mittig ein. Legt nun die Linse auf das Papier. Richtet die Leuchte so aus, dass der mittlere „Strahl" auf der optischen Achse durch die Linse geht.
 a Bestimmt die Brennebene der Linse. → 3 Zeichnet die Brennebene, die Brennweite und den Brennpunkt auf dem Blatt Papier ein.
 b Beleuchtet die Linse diesmal von der anderen Seite. Zeichnet wieder Brennebene, Brennweite und Brennpunkt ein. Beschreibt, was euch auffällt.

2 Verwendet die Blende mit nur einem Schlitz. Setzt die folgenden Lichtwege auf dem Blatt fort: → 4
 a Parallelstrahl (verläuft vor der Linse parallel zur optischen Achse)
 b Mittelpunktstrahl
 c Brennpunktstrahl (verläuft vor der Linse durch den Brennpunkt)

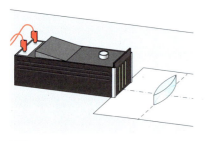

2 Versuchsaufbau

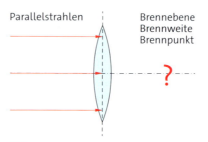

3 Bestimmung der Brennebene

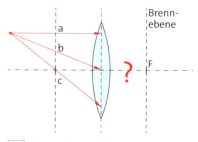

4 Besondere Lichtwege

der Parallelstrahl
der Mittelpunktstrahl
der Brennpunktstrahl

Grundlagen

Reelles Bild • Wir betrachten, wie ausgewählte Lichtstrahlen durch die Sammellinse gebrochen werden:

> Parallelstrahlen verlaufen nach der Linse durch den Brennpunkt. → 5
> Mittelpunktstrahlen ändern ihre Richtung nicht. → 6
> Brennpunktstrahlen verlaufen nach der Linse achsenparallel. → 7

Damit lässt sich zu jedem Punkt eines Gegenstands sein reeller Bildpunkt konstruieren. → 8 Wenn ein Strahl die Linse nicht trifft, kann man ihn trotzdem für die Konstruktion verwenden. Man verlängert dazu die Hauptebene über die Linse hinaus. → 9

Virtuelles Bild • Wenn sich der Gegenstand innerhalb der einfachen Brennweite befindet, laufen die gebrochenen Lichtstrahlen hinter der Linse weiterhin auseinander. → 10 Die Konstruktion ergibt keine reellen Bildpunkte mehr. Mit dem Auge sieht man aber ein virtuelles Bild. Verlängert man die gebrochenen Lichtstrahlen rückwärts durch die Linse hindurch, erhält man einen virtuellen Bildpunkt.

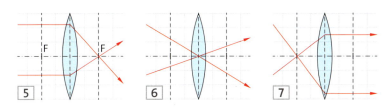

① Zeichne die optische Achse, die Linse, die Brennpunkte und den Gegenstand (vereinfacht als Pfeil). Beachte dabei gegebenenfalls den Maßstab.

② Zeichne einen Parallelstrahl von einem Gegenstandspunkt aus zur Linse. Setze ihn nach der Brechung als Brennpunktstrahl fort.

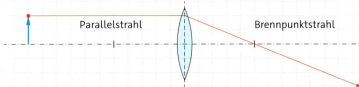

③ Zeichne einen Mittelpunktstrahl vom Gegenstandspunkt aus durch die Linsenmitte. Der Schnittpunkt beider Strahlen ergibt den Bildpunkt.

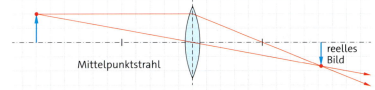

④ Zur Überprüfung kannst du den Brennpunktstrahl einzeichnen. Er wird durch die Brechung zum Parallelstrahl.

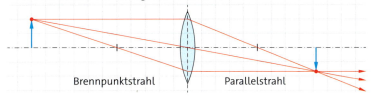

8 Konstruktion eines reellen Bilds

Aufgabe

1 Eine Kerze steht 7,5 cm vor einer Sammellinse mit $f = 2{,}5$ cm. Konstruiere das Bild der Kerze und beschrifte die verwendeten Strahlen.

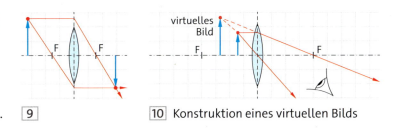

10 Konstruktion eines virtuellen Bilds

Bildkonstruktion bei Sammellinsen

B Aufgabe

Bilder konstruieren

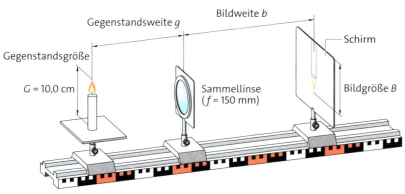

1 Versuchsaufbau (Prinzip) und Größen

1 Eine 10,0 cm hohe Kerze wird mit einer Sammellinse abgebildet ($f = 15,0$ cm). → 1
a Konstruiere die Bilder für die Gegenstandsweiten in der Tabelle. → 2 Maßstab: 1 cm in der Zeichnung entspricht 5 cm in der Realität.
b Übertrage die Tabelle in dein Heft. Ergänze jeweils die Bildweite, Bildgröße und die Eigenschaften des Bilds im Vergleich zur Kerze.

G	g	b	B	Bildeigenschaften
10,0 cm	35,0 cm größer als die doppelte Brennweite	? cm	? cm	reelles Bild Das Bild ist ...
10,0 cm	30,0 cm doppelte Brennweite	? cm	? cm	?
10,0 cm	25,0 cm zwischen einfacher und doppelter Brennweite	? cm	? cm	?
10,0 cm	10,0 cm kleiner als die Brennweite	? cm	? cm	?

2 Ergebnistabelle

C Aufgabe

Verschiedene Brennweiten

1 Eine Kerze wird mit zwei verschiedenen Sammellinsen abgebildet. → 3 Wie unterscheiden sich die Bilder?
a Übertrage die Zeichnung in dein Heft und konstruiere die Bilder der Kerze.
b Vervollständige das Ergebnis: „Je größer die Brennweite der Sammellinse ist, ..."

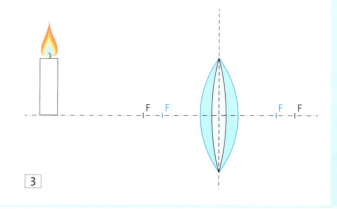

3

Im Fokus

Aus der Technik: Bilder projizieren

Beamer • Diese Projektoren funktionieren fast alle nach dem gleichen Prinzip: → 4 5 Auf einem Mikrodisplay im Projektor wird ein kleines, umgedrehtes Bild erzeugt. Es wird von einer Lampe mithilfe der Kondensorlinse gleichmäßig durchleuchtet. Die Objektivlinse erzeugt aus dem kleinen Displaybild ein vergrößertes, aufrechtes Bild auf der Wand. Durch Drehen am Objektiv wird es scharf gestellt. Dabei verändert sich der Abstand zwischen Display und Objektiv (die Gegenstandsweite).

Head-up-Displays im Auto • Sie informieren den Fahrer, ohne dass er seinen Blick vom Verkehrsgeschehen abwenden muss. → 6 7 Die Informationen auf einem Display werden dazu über einen Spiegel auf die Frontscheibe projiziert. Sie reflektiert das Licht zum Fahrer. Er sieht ein virtuelles (Spiegel-)Bild des Displays auf der Straße.

Aufgaben

1 Ein Beamer wird näher an die Wand gerückt.
a Begründe, warum das Bild unscharf wird.
b Beschreibe, wie man das Bild wieder scharf stellt. Wie muss sich dazu der Abstand zwischen Objektivlinse und Display verändern?

2 Sehen Fußgänger das Bild eines Frontscheibenprojektors? Begründe deine Antwort.

3 Vergleiche die Bilder von Beamern und Head-up-Displays.

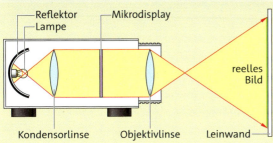

4 5 Beamer mit Abbildungsprinzip

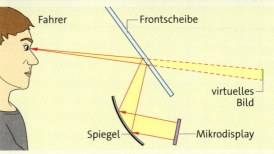

6 7 Head-up-Display mit Abbildungsprinzip

Auge und Sehvorgang

1 – 6 Linsenaugen: Weinbergschnecke, Frosch, Chamäleon, Hecht, Katze, Mensch

Viele Tiere haben ähnliche Augen wie wir. Diese Augen funktionieren alle nach dem gleichen Prinzip.

A Versuche

1 Nahpunkt
a Nähert eure Augen dem Text so weit, dass ihr ihn gerade noch scharf erkennt. Messt nun mit einem Lineal den Abstand Auge – Buch.
b Verringert den Abstand noch weiter. Beschreibt, was ihr beobachtet.
c Vergleicht eure Werte.

2 Entfernungsanpassung
Haltet einen Stift ca. 30 cm vor eure Augen. Beschreibt:
a Wie erscheint der Hintergrund, wenn ihr den Stift betrachtet?
b Wie seht ihr den Stift, wenn ihr euren Blick auf den Hintergrund richtet?

B Aufgabe

Akkommodation im Modell

1 Das Bild zeigt ein einfaches Modellauge. → 7 Das Bild der Kerze ist scharf auf dem Schirm zu sehen.
a Die Kerze wird weiter entfernt. Gebt an, welche Größe sich dabei ändert: die Gegenstandsweite, die Gegenstandsgröße, die Bildweite …
b Das Bild der Kerze ist jetzt unscharf. Was könntet ihr bei gleicher Gegenstandsweite verändern, damit das Bild wieder scharf wird? Beschreibt mehrere Möglichkeiten.

Gegenstand
Kerze

7

„Pupille" „Augenlinse" „Netzhaut"
Blende Sammellinse Schirm

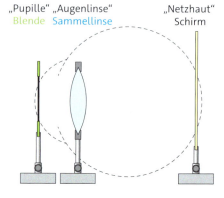

die Hornhaut
die Augenlinse
die Netzhaut
die Akkommodation
der Nahpunkt

Grundlagen

Bildentstehung im Auge • Das Licht von einem Gegenstand geht zuerst durch die Hornhaut und wird von ihr gebrochen. → 8 Danach durchläuft es ein Loch: die Pupille. Die Iris steuert die Lochgröße und damit die durchgelassene Lichtmenge. → 9 Die Augenlinse bricht das Licht noch einmal.

> Hornhaut und Augenlinse wirken wie Sammellinsen. Sie erzeugen ein verkleinertes, umgedrehtes Bild der Umgebung auf der Netzhaut.

Akkommodation • Unser Auge stellt die Bilder von verschieden weit entfernten Gegenständen scharf: → 10 11
- Beim Blick in die Ferne ist der Ringmuskel entspannt, die Linsenbänder sind straff. Sie strecken die Linse.
- Beim Blick in die Nähe ist der Ringmuskel angespannt, die Linsenbänder locker. Die Linse wölbt sich stark.

> Nimmt die Gegenstandsweite ab (zu), dann nimmt auch die Brennweite der Augenlinse ab (zu). Die Bildweite bleibt immer gleich.

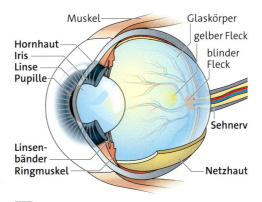

8 Aufbau unseres Auges

Nahpunkt • Der kürzeste Abstand, in dem wir einen Gegenstand gerade noch scharf sehen können, heißt Nahpunkt.

Auge und Gehirn • In der Netzhaut sind Sinneszellen, die hell / dunkel oder Farben unterscheiden können. Sie senden Signale über den Sehnerv zum Gehirn. Es erzeugt aus den Signalen beider Augen aufrechte räumliche Seheindrücke.

Aufgaben

1 Beschreibe, wie das Bild einer Kerzenflamme auf der Netzhaut entsteht.

2 Erkläre, was man unter Akkommodation versteht.

9 Veränderliche Iris und Pupille

10 Auge beim Blick in die Ferne

11 Auge beim Blick in die Nähe

Auge und Sehvorgang

Im Fokus

Aus der Natur: Tieraugen

1 Mäusebussard

2 Uhu

3 Reflektierende Katzenaugen

Greifvögel • Adler, Falken und Bussarde sehen besonders scharf. → 1 Ihre Netzhaut enthält bis zu 8-mal so viele Sinneszellen pro Quadratmillimeter wie unsere Netzhaut. In einem Teil der Netzhaut können sie sogar Gegenstände stark vergrößert sehen. So erkennt ein Mäusebussard eine Maus noch aus 300 m Höhe.

Nachtaktive Tiere • Katzen, Eulen (z. B. Uhus) und Rehe sind oft in der Dämmerung und nachts aktiv. → 2 3 Ihre Netzhaut enthält besonders viele Sinneszellen zum Hell-Dunkel-Sehen. Zusätzlich haben viele Nachttiere eine Schicht hinter der Netzhaut, die das durchgelassene Restlicht reflektiert. Deshalb sieht man ihre Augen im Dunkeln aufleuchten, wenn sie angestrahlt werden. → 3

Insekten • Ihre Facettenaugen können aus Tausenden Einzelaugen bestehen. → 4 Die Einzelbilder werden vom Gehirn ausgewertet. Das Gehirn einer Fliege verarbeitet die Informationen bis zu 250-mal pro Sekunde, das Gehirn eines Menschen nur rund 20-mal. Daher sieht die Fliege Bewegungen in „Zeitlupe". Bienen sehen auch UV-Licht und finden so bei vielen Blüten den Weg zum Nektar. → 5

Aufgaben

1 Erkläre, warum Reflektoren am Fahrrad oft als „Katzenaugen" bezeichnet werden.

2 Beschreibe, wie sich ein Facettenauge von einem Linsenauge unterscheidet.

4 Kopf einer Raubfliege

5 Blüte der Sumpfdotterblume – im Sonnenlicht und im UV-Licht

Im Fokus

Aus der Natur: Auge und Gehirn als Team

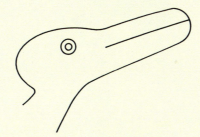

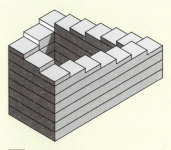

6 Was siehst du hier?   7 Ente oder Hase?   8 Optische Täuschung

Netzhautbilder und Wahrnehmung • Unser Gehirn verarbeitet die Netzhautbilder mithilfe seiner Erfahrungen. Es erkennt dabei nur Dinge, die ihm bekannt sind: Wer noch nie ein Zebra gesehen hat, sieht im Bild 6 nur schwarze und weiße Flächen. Manchmal deutet das Gehirn ein und dasselbe Netzhautbild verschieden oder es lässt sich täuschen. → 7 8

Räumlich sehen • Die Netzhautbilder beider Augen unterscheiden sich geringfügig. Gegenstände im Vordergrund liegen vor verschiedenen Stellen im Hintergrund. → 9 Das Gehirn nutzt die Unterschiede, um die Gegenstände räumlich wahrzunehmen. Dies wird bei 3-D-Filmen angewendet. 3-D-Kameras haben zwei Objektive wie Augen nebeneinander. → 10

Die damit aufgenommenen Bilder – eines für jedes Auge – werden später übereinander projiziert. 3-D-Brillen sorgen dafür, dass jedes Auge nur „sein" Bild wahrnimmt. Daraus entsteht im Gehirn die 3-dimensionale Wahrnehmung.

Zeitliches Auflösungsvermögen • Unser Gehirn kann die eingehenden Bildinformationen etwa 20-mal pro Sekunde verarbeiten. Bei Filmen werden mehr Bilder pro Sekunde gezeigt, damit wir fließende Bewegungen wahrnehmen.

Aufgabe

1 Suche im Internet nach optischen Täuschungen und führe besonders interessante Beispiele in deiner Klasse vor.

9 Linkes Auge offen – rechtes Auge offen

10 3-D-Kamera

Fehlsichtigkeiten und Brillen

Brauchst du auch eine Brille? Bist du kurz- oder weitsichtig? Wie funktioniert eigentlich eine Brille?

1 Brillengläser für Kurzsichtige und für Weitsichtige: Was fällt dir auf?

A Versuch

Verschiedene Brillen

Material: Zerstreuungslinse, Sammellinse, Kerze, Schirm, Maßband

1 Kurzsichtiges Auge
Kurzsichtige Menschen brauchen eine Brille mit Zerstreuungslinsen. Ein Modellversuch zeigt, wie sie funktioniert. → 2

a Stellt die Zerstreuungslinse dicht vor die Sammellinse. Verschiebt den Schirm, bis das Bild der Kerze scharf zu sehen ist. Messt jetzt die Bildweite.

b Nehmt die Zerstreuungslinse – also die „Brille" – weg. Beschreibt das Bild auf dem Schirm.

2 Normalsichtiges Auge
a Verschiebt nun den Schirm, bis das Bild wieder scharf ist. Der Aufbau entspricht jetzt dem normalsichtigen Auge. Messt wieder die Bildweite.

b Vergleicht die beiden gemessenen Bildweiten. Welches Auge ist kürzer: das normalsichtige oder das kurzsichtige?

3 Weitsichtiges Auge
Weitsichtige Menschen brauchen eine Brille mit Sammellinsen. Wie funktioniert sie? Plant einen Modellversuch dazu und führt ihn durch.

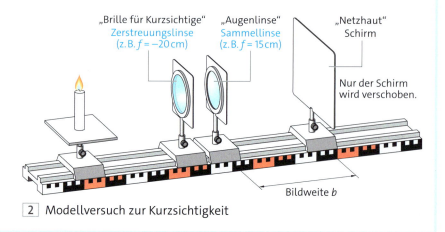

2 Modellversuch zur Kurzsichtigkeit

die Kurzsichtigkeit
die Weitsichtigkeit

Grundlagen

Normalsichtig • Viele Menschen brauchen keine Brille. Ihr Augapfel ist zwischen Hornhaut und Netzhaut rund 25 mm lang.

Kurzsichtig • Kurzsichtige sehen nur nahe Dinge scharf. Ihr Augapfel ist länger als 25 mm. → 3 Auch wenn der Ringmuskel beim Blick in die Ferne ganz entspannt ist, ist die Augenlinse noch so stark gewölbt, dass das scharfe Bild vor der Netzhaut entsteht. Hier helfen Zerstreuungslinsen: Sie weiten die Lichtbündel auf, die ins Auge gelangen. → 4 Dadurch nimmt die Bildweite zu.

> Kurzsichtige sehen ferne Gegenstände unscharf. Brillen mit Zerstreuungslinsen vergrößern die Bildweite, sodass scharfe Bilder erst auf der Netzhaut entstehen.

Weitsichtig • Weitsichtige sehen nur ferne Dinge scharf. Oft ist ihr Augapfel kürzer als 25 mm. → 5 Beim Blick in die Nähe ist die größte Wölbung der Augenlinse noch so schwach, dass ein scharfes Bild erst hinter der Netzhaut entstehen würde. Hier helfen Sammellinsen: Sie führen das Licht zusätzlich zur Augenlinse zusammen. → 6 Dadurch nimmt die Bildweite ab.

> Weitsichtige sehen nahe Gegenstände unscharf. Brillen mit Sammellinsen verringern die Bildweite, sodass scharfe Bilder schon auf der Netzhaut entstehen.

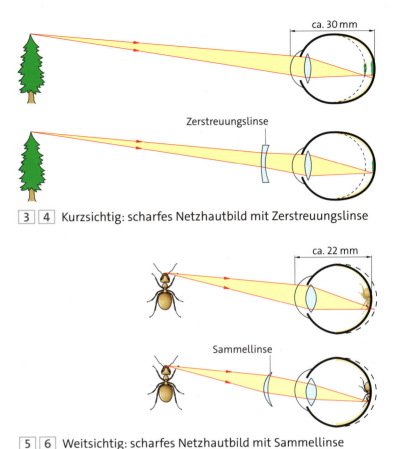

3 4 Kurzsichtig: scharfes Netzhautbild mit Zerstreuungslinse

5 6 Weitsichtig: scharfes Netzhautbild mit Sammellinse

Aufgaben

1 Ergänze:
a Ein Kurzsichtiger sieht … Dinge scharf und … Dinge unscharf.
b Ein Weitsichtiger sieht … Dinge scharf und … Dinge unscharf.

2 Erkläre und beschreibe:
a Warum sehen Kurzsichtige ferne Gegenstände unscharf? Wie helfen ihnen Brillen?
b Warum sehen Weitsichtige nahe Gegenstände unscharf? Wie helfen ihnen Brillen?

Fehlsichtigkeiten und Brillen

B Aufgabe

Stark gewölbte Sammellinsen brechen das Licht stark, ihre Brennweite f ist klein. Es wäre praktisch, wenn man die große „Brechkraft" mit einer großen Zahl beschreiben könnte. Dafür benutzt man den Kehrwert der Brennweite: Er ist umso größer, je kleiner die Brennweite ist. Er wird in Dioptrien angegeben und beschreibt die „Brillenstärke". Beispiel: Eine Sammellinse mit $f = 0{,}2$ m hat 5 Dioptrien: $\frac{1}{0{,}2} = 5$ (es wird nur der Zahlenwert der Brennweite in m eingetragen). Eine Sammellinse mit 2 Dioptrien bricht das Licht schwächer, sie hat eine größere Brennweite: $2 = \frac{1}{0{,}5}$; $f = 0{,}5$ m.

Bei Zerstreuungslinsen gibt man negative Dioptrien an: $f = -0{,}2$ m → -5 Dioptrien.

„Brillenstärke"

1 Die „Brillenstärke" wird in Dioptrien angegeben. → [1]
  a Vervollständige:
    Je mehr Dioptrien ein Brillenglas hat, desto
    • … ist seine „Brechkraft".
    • … ist seine Brennweite.
  b Ergänze die Tabelle. → [2]
  c Gib die „stärkste" Brille und ihre Linsenart an.

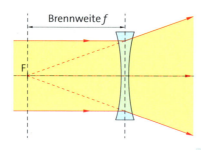

[1] Brennweite und Dioptrie

Brennweite	Dioptrie
2,0 m	?
−0,5 m	?
?	10
20 cm	?

[2] Verschiedene Brillengläser

C Aufgabe

Altersweitsichtig

1 Beschreibe, was man unter Altersweitsichtigkeit versteht. → [3]
  Erkläre, wie sie zustande kommt. Benutze dazu folgende Wörter:
  Augenlinse, scharfes Bild, Nahpunkt, Netzhaut, elastisch, stark genug.

Mesuts Opa liest seine Bücher immer mit ausgestreckten Armen. Sonst kann er die Buchstaben nicht mehr scharf sehen. Sein Problem ist nicht ein zu kurzer Augapfel wie bei „normalen" Weitsichtigen. Seine Augenlinsen sind nicht mehr elastisch genug. Mit 16 Jahren lag sein Nahpunkt noch bei 10 cm, heute sind es 60 cm. Wenn er das Buch näher heranholt, wölbt sich seine Augenlinse nicht mehr stärker – und der Text verschwimmt.

[3] Mesuts Großvater ist altersweitsichtig.

Im Fokus

Berufe: Augenoptiker/-in

Am Berufswahltag seiner ehemaligen Realschule berichtet Vitus (3. Lehrjahr):
„Als es in der 9. Klasse darum ging, mich für einen Praktikumsplatz zu bewerben, hatte ich
5 gar keine Ahnung, welcher Beruf zu mir passen könnte. Eine Freundin gab mir den Tipp, alles aufzuschreiben, was ich gut kann. Mit meiner Mindmap suchte ich dann nach Ausbildungsberufen im Internet. → 4 Bei der Bun-
10 desagentur für Arbeit wurde ich fündig: Der Beruf „Augenoptiker/-in" schien wie für mich gemacht – und das hat sich auch bestätigt. Ich muss die Wirkung der Brillengläser für die verschiedenen Kundinnen und Kunden berech-
15 nen: Einer braucht eine Lesebrille, eine andere Gleitsichtgläser, der Dritte ist sich nicht sicher, ob das Geld für die teuren Kunststoffgläser gerechtfertigt ist. Oft informiere ich über Kontaktlinsen. Damit die Sehhilfe genau zum Kun-
20 den passt, führe ich häufig Sehtests durch, um die Sehstärke oder Augenfehler zu ermitteln.

5

Meine Kunden und Kundinnen berate ich nicht nur wegen Sehhilfen, manchmal wollen sie auch etwas über Ferngläser, Lupen oder Mikro-
25 skope wissen. Wichtig ist auch mein Gespür für Stil und die aktuelle Brillenmode. Wenn Zeit ist, recherchiere ich dazu gerne im Internet. In der Optikerwerkstatt fertige ich Brillen aller Art an. Dazu gehören neben den Gläsern auch
30 die Fassungen. Ich muss die Brillengläser prüfen, vermessen, bearbeiten und in die Fassung einsetzen. → 5 Ein wichtiges Arbeitsgerät ist der computergesteuerte Brillenschleifautomat. Auch Reparaturen zählen zum Repertoire.
35 Jetzt bereite ich mich auf die Abschlussprüfung vor: Ich entwerfe eine Brille, die nach meinen Vorgaben im 3-D-Drucker angefertigt wird."

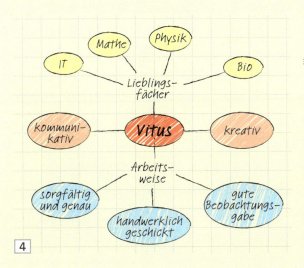
4

Aufgaben

1 Erläutere mithilfe der Mindmap, wieso Vitus den richtigen Beruf für sich gefunden hat.

2 Wie viel verdient ein Augenoptiker? Recherchiere im Internet.

Linsen machen Bilder

Zusammenfassung

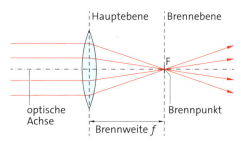

[1] Sammellinse

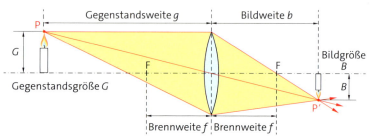

[2] Gegenstand und reelles Bild

Sammellinsen • Sie sind in der Mitte dicker als am Rand und brechen Licht zur optischen Achse hin. Parallelstrahlen verlaufen nach der Linse durch den Brennpunkt. → [1]
Je stärker die Linse gewölbt ist, desto kleiner ist ihre Brennweite f.

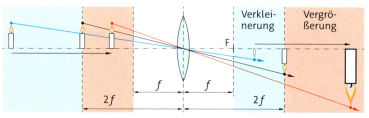

[3] Kleinere Gegenstandsweite → größere Bildweite und -größe

Reelle Bilder • Sammellinsen erzeugen von Gegenständen außerhalb der Brennweite ein reelles Bild. → [2]
Es ist umgekehrt und seitenverkehrt. Je kleiner die Gegenstandsweite ist, desto größer sind Bildweite und Bildgröße. → [3]
Je kleiner die Brennweite ist, desto kleiner sind Bildweite und -größe (bei gleicher Gegenstandsweite). → [4]

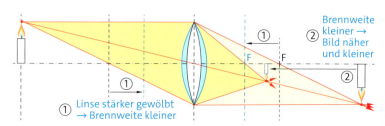

[4] Kleinere Brennweite → kleinere Bildweite und -größe

Virtuelle Bilder • Sammellinsen erzeugen von Gegenständen innerhalb der Brennweite kein reelles Bild. Man sieht aber ein virtuelles Bild durch die Linse hindurch. Es ist aufrecht, seitenrichtig und vergrößert.

Bilder konstruieren • Die Bildpunkte lassen sich mit besonderen Lichtstrahlen konstruieren. → [5] [6]

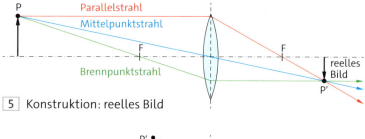

[5] Konstruktion: reelles Bild

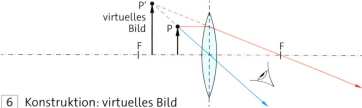

[6] Konstruktion: virtuelles Bild

Funktion des Auges • Das Licht von einem Gegenstand wird durch Hornhaut und Augenlinse so gebrochen, dass auf der Netzhaut ein Bild entsteht. → 7 Sinneszellen in der Netzhaut senden daraufhin Signale über den Sehnerv zum Gehirn. Die Iris steuert die Lichtmenge, die durch die Pupille ins Auge gelangt. Die Wölbung der Augenlinse und damit ihre Brennweite wird durch den Ringmuskel und die Linsenbänder verändert.

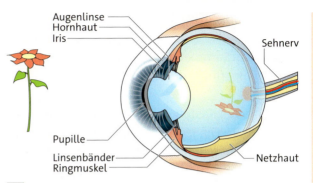

7 Aufbau unseres Auges

Akkommodation • Um unterschiedlich weit entfernte Gegenstände scharf auf der Netzhaut abzubilden, wird die Brennweite der Augenlinse verändert. Je größer die Gegenstandsweite ist, desto schwächer wird die Linse gewölbt. → 8 Die Bildweite bleibt immer gleich.

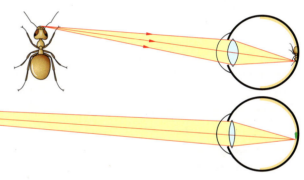

8 Naher Gegenstand → kleine Brennweite der Augenlinse; ferner Gegenstand → große Brennweite

Kurzsichtig • Kurzsichtige sehen ferne Gegenstände unscharf. Das scharfe Bild entsteht vor der Netzhaut. Durch die Zerstreuungslinsen der Brille entsteht es erst auf der Netzhaut. → 9

Weitsichtig • Weitsichtige sehen nahe Gegenstände unscharf. Das scharfe Bild würde hinter der Netzhaut liegen. Durch die Sammellinsen der Brille entsteht es schon auf der Netzhaut. → 10

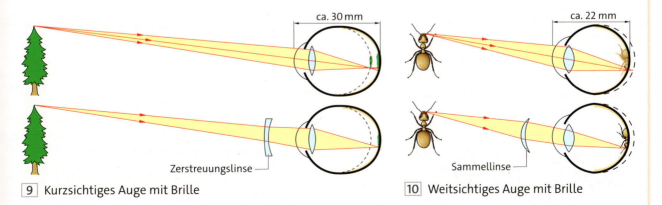

9 Kurzsichtiges Auge mit Brille

10 Weitsichtiges Auge mit Brille

Linsen machen Bilder

Aufgaben

Linsen und Bilder

1 Ordne in Sammel- und Zerstreuungslinsen.
→ 1 Begründe deine Zuordnung.

2 Die grauen Kästen verbergen verschiedene Linsen. → 2 Gib jeweils an, ob es sich um eine Sammellinse oder um eine Zerstreuungslinse handelt. Begründe deine Zuordnungen.

3 Beschreibe, wie du die Brennweite einer Sammellinse im Experiment bestimmen kannst.

4 Reelle und virtuelle Bilder
a Beschreibe, wie man mit einer Sammellinse ein reelles Bild eines Gegenstands erhält und wie ein virtuelles Bild zustande kommt.
b Vergleiche die Eigenschaften von reellen und virtuellen Bildern bei Sammellinsen.
c Erkläre, weshalb man Bilder als reell oder als virtuell bezeichnet.

5 Gib an, in welchem Abstand sich ein Gegenstand vor einer Sammellinse befinden muss, damit auf einem Schirm
a ein gleich großes Bild entsteht.
b ein vergrößertes Bild entsteht.

Bilder konstruieren

6 Ein 3,0 cm hohes Teelicht steht 8,0 cm vor einer Sammellinse mit der Brennweite $f = 50$ mm. Konstruiere das Bild im Maßstab 1:2.

7 Eine 10 cm hohe Kerze steht 40 cm vor einer Sammellinse mit der Brennweite $f = 15$ cm.
a Konstruiere das Bild der Kerze im Maßstab 1:5.
b Beschreibe das Bild der Kerze.

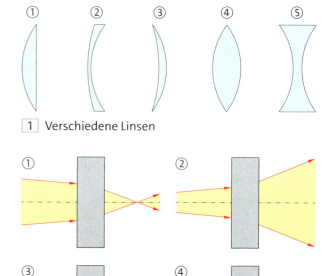

1 Verschiedene Linsen

2 Welche Linsen werden von den Kästen verdeckt?

c Bestimme, wie groß das Bild auf einem Schirm wäre und wie weit er hinter der Linse stehen müsste.
d Gib an, wie sich die Bildweite und die Bildgröße verändern, wenn man die Kerze weiter von der Linse entfernt.

8 Eine 1,5 cm hohe Spielfigur steht 2,5 cm vor einer Sammellinse mit $f = 4,0$ cm.
a Beschreibe Art und Größe des Bilds.
b Konstruiere das Bild der Spielfigur.

9 Eine Sammellinse erzeugt von einer 6,0 cm hohen Kerze ein halb so hohes Bild. Der Abstand zwischen Bild und Kerze beträgt 45 cm. Bestimme die Brennweite der Linse durch eine Konstruktion im Maßstab 1:3.

Auge und Fehlsichtigkeiten

10 Nenne die Teile des Auges, die an der Bildentstehung auf der Netzhaut beteiligt sind.

11 Du siehst einen Kalender und eine Rose erst so wie im Bild 3 und dann wie im Bild 4.
a Beschreibe, wie sich deine Augenlinse dabei verändert.
b Erkläre, wie die Scharfstellung funktioniert.

12 Wenn man aus einem dunklen Raum ins helle Tageslicht geht, ist man zunächst geblendet. In kurzer Zeit passen sich die Augen aber an die Helligkeit an. Beschreibe einen Vorgang, der dazu beiträgt.

13 „Bei längerer Arbeit am Monitor sollte man immer mal wieder in die Ferne schauen."
Begründe diesen Tipp.

14 Auf unserer Netzhaut entstehen umgedrehte Bilder der Umwelt. Erkläre, warum wir trotzdem alles aufrecht und seitenrichtig sehen.

15 Gib an, was du auf dem Bild siehst. → 5
Beschreibe an diesem Beispiel, wie Gehirn und Auge zusammenarbeiten.

16 Halte eine Münze zwischen das Buch und deine Augen. Betrachte sie abwechselnd mit dem rechten und dem linken Auge.
a Beschreibe deine Beobachtung.
b Erkläre, was die Beobachtung mit dem räumlichen Sehen zu tun hat.

17 Kurzsichtig – weitsichtig
a Beschreibe, was Kurzsichtige scharf sehen können und was nicht. Benenne die Linsen in ihren Brillen. Beschreibe, wie diese Brillen funktionieren.
b Löse die Aufgabe für Weitsichtige.

18 Verschiedene Brillen
a Ramons Brillengläser haben 4,0 Dioptrien. Erkläre diese Angabe. Gib an, um welche Art von Linsen es sich handelt. Ist Ramon kurz- oder weitsichtig?
b Aylas Brillengläser haben −2,0 Dioptrien. Erkläre diese Angabe. Gib an, um welche Art von Linsen es sich handelt. Ist Ayla kurz- oder weitsichtig?
c Welche Brillengläser brechen das Licht stärker: Ramons oder Aylas? Begründe deine Antwort.

3

4

5

Kamera, Fernrohr und Mikroskop

1 Kamera für schnelle Schnappschüsse

Ein Selfie mit besten Freundinnen machen – das Handy mit der tollen Kamera ist immer dabei.
Wie kommt eigentlich das Bild in das Handy?

A Versuch

Modellkamera

Material: Kerze, Sammellinse (f = 15 cm), Irisblende, Schirm

1 Eine Handykamera enthält ein Objektiv, eine Helligkeitsregelung und einen Chip. Gebt an, welche Teile der Modellkamera diesen Teilen entsprechen. → 2

2 Baut den Versuch auf. Öffnet die Blende. Stellt die Kerze 40 cm vor der Linse auf.
a Verschiebt den Schirm, sodass ein scharfes Bild entsteht. Messt die Bildweite. Verschiebt die Kerze, bis das Bild unscharf ist. Stellt es wieder scharf – durch Bewegen der Linse (und Blende)! Dokumentiert die Beobachtungen und Messwerte: Bildhelligkeit, Bildschärfe, Bildweite, Gegenstandsweite.
b Wiederholt den Versuch – mit sehr kleiner Blendenöffnung. Vergleicht mit euren Beobachtungen und Messwerten bei offener Blende.

3 Vergleicht das Scharfstellen: Modellkamera – Auge.

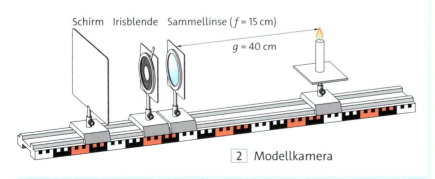

2 Modellkamera

B Versuch

Scharf – unscharf

Material: Handy

1 Messt den „Nahpunkt" eurer Handykameras. Bei welchem Handy liegt er am nächsten? Vergleicht mit dem Nahpunkt des Auges.

2 „Photopainting" mit dem Handy: → 3 Probiert es selbst aus. Beschreibt, wie ihr vorgeht.

3 Photopainting von Tulpen

Optik
Optische Geräte

das Objektiv
der Chip
das Pixel

Grundlagen

Bildentstehung • Digitale Kameras bestehen im Prinzip aus einer Sammellinse (Objektiv), einer veränderbaren Lochblende und einem elektronischen Schirm (Chip). → 4 Das Objektiv erzeugt Bilder auf dem Chip. Die Blendenöffnung beeinflusst, wie hell und scharf die Bilder sind.

Objektive • Hochwertige Objektive bestehen aus mehreren Linsen. → 5 Um Bilder scharf zu stellen, wird das Objektiv von einem Motor um Bruchteile eines Millimeters verschoben, bis der Chip in der Bildebene ist („Autofokus"). Einfache Handys haben ein fest eingebautes Objektiv. Damit lassen sich die Bilder nicht so gut scharf stellen.

Chips • Sie bestehen aus Millionen dicht gepackten lichtempfindlichen Zellen („Pixel"). → 6 Diese Zellen wandeln das Bild in unterschiedlich „starke" elektrische Signale um — je nachdem, wie viel Licht im Bildpunkt auftrifft. Die Signale werden von einem Computer in Zahlenwerte umgewandelt und gespeichert. Sie stehen zur weiteren Verarbeitung am PC oder zum Verschicken bereit. Farbfilter vor jeder Zelle des Chips liefern Informationen über die Farben der einzelnen Bildpunkte.

> Das Objektiv erzeugt Bilder auf einem lichtempfindlichen Chip. Zur Scharfstellung wird es verschoben und damit die Bildweite verändert.

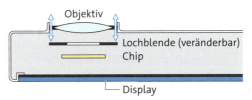

4 Kamera im Handy (Prinzip)

5 Linsen eines Handys mit 2 Objektiven

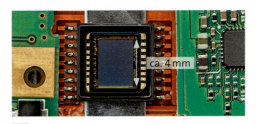

6 Lichtempfindlicher Chip eines Handys

Aufgabe

1 Vergleiche Auge und Kamera. → 7 Trage dazu die folgenden Begriffe in die Tabelle ein: Objektiv, Chip, Iris, Bild auffangen, Bild erzeugen, Linse wird verformt, Lichteinfall regeln, Linse wird verschoben.

Auge	Kamera	Funktion
Augenlinse	?	?
?	Blende	?
?	?	Scharfstellung
Netzhaut	?	?

7 Vergleich Auge – Kamera

Kamera, Fernrohr und Mikroskop

Im Fokus

Aus der Technik: Gute Kameras können mehr

Profi oder Smart • Handys hat man meistens dabei und kann damit jederzeit Fotos machen, die gleich verschickt werden können. Trotzdem wird niemand auf die Idee kommen, Fotos für eine Sportzeitung mit dem Handy zu „schießen". Hier nimmt man eine Profikamera: → 1

- Die langen Objektive von Profikameras haben eine besonders große Öffnung, damit der Chip gut ausgeleuchtet wird und ein helles Bild entsteht.
- Die Blendenöffnung kann stufenlos verstellt und die Belichtungszeit darauf abgestimmt werden. Bei Handys gibt es dagegen nur wenige voreingestellte Programme, die in der Regel eine feste Belichtungszeit haben.
- Profikameras haben einen optischen Zoom: Die Brennweite des Objektivs kann vergrößert werden, sodass das Bild auf dem Chip größer wird (Tele-Einstellung). Wenn der Fotograf einen Fußballspieler heranzoomt,

1 Profikamera

wird das Bild so groß wie der ganze Chip – und der ist viel größer als der im Handy. Bei vielen Handys kann die Brennweite des Objektivs dagegen nicht verändert werden. Beim Zoomen wird nach wie vor das ganze Fußballfeld auf dem Chip abgebildet. Es werden lediglich die wenigen Zellen des Chips, auf denen der Spieler abgebildet ist, ausgelesen und diese Informationen über das ganze Display verteilt. Dieser digitale Zoom hat daher eine schlechtere Bildqualität als der optische Zoom.

Aufgabe

1 Tele oder Weitwinkel? Ordne die Sätze A–D den Bildern 2 – 5 zu. Begründe jeweils.
A In der Tele-Einstellung eines Zoomobjektivs ist das Bild eines fernen Gegenstands groß.
B In der Weitwinkel-Einstellung eines Zoomobjektivs ist das Bild eines fernen Gegenstands klein.
C Die Brennweite ist klein.
D Die Brennweite ist groß.

Methode

Recherche im Internet – Thema Fernrohr

Im Internet kannst du zu jedem Thema beliebig viel erfahren. So bekommst du den Durchblick:

1. Thema eingrenzen und gliedern Stelle Fragen zum Thema, die dich interessieren. Lege anhand der Fragen eine Gliederung an.
Beispiel: Was für Fernrohre gibt es? Woraus bestehen sie und wie funktionieren sie? Wer hat sie wann erfunden?

6 Teleskop für Wissenschaftler

2. Suchbegriffe finden Finde zu jeder Frage ein bis zwei Begriffe. Die Reihenfolge der Begriffe kann bei der Recherche eine Rolle spielen.
Beispiel: Fernrohr Arten

3. Suchworte eingeben Gib deine Suchbegriffe in das Suchfeld des Browsers ein. Du kannst dabei auch Suchmaschinen für Jugendliche nutzen. Sie treffen eine Vorauswahl – dadurch bekommst du nicht so viele „Treffer" (Hits) und erhältst verständlichere Informationen.

4. Treffer bewerten Wenn du sehr viele Treffer hast, grenze die Suche mit weiteren Suchbegriffen ein. Prüfe jeweils kurz, ob Internetadressen und Homepages vertrauenswürdig klingen und aktuell sind. Wähle immer mindestens zwei Seiten aus, deren Inhalte du miteinander vergleichen kannst. Findest du Fehler?

5. Quellen speichern Speichere die Seiten als Quellen, die die besten Antworten auf deine Fragen geben. Falls du Inhalte in ein Textverarbeitungsprogramm kopierst, notiere die Internetadressen und den Zeitpunkt des Speicherns.

6. Informationen strukturieren Hast du alle Antworten gefunden? Dann ordne sie entsprechend deiner Gliederung.
Beispiel: Es gibt holländische und astronomische Fernrohre sowie Spiegelteleskope. Sie ...

Präsentation • Sprich dich mit dem Lehrer oder der Lehrerin ab: Wie lang soll die Präsentation sein, welche Medien können eingesetzt werden, was ist sonst noch zu beachten? Lege eine sinnvolle Reihenfolge für die Vorstellung der Ergebnisse fest. Wähle ein geeignetes Medium: Lernplakat, Bildschirmpräsentation ... Gib die Quellen an. Und denke immer daran: Ein gutes Bild sagt mehr als 1000 Worte!

Aufgaben

1 Vergleiche, welche Treffer du bei unterschiedlichen Kombinationen der Wörter Fernrohr, Aufbau und Geschichte erhältst.

2 Löse die Aufgaben auf der nächsten Seite (auch) durch Recherchieren im Internet.

Kamera, Fernrohr und Mikroskop

C Aufgaben

Astronomisches Fernrohr

1 Erfindung und Weiterentwicklung

a Wer waren die Erfinder des astronomischen Fernrohrs? Wann und wo lebten sie?

b Finde den anderen gebräuchlichen Namen dieses Fernrohrs heraus.

c Welche Rolle hat Carl Zeiss für die Weiterentwicklung des Fernrohrs gespielt?

d Nenne fünf wichtige Entdeckungen, die mithilfe des Fernrohrs gemacht wurden.

e Wie ist ein Prismenfernrohr aufgebaut? Wo liegen die Unterschiede zum astronomischen Fernrohr? Welche Vorteile ergeben sich daraus?

2 Aufbau

a Das Fernrohr ist aus zwei Sammellinsen aufgebaut.
→ 1 Wie lauten die Fachbegriffe für die Linsen A und B des Fernrohrs?

b Was kannst du über die Brennweiten und Brennebenen der beiden Linsen im Fernrohr aussagen? → 2

c Gib den Zusammenhang zwischen der Länge des Fernrohrs und den Brennweiten der Linsen an.

3 Bildentstehung

Wir stellen den Strahlenverlauf in vier Schritten dar.
→ 2 Die Beschreibungen A–D stehen in der falschen Reihenfolge. Ordne sie den Bildern richtig zu:

A Mittelpunkt- und Parallelstrahl kreuzen sich praktisch in der gemeinsamen Brennebene. Hier entsteht ein reelles Zwischenbild.

B Zwei Lichtstrahlen von einem Punkt des sehr weit entfernten Gegenstands treffen fast parallel zueinander auf die Objektivlinse A.

C Die Lichtstrahlen laufen weiter und werden von der Okularlinse B gebrochen. Sie fallen beinahe parallel zueinander ins Auge. Der Beobachter sieht ein virtuelles Bild des Gegenstands.

D Der Mittelpunktstrahl wird nicht gebrochen. Der Brennpunktstrahl wird zu einem Parallelstrahl.

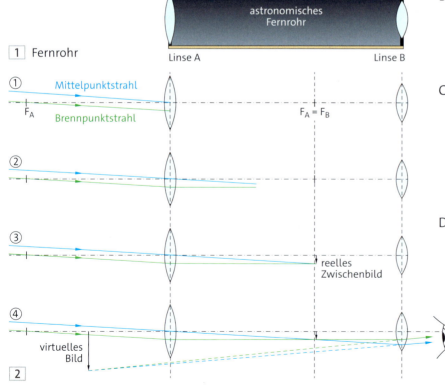

158 | Optik
Optische Geräte

Methode

Verstehen von Texten – Thema Mikroskop

Mit dem Mikroskop kann man in die fantastische Welt der winzigen Lebewesen und Zellen eintauchen. → 3 Um seine Entwicklung, den Aufbau und die Funktionsweise zu verstehen, muss man längere Texte lesen. Die folgenden fünf Schritte sollen dir helfen, solche Texte besser zu verstehen.

1. Text überfliegen – Thema erfassen Zuerst verschaffst du dir einen groben Überblick über Aufbau und Inhalt des Textes. Dabei gilt es, den Text nur zu überfliegen und nicht Wort für Wort zu lesen. Achte auf Überschriften, Hervorgehobenes oder Abschnitte.

2. Fragen stellen Überlege, was du bereits über das Thema weißt und was du noch wissen möchtest. Stelle W-Fragen an den Text: Was? Wie? Warum? Beachte dabei auch die Aufgabe, die du bekommen hast.
Beispiel: Was ist ein Objektiv und was ist ein Okular? Wie funktioniert ein Mikroskop? Warum ist die Vergrößerung beim Mikroskop so groß?

3. Genau lesen und Wörter markieren Lies den Text genau durch. Unbekannte Wörter kannst du mit Bleistift unterstreichen. Kläre ihre Bedeutung aus dem Zusammenhang oder mit einem Wörterbuch. Schlüsselwörter kennzeichnest du mit einem Textmarker. Sie geben dir oft Informationen zu deinen W-Fragen. Markiere oder unterstreiche nie ganze Sätze oder Absätze, sondern nur einzelne Wörter – so behältst du die Übersicht.

3

Achtung • In Schulbüchern darfst du nichts unterstreichen oder markieren! Schreibe stattdessen unbekannte Wörter und Schlüsselwörter getrennt voneinander heraus.

4. Wichtiges zusammenfassen Wenn die Abschnitte keine Überschriften haben, formuliere selbst aussagekräftige Überschriften.
Fasse den Inhalt der Abschnitte knapp mit eigenen Worten schriftlich zusammen. Verwende dabei unbedingt die markierten Schlüsselwörter.

5. Wiederholen Nun kannst du die wichtigsten Informationen des Textes mithilfe deiner Notizen in Gedanken wiederholen, schriftlich darlegen oder vortragen. Beantworte dabei deine W-Fragen.

Aufgabe

1 Verstehe, wie ein Mikroskop funktioniert. Wende die 5-Schritt-Lesemethode zur Lösung der Aufgaben auf der nächsten Doppelseite an.

Kamera, Fernrohr und Mikroskop

D Aufgaben

Lichtmikroskop

Lies erst einmal den Text „Blutuntersuchung – mit dem Lichtmikroskop". → 1 Bearbeite damit zunächst die Aufgaben 1 und 2.

1 Erfindung und Entwicklung
a) Gib an, wer das Mikroskop erfunden hat. Wann lebte er?
b) Erkläre den Begriff Mikroskop.
c) Gib an, wie lang ein Mikrometer ist.
d) Nenne Personen, die das Lichtmikroskop weiterentwickelt haben. Wann lebten sie? Beschreibe, in welcher Weise sie das Mikroskop vorangebracht haben.
e) Nenne zwei bedeutende Entdeckungen, die mit dem Lichtmikroskop gemacht wurden.
f) Formuliere Überschriften für die fünf Absätze des Texts.

Blutuntersuchung – mit dem Lichtmikroskop

Der niederländische Optiker Zacharias Janssen (1588–1631) hat um das Jahr 1606 die Idee, zwei Sammellinsen hintereinander in ein Rohr einzubauen, um damit kleine Gegenstände vergrößert zu betrachten. Das Wort Mikroskop kommt aus dem Griechischen: *mikros* für klein und *skopein* für betrachten. Janssens Mikroskop vergrößert 3- bis 9-fach. Da die Linsen nicht geeignet geschliffen sind und Lufteinschlüsse enthalten, sind die Bilder verzerrt und unscharf.

Der niederländische Naturforscher Antoni van Leeuwenhoek (1632 bis 1723) entwickelt 1665 ein Mikroskop mit nur einer Sammellinse. Er stellt beim Brennen hauchdünne Glasfäden her, zwickt ein Ende ab und formt daraus durch erneutes Brennen Glaskügelchen. Diese Minilinsen sind stark gewölbt, ihre Brennweite ist sehr klein. Sie wirken wie sehr starke Lupen und vergrößern bis zu 270-fach (normale Lupen vergrößern bis zu 15-fach). Mit dem Mikroskop von Leeuwenhoek werden 1668 die roten Blutzellen entdeckt. Sie haben einen Durchmesser von rund 7 Mikrometern ($1\,\mu m = 1 \cdot 10^{-6}\,m$).

Die deutschen Wissenschaftler Carl Zeiß (1816–1888), Ernst Abbe und Otto Schott verbessern das zweilinsige Mikroskop ab 1870 radikal. Geeignete Linsenformen und -kombinationen sowie Strahlengänge werden von ihnen berechnet und konstruiert, statt sie durch Probieren zu finden. Die Glasqualität wird entscheidend verbessert. Mit den neuen Mikroskopen lassen sich über 1000-fache Vergrößerungen erreichen. Sie funktionieren im Prinzip so:

Das Objekt wird von unten mithilfe der Kondensorlinse und der Blende gleichmäßig ausgeleuchtet. Das Licht wird vom Objekt gestreut und dann von der Objektivlinse gebrochen. Im röhrenförmigen Tubus entsteht ein vergrößertes reelles Zwischenbild. Es liegt praktisch in der Brennebene der Okularlinse (lat. *oculus*: das Auge), einer starken Lupe. Man sieht ein stark vergrößertes virtuelles Bild.

Im Jahr 1900 mischt der Mediziner Karl Landsteiner (1868–1943) Blut auf Objektträgern. Er bemerkt, dass es meist verklumpt – aber nicht immer. Mit dem Mikroskop findet er heraus, dass es drei verschiedene Blutgruppen gibt. Je nachdem, welche gemischt werden, kommt es zu Verklumpungen oder nicht.

1 300 Jahre Lichtmikroskop

2 Aufbau und Bildentstehung
a Gib an, welche Art von Linsen beim Mikroskop für die Bilderzeugung verwendet wird.
b Benenne die Bauteile 1–5 des Mikroskops. → 2
c Erkläre die Begriffe Objekt, Objektivlinse und Okularlinse.
d Beschreibe den Lichtweg vom Objekt bis zum Auge. → 3 Gehe dabei auch auf die verschiedenen Bilder ein.
e Vergleiche die Mikroskope von Antoni van Leeuwenhoek und Carl Zeiß miteinander. Gib den entscheidenden Unterschied im Aufbau beider Geräte an.

3 Recherchiere!
a Beschreibe wichtige Entdeckungen, die mit dem Lichtmikroskop gemacht wurden.
b Informiere dich über USB- und Digitalmikroskope. Vergleiche sie mit dem Lichtmikroskop.
c Neben Lichtmikroskopen gibt es heute auch Elektronenmikroskope, Rasterelektronenmikroskope und Rastertunnelmikroskope. → 4 Sammle Bilder, die mit ihnen aufgenommen wurden. → 5 Wie stark vergrößern diese Mikroskope? Bereite ein Lernplakat vor.

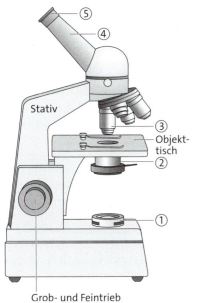

2 Aufbau des Mikroskops

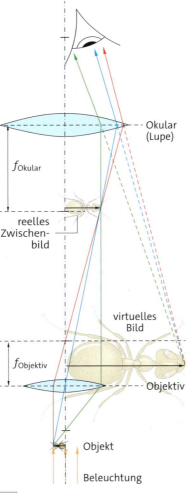

3 Bildentstehung

4 Rasterelektronenmikroskop

5 Rote Blutzellen (Rasterelektronenmikroskop, ca. 4000-fach)

Optik

Teste dich! (Lösungen im Anhang)

Licht und Schatten

1 Am Straßenrand laufen Fußgänger ▸ 1
a Nenne die Lichtquelle und den Lichtempfänger. Beschreibe den Lichtweg.
b Beurteile das Verhalten der Fußgänger. Beschreibe, was sie besser machen könnten.
c Gib an, wodurch ein Radfahrer im Dunkeln seine Sicherheit erhöhen kann.
d „Wenn die Straßenlaternen leuchten, kann ich alles sehen. Da brauche ich doch kein Licht am Fahrrad." Bewerte diese Aussage.

2 Das Licht braucht im Mittel rund 2595 s von der Sonne bis zum Planeten Jupiter. Berechne die Entfernung (in Mio. km) zwischen Sonne und Jupiter. Vergleiche mit der Entfernung zwischen Sonne und Erde (150 Mio. km).

3 Tim geht nachts an einem Haus vorbei. ▸ 2 Auf welchem Abschnitt seines Wegs wird er von keiner der Lampen L_1 und L_2 beleuchtet? Beantworte die Frage mit einer Zeichnung.

Reflexion und Brechung

4 Nenne und skizziere das Reflexionsgesetz.

5 Mit dem Periskop kann man über Menschenmengen hinwegsehen. ▸ 3 Skizziere, wie die beiden Spiegel im Rohr angeordnet sind.

6 Ein Kegel wird im Spiegel betrachtet. ▸ 4
a Übertrage die Zeichnung in dein Heft und konstruiere das Spiegelbild des Kegels.
b Konstruiere die Lichtstrahlen, die von den Punkten P_1 und P_2 über den Spiegel in die Mitte des Auges fallen.

7 Hat der Strohhalm einen „Knick"? ▸ 5 Erkläre deine Antwort mit einer Skizze.

Bilder erzeugen und konstruieren

8 Mit einer Sammellinse werden die Gegenstände G_1 und G_2 abgebildet. ▸ 6 7
a Konstruiere im Heft die Bilder B_1 und B_2.
b Nenne jeweils Eigenschaften des Bilds und eine Anwendung dieser Anordnung.
c Erkläre an beiden Bildern, was man unter reellen und virtuellen Bildern versteht.

9 Ein Gegenstand wird mit einer Sammellinse abgebildet. ▸ 8
a Konstruiere im Heft die Hauptebene, die Brennebenen und die Brennpunkte der Linse.
b Bestimme die Brennweite f, die Gegenstandsweite g und die Bildweite b.

10 Ordne den Teilen des Auges die Zahlen im Bild zu: Netzhaut, Hornhaut, Sehnerv, Ringmuskel, Linse, Pupille. ▸ 9

11 Hier sind verschiedene Augen skizziert. ▸ 10
a Gib an, welche Augen fehlsichtig sind.
b Benenne jeweils die Art der Fehlsichtigkeit.
c Gib jeweils an, welche Art von Linsen hilft.

12 Sarah fotografiert ein Nashorn im Zoo. Als es näher kommt, wird das Bild unscharf.
a Gib an, wie sich die Bildweite im Fotoapparat beim Näherkommen des Nashorns verändert.
b In welche Richtung muss Sarah die Objektivlinse verschieben, damit das Bild wieder scharf wird? Begründe deine Antwort.
c Beschreibe, wie das Auge für scharfe Bilder sorgt, wenn das Nashorn näher kommt.

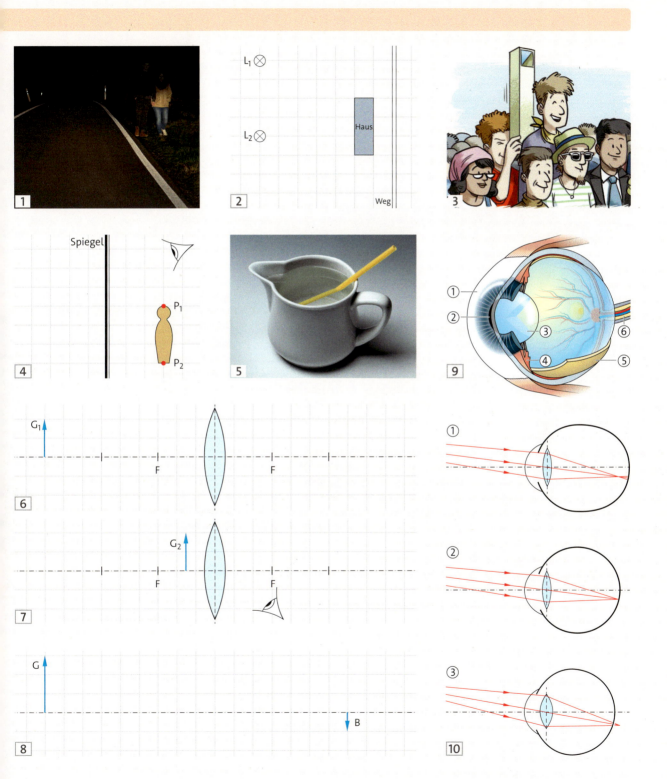

Magnetismus und Elektrizitätslehre

Eine Stecknadel im Heu zu finden ist sehr schwierig. Es gibt aber eine Hilfe ...

In Wirklichkeit kann diese Lampe nicht von alleine leuchten. Welche elektrischen Bauteile sind noch dafür nötig?

Im Toaster wird es glühend heiß. Welche anderen Wirkungen kann der elektrische Strom noch haben?

Eigenschaften von Magneten

Bestimmt gibt es auch bei dir zu Hause Magnete.
Welche Eigenschaften von Magneten kennst du? Welche Eigenschaften werden hier gezeigt?

1

A Versuch

Welche Münzen zieht ein Magnet an?

Münzen	Material
1–5 Cent	94 % Eisen, 6 % Kupfer (Ummantelung)
10–50 Cent	89 % Kupfer, 5 % Aluminium, 5 % Zink, 1 % Zinn
1 Euro	Ring: 75 % Kupfer, 20 % Zink, 5 % Nickel Kern: Schichten aus 75 % Kupfer, 25 % Nickel, dazwischen Schicht aus Nickel
2 Euro	Ring: 75 % Kupfer, 25 % Nickel Kern: Schichten aus 75 % Kupfer, 20 % Zink, 5 % Nickel, dazwischen Schicht aus Nickel

2 Euromünzen

Material: Magnet, Euromünzen

1 Untersucht, welche Münzen vom Magneten angezogen werden und welche nicht. Notiert eure Ergebnisse.

2 Die Münzen bestehen aus verschiedenen Materialien.
→ 2 Formuliert eine Regel, welche Materialien von Magneten angezogen werden.

B Versuch

Zieht ein Magnet überall gleich stark an?

Material: verschieden geformte Magnete, kleine Nägel aus Eisen (oder Stahl)

1 Untersucht mithilfe der Nägel die magnetische Wirkung der Magneten an verschiedenen Stellen. → 3 Skizziert eure Ergebnisse. An welchen Stellen ziehen die Magnete am stärksten an?

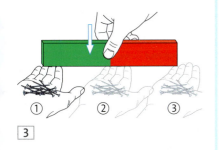

3

C Versuch

Ziehen sich zwei Magnete immer an?

Material: 2 Stabmagnete

1 Haltet einen Magneten fest und nähert den anderen aus weitem Abstand langsam an. → 4 Beschreibt die Kräfte.

2 Das grün lackierte Ende der Magnete wird als Südpol bezeichnet, das rot lackierte Ende als Nordpol. Formuliert eine Regel über Anziehung und Abstoßung der Pole.

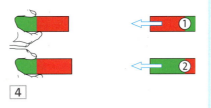

4

D Versuch

Rot und Grün

Material: Stabmagnete, Bindfaden

1 Hängt den Magneten waagerecht auf. → 5 In der Nähe dürfen sich keine Gegenstände aus Metall oder ein weiterer Magnet befinden. In welche Himmelsrichtung pendelt sich der Magnet ein? Stellt einen Zusammenhang zur Farbgebung des Magneten her.

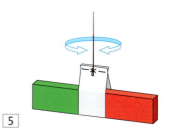

5

E Versuch

Wirkt ein Magnet durch Gegenstände hindurch?

Material: Stabmagnet, Büroklammer aus Eisen, Nähgarn, Karton, Plexiglasplatte, Kunststofffolie, Holzplatte, Eisenblech, Kupferblech, Alublech, Stativmaterial

1 Schiebt die Platten und Bleche einzeln und nacheinander zwischen den Magneten und die Büroklammer. → 6 Beobachtet, ob sich die magnetische Wirkung auf die Büroklammer ändert.
Formuliert eine Regel: Durch welche Materialien wirkt der Magnet hindurch, durch welche nicht?

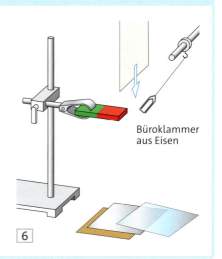

Büroklammer aus Eisen

6

Eigenschaften von Magneten

F Versuch

Wie wird die magnetische Wirkung durch einen zweiten Magneten verändert?

Material: viele Eisennägel, 2 gleiche Stabmagnete

1 Ein Stabmagnet kann viele Nägel halten. → 1 Wie verändert der zweite Magnet diese Wirkung?

a Hängt so viele Nägel unten an den ersten Magneten, wie er gerade noch halten kann.
b Nähert den zweiten Magneten an – erst mit der gleichen Polung, dann umgekehrt. Kann der erste Magnet jetzt mehr Nägel halten als zuvor? Notiert eure Beobachtungen. Beantwortet die Frage in der Überschrift.

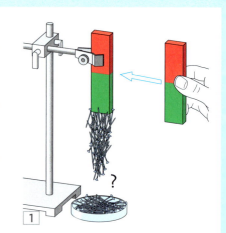

1

G Versuch

Zieht ein Stück Eisen einen Magneten an?

Material: Gegenstand aus Eisen, Stabmagnet, runde Stifte (ohne Eisen oder Stahl)

1 „Nicht nur der Magnet zieht ein Stück Eisen an, sondern auch das Eisen zieht den Magneten an." Überprüft diese Aussage mithilfe der Materialien. → 2 Beschreibt, wie ihr vorgeht. Dokumentiert euer Ergebnis.

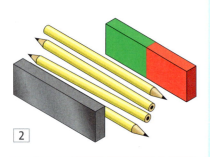

2

H Versuch

Ist Eisen magnetisch?

Material: Stabmagnet, Gegenstand aus Eisen, Magnetnadel, Eisennägel

1 Beschreibt, was ihr bei den drei Versuchen beobachtet. → 3 – 5 Vergleicht die magnetischen Wirkungen.

2 Schiebt die Magnetnadel langsam in die Nähe des Eisenstücks. → 6
a Beschreibt eure Beobachtung.
b Was folgert ihr für das untere Ende des Eisenstücks?

3 Beantwortet die Frage: „Ist Eisen magnetisch?"

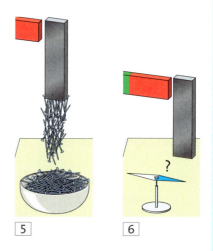

3   4   5   6

ferromagnetisch
der Magnetpol
die magnetische Influenz

Grundlagen

Magnetische Wirkung • Ein Magnet zieht einen Eisenkörper stark an – und umgekehrt (Wechselwirkungsprinzip). → 7 Je geringer der Abstand ist, desto größer ist die magnetische Wirkung. Gleiches beobachtet man bei Körpern, die Nickel, Cobalt oder spezielle Legierungen enthalten. Diese Stoffe sind ferromagnetisch (lat. *ferrum:* Eisen).

| Magnete und ferromagnetische Körper ziehen sich gegenseitig an.

Ein Magnet wirkt z. B. durch Luft, Wasser und Holz hindurch. Ferromagnetische Stoffe schirmen ihn ab.

Magnetpole • Jeder Magnet hat Stellen stärkster Anziehungskraft: Wir nennen sie Magnetpole. → 8 In der Mitte zwischen den Polen gibt es eine Zone ohne Anziehungskraft (indifferente Zone). Ein frei aufgehängter Stabmagnet dreht sich in Nord-Süd-Richtung. Sein nach Norden zeigender Pol heißt Nordpol.

| Magnetpole treten immer paarweise auf. Gleichnamige Pole zweier Magnete stoßen sich ab, ungleichnamige Pole ziehen sich an. → 9

Magnetisierung • Die Nägel bilden eine Kette. → 10 Jeder Nagel in der Kette ist selbst zum Magneten geworden. Nord- und Südpole wechseln sich ab. Der Eisennagel wird schon in der Nähe des Magneten magnetisch. → 11 Man spricht von magnetischer Influenz.

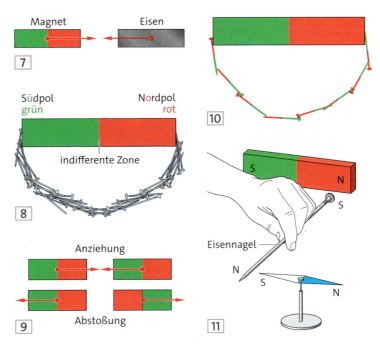

Zwei Magnete • Wenn man Magnete zusammenlegt, nimmt ihre Wirkung zu oder ab – je nach Lage zueinander. → 12

Aufgaben

1 Erkläre den Begriff „ferromagnetisch".

2 Mit einem unlackierten Stabmagneten sollst du zeigen, was man unter Magnetpolen versteht. Nord- und Südpol sollen bestimmt werden. Beschreibe, wie du vorgehen würdest.

3 Vor dir liegen drei gleich aussehende Metallstücke: Ein Stück ist aus Aluminium, eines aus unmagnetisiertem Eisen und eines ist ein Magnet. Beschreibe, wie du die drei Stücke identifizierst – ohne Hilfsmittel.

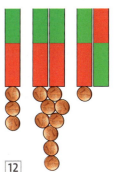

Magnetismus im Modell

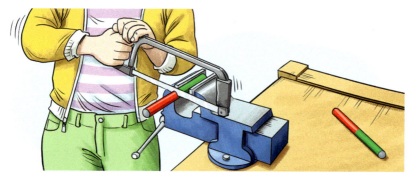

Was passiert, wenn man einen Magneten teilt? Sind die Teile selbst magnetisch? Oder ist die magnetische Wirkung „weg"?

[1] Nicht nachmachen!

A Versuch

Magnete selbst erzeugen und teilen

Material: Stabmagnet, Eisendraht (ca. 6 cm lang), kleine Eisennägel, Magnetnadel

1 Magnetisiert das Drahtstück mit dem Magneten.
a Streicht mit einem Pol des Stabmagneten mehrmals in gleicher Richtung über das Drahtstück. → [2]
b Testet die Wirkung des „Drahtmagneten" mit den Eisennägeln. Stellt mit dem Kompass fest, wo Nord- und Südpol sind.

2 Teilt den Draht z. B. mit einem Seitenschneider. → [3]
a Prüft, ob die Teile noch magnetisch sind. Falls ja: Bestimmt ihre Magnetpole.
b Veranschaulicht das Ergebnis mit einer Skizze.

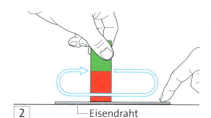

[2] Eisendraht

[3]

B Demoversuch

Magnete erschüttern und erhitzen

Material: Stabmagnet, 2 Eisennägel, Büroklammern aus Eisen, Hammer, Gasbrenner

1 Magnetisiert die Nägel. Wie viele Büroklammern halten sie nun?

2 Einer der Nägel wird mit dem Hammer bearbeitet, einer 3 min lang in die Flamme gehalten. → [4]
a Prüft wieder die magnetische Wirkung der Nägel.
b Formuliert das Ergebnis: Wie verändert sich die magnetische Wirkung durch Erschüttern und Erhitzen?

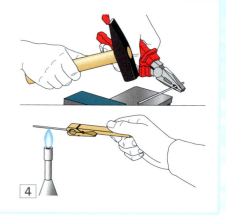

[4]

der Elementarmagnet
der temporäre Magnetismus
der permanente Magnetismus

Grundlagen

Magnete herstellen und „bearbeiten" • Wenn man mit einem Magneten über einen Eisendraht streicht, wird der Draht magnetisch. → 2 Seine magnetische Wirkung lässt sich durch kräftige Schläge oder Hitze zerstören. Beim Teilen des „Drahtmagneten" erhält man zwei neue Magnete mit jeweils zwei Polen. → 5 Teilt man die Teile wieder, entstehen immer kleinere Magnete.

Magnetisieren im Modell • Beim Magnetisieren eines Eisendrahts ändert sich von außen gesehen am Draht nichts. Um den Magnetismus zu verstehen, gibt es eine einfache Modellvorstellung: → 6

> Jeder ferromagnetische Stoff besteht aus vielen kleinen magnetischen Bereichen. Wir stellen sie uns als winzige Stabmagnete vor und nennen sie Elementarmagnete.

Eisendraht ist unmagnetisch, weil die Elementarmagnete ungeordnet sind und sich gegenseitig abschwächen. Streicht man mit einem Magnetpol in einer Richtung über den Draht, werden die Elementarmagnete geordnet. → 7

> Beim Magnetisieren werden die Elementarmagnete ausgerichtet. So entsteht ein Magnet mit zwei Polen.

Entmagnetisieren im Modell • Nach Entfernen des Magneten verlieren viele ferromagnetische Körper rasch ihre

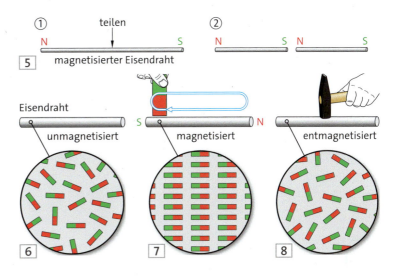

5 magnetisierter Eisendraht

6 unmagnetisiert   7 magnetisiert   8 entmagnetisiert

Magnetisierung (temporärer Magnetismus). Die Elementarmagnete haben keine gemeinsame Ausrichtung mehr. Das Gleiche passiert durch Erschüttern. → 8 Entmagnetisierung tritt auch ab einer stofftypischen Temperatur ein. Sie heißt Curietemperatur. → 9 Viele Stahlsorten (Stahl enthält neben Eisen auch Kohlenstoff und andere Elemente) lassen sich schwerer magnetisieren als Eisen, behalten aber ihre magnetische Wirkung lange bei (permanenter Magnetismus).

Nickel	360 °C
Eisen	768 °C
Cobalt	1150 °C

9 Curietemperaturen

Aufgaben

1 Ein unmagnetischer Nagel und ein magnetischer Nagel sehen von außen gleich aus. Beschreibe, wie sich ihr Aufbau im Modell unterscheidet.

2 Ein Nagel wird mit einem Pol des Magneten überstrichen. Skizziere im Modell, wie dadurch ein Magnet (mit Nord- und Südpol) entsteht.

Magnetfelder

Im Korken steckt eine magnetisierte Nadel. Sie wird gleich losgelassen. Wohin wird sie wohl schwimmen?

A Versuch

Die Bahn der Nadel

Material: Wasserbecken, Stabmagnet, magnetisierte Nadel, Korken

1 Jeder überlegt, wohin die Nadel schwimmen wird. → 1 Diskutiert im Team und einigt euch auf eine gemeinsame Vermutung.

2 Nun wird der Versuch vorgeführt. Beobachtet die Bahn des „Floßes" genau. Werden eure Vermutungen bestätigt?

B Versuch

Magnetische Wirkung aufzeichnen

Material: Stabmagnet, Magnetnadel, Zeichenpapier

1 Zeichnet die Wirkung eines Stabmagneten auf. → 2

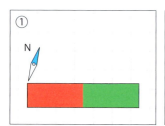

Legt den Magneten auf das Papier. Stellt die Magnetnadel nahe am Nordpol des Magneten auf. Bestimmt die Richtung, in die der Nordpol der Magnetnadel zeigt.

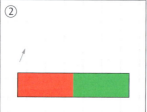

Zeichnet diese Richtung als kleinen Pfeil auf das Papier.

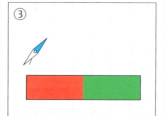

Rückt die Magnetnadel ein kleines Stück in Pfeilrichtung weiter. Zeichnet ihre neue Ausrichtung wieder als Pfeil auf.

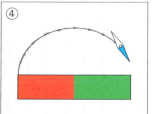

Setzt den Weg bis zum Südpol des Magneten fort. Verbindet die Pfeile durch eine Linie. Startet von neuen Punkten am Nordpol des Magneten: Zeichnet mindestens drei Linien auf jeder Seite des Magneten.

2 So könnt ihr die Wirkung eines Stabmagneten auf Papier aufzeichnen.

C Aufgabe

An einem Hufeisenmagneten

1 Die Magnetnadeln werden durch den Hufeisenmagneten ausgerichtet. → 3 Beschreibt, was euch auffällt. Zeigen die Magnetnadeln immer direkt von einem Pol zum anderen?

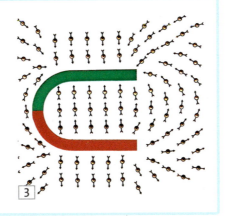
3

D Versuch

Magnetwirkung mit Eisenspänen sichtbar machen

Material: Stabmagnete, Hufeisenmagnet, feine Eisenspäne (im Salzstreuer), Bücher, Pappe, weißes Papier, Kamera

1 Legt den Stabmagneten zwischen die Bücher. → 4 Legt die Pappe und das Blatt Papier auf die Bücher. Der Abstand zwischen Magnet und Pappe soll nur klein sein. Streut die Eisenspäne dünn und gleichmäßig auf das Papier. Klopft leicht gegen die Pappe. Fotografiert das Bild aus Eisenspänen und beschreibt es.

2 Geht mit dem Hufeisenmagneten genauso vor. Vergleicht die Anordnung der Eisenspäne mit Bild 3.

3 Erzeugt weitere Bilder mit Eisenspänen. Verwendet dazu zwei Stabmagnete. → 5

4 Wie könnte die Anordnung der Eisenspäne in Bild 6 entstanden sein? Beschreibt eine mögliche Anordung der Magnetpole.

5 Beschreibt die Anordnung der Eisenspäne in Bild 7 genau. Sagt etwas über die magnetische Wirkung innerhalb des Eisenrings aus.

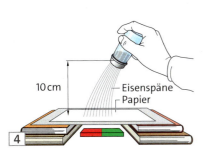
4

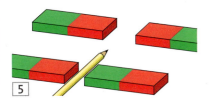
5

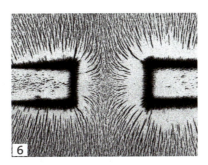
6

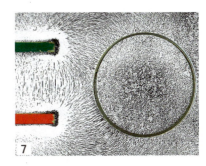
7

Magnetfelder

Grundlagen

Magnetisches Feld • Die Magnetnadel erfährt eine Kraft, ohne dass der Magnet sie berührt. → 1 In der Physik sagt man: Der Magnet beeinflusst den Raum um sich herum, er erzeugt ein Magnetfeld. Wir können das Magnetfeld nicht sehen, aber die Magnetnadel und andere Magnete „spüren" es.

> Ein Magnet erzeugt in seiner Umgebung ein Magnetfeld. Im Magnetfeld wirken Kräfte auf andere Magnete und ferromagnetische Körper.

Feldlinien • Die Kraft im Feld eines Magneten kann je nach Ort verschieden sein. Um uns ein Bild davon zu machen, untersuchen wir die Kraft auf einen magnetischen Nordpol.

Dazu lassen wir eine magnetisierte Nadel in einem Wasserbecken schwimmen. → 2 Am Rand des Beckens ist ein Stabmagnet befestigt. Der Nordpol der Nadel wird vom Nordpol des Magneten abgestoßen. Der Südpol der Nadel wird vom Nordpol des Magneten angezogen. Weil der Nordpol der Nadel näher am Magneten ist als der Südpol, ist die Kraft auf den Nordpol der Nadel größer. Wenn man die Nadel loslässt, schwimmt sie in weitem Bogen zum Südpol des Stabmagneten. Je nach Startpunkt ergeben sich verschiedene Bahnen. Man nennt sie magnetische Feldlinien. → 3

> Magnetische Feldlinien verlaufen vom Nord- zum Südpol eines Magneten. Je größer die Kraft auf einen Nordpol an einem Ort ist, desto dichter zeichnet man die Feldlinien.

Magnetische Feldlinien sind eine Modellvorstellung, um die Struktur von Magnetfeldern zu veranschaulichen.

Feldlinienbilder • Oft untersucht man Magnetfelder mithilfe von feinen Eisenspänen. → 4 Sie werden im Magnetfeld selbst magnetisch. Ihre Anordnung entspricht weitgehend dem Verlauf von magnetischen Feldlinien. Mit Eisenspänen kann man sogar die räumliche Struktur von Magnetfeldern anzeigen. → 5

> Magnetfelder sind räumlich. Feldlinienbilder sind ebene „Schnitte" durch die Magnetfelder.

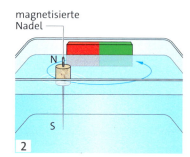
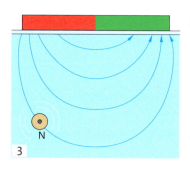
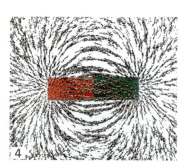

das **Magnetfeld**
die **magnetische Feldlinie**
das **Feldlinienbild**

Aufgabe

1 Eisenspäne zeigen die Struktur von Magnetfeldern in zwei verschiedenen Magnetanordnungen. → 6 7

Zeichne und interpretiere die Feldlinienbilder. *Tipp:* Die Beispielaufgaben zeigen dir, wie es geht. → 8 9

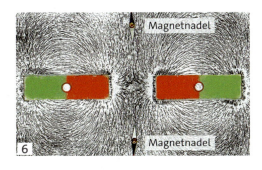

6

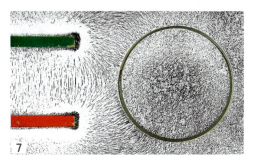

7

Zeichne das Feldlinienbild eines Stabmagneten. → 4

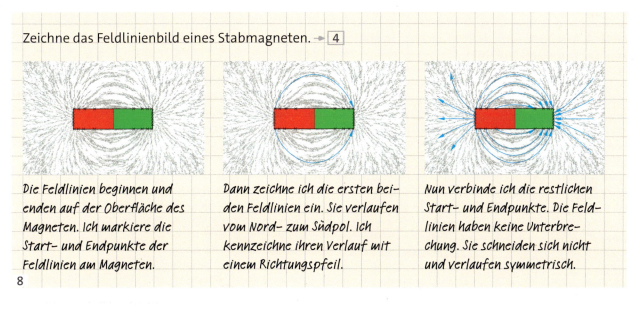

Die Feldlinien beginnen und enden auf der Oberfläche des Magneten. Ich markiere die Start- und Endpunkte der Feldlinien am Magneten.

Dann zeichne ich die ersten beiden Feldlinien ein. Sie verlaufen vom Nord- zum Südpol. Ich kennzeichne ihren Verlauf mit einem Richtungspfeil.

Nun verbinde ich die restlichen Start- und Endpunkte. Die Feldlinien haben keine Unterbrechung. Sie schneiden sich nicht und verlaufen symmetrisch.

8

Interpretiere das Feldlinienbild des Magneten.

Zwischen den Schenkeln des Magneten verlaufen die Feldlinien in etwa gleichen Abständen parallel zueinander. Hier sind die magnetischen Kräfte überall gleich groß und gleich gerichtet (homogenes Magnetfeld). An den Polen sind die Feldlinien sehr dicht, die Magnetkräfte sind sehr stark. Außen ist das Magnetfeld inhomogen.

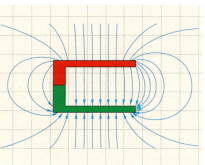

9

Kompass und Erdmagnetfeld

Lange Zeit dachte man, dass sich Kompassnadeln zum Polarstern ausrichten. Wie funktioniert ein Kompass wirklich?

A Aufgabe

Berlin, Berlin – wir zeigen nach Berlin!

1 So könnt ihr recht genau die Richtung zeigen, in der Berlin liegt.
a Ermittelt mithilfe der Bayernkarte den Ort eurer Schule auf der Deutschlandkarte. → 2 3 Bestimmt mit der Deutschlandkarte den Winkel zwischen der magnetischen Nord-Süd-Richtung und der Strecke nach Berlin.
b Zeigt mithilfe eines Kompasses in die Richtung, in der Berlin von eurer Schule aus liegt.

Winkel für einen Ort in Bayern. Die magnetische Nord-Süd-Richtung ist in Bayern überall ungefähr gleich.

2 Deutschland

3 Bayern

das Erdmagnetfeld
die Inklination
die Deklination

Grundlagen

Erdmagnetfeld • Magnetnadeln werden auf der Erde und in ihrer Nähe ausgerichtet – auch wenn kein Magnet in der Nähe zu sehen ist. Das liegt an der Erde selbst: Sie wirkt wie ein Magnet. Der magnetische Südpol liegt nahe am geografischen Nordpol, der magnetische Nordpol in der Antarktis. → 4
Deshalb dreht sich eine Magnetnadel bei uns in Nord-Süd-Richtung.
Die Feldlinien des Erdmagnetfelds verlaufen stark vereinfacht gesehen wie bei einem Stabmagneten. Sie treten an den Magnetpolen senkrecht in die Erdoberfläche ein, bei uns unter einem Winkel von rund 65°. → 5 Man spricht von der Inklination (Neigung).
Die Magnetpole der Erde liegen nicht genau an den geografischen Polen. Daher weist die Magnetnadel nicht genau nach Norden. Die Abweichung beträgt bei uns nur rund 3°. Man spricht von der Deklination („Missweisung").

> Die Erde wirkt wie ein Magnet mit einem magnetischen Nordpol und einem magnetischen Südpol. Das Erdmagnetfeld ähnelt vereinfacht dem Feld eines Stabmagneten.

Kompass • Die Kompassnadel ist ein kleiner Magnet. Sie wird im Erdmagnetfeld ausgerichtet. Die Kompassnadel hat am Nordpol eine eingefärbte Spitze. → 6 Der Kompass wird so gedreht, dass das „N" unter dieser Spitze liegt („Missweisung" beachten). Dann liest man die Himmelsrichtungen ab.

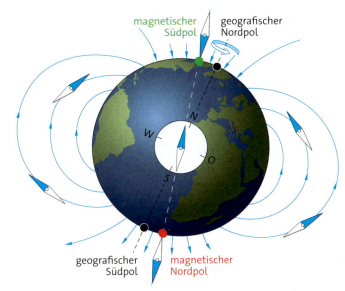

4 Magnetfeld der Erde

5 Inklination (Neigung)

6 Wanderkompass

Aufgaben

1 Gib an, in welcher Himmelsrichtung der magnetische Nordpol der Erde liegt.

2 Erkläre, wie ein Kompass funktioniert.

3 Hier ist eine Magnetnadel senkrecht gedreht worden. → 5 Erkläre, weshalb sie schräg zum Erdboden zeigt.

Kompass und Erdmagnetfeld

Im Fokus

Aus der Geografie: Das Erdmagnetfeld

Ursprung • Im Erdinnern befindet sich kein großer Dauermagnet aus Eisen. → 1 Das Magnetfeld der Erde wird im äußeren Erdkern erzeugt. Dort ist es über 5000 °C heiß. Die Curietemperatur von Eisen ist weit überschritten. Riesige schraubenförmige Ströme aus geschmolzenem Eisen (und anderen Stoffen) erzeugen in einem komplizierten Prozess das Erdmagnetfeld.

1

Schutzfunktion • Sonnenwind strömt von der Sonne auch zur Erde hin. → 2 Das Erdmagnetfeld wird von ihm verformt und lenkt ihn durch entstehende Kräfte an der Erde vorbei. Nur ein kleiner Teil trifft mit den Feldlinien in Polnähe auf die Atmosphäre und erzeugt Polarlichter. Ohne Erdmagnetfeld würde der Sonnenwind Satelliten, das GPS, Telekommunikation und Internet stören. Er könnte Lebewesen schädigen.

Änderungen • Die Magnetpole der Erde „wandern" jährlich um einige Kilometer. → 3 Heute liegt der magnetische Südpol, der 1838 erstmals in der kanadischen Arktis lokalisiert wurde, nahe am geografischen Nordpol.
Das Erdmagnetfeld wird alle 300 000–500 000 Jahre schwächer und polt sich dann ganz um! Der letzte Polsprung liegt sogar schon 780 000 Jahre zurück. Woher man das weiß? Auf der Erde sind immer wieder Vulkane ausgebrochen. Dabei floss geschmolzenes eisenhaltiges Gestein an die Erdoberfläche. Beim Erkalten richteten sich die Elementarmagnete im Erdmagnetfeld aus. Diese Ausrichtung haben sie noch heute. Der Magnetismus des Vulkangesteins verrät uns also etwas über das Erdmagnetfeld vor langer Zeit.

Aufgaben

1 Beschreibe, wo das Erdmagnetfeld seinen Ursprung hat. Beschreibe, wie es sich ändert und welche Folgen das haben kann.

2 Informiere dich über Polarlichter.

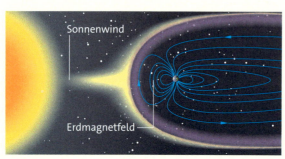

2 Erdmagnetfeld und Sonnenwind

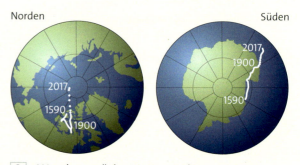

3 „Wanderung" der Magnetpole

Im Fokus

Aus der Natur: Tiere mit „eingebautem" Kompass

Brieftauben • Die Vögel werden oft Hunderte von Kilometern weit verschickt. → 4 Meist finden die Tauben ohne große Mühe zum heimatlichen Schlag zurück. Dabei hilft ihnen auch ihr Magnetsinn, der das Magnetfeld der Erde zur Orientierung nutzt.

Meeresschildkröten • Die Loggerhead-Schildkröten robben vom warmen Strand ins Wasser, nachdem sie in Florida geschlüpft sind. Dann schwimmen sie mit dem Golfstrom einmal quer durch den Atlantik. Vor Afrika biegen sie nach Süden ab und verbringen dort viele Jahre in nahrungsreichen Gewässern. Die erwachsenen Schildkröten schwimmen Tausende Kilometer zurück nach Florida. → 5 Sie legen ihre Eier dort ab, wo sie selbst geschlüpft sind. Biologen vermuten, dass die Schildkröten bei ihrem Weg zurück von einem Magnetsinn geleitet werden.

Magnetsinn • Wissenschaftler haben einen Magnetsinn auch bei Aalen, Forellen, Zugvögeln und sogar bei Hunden festgestellt. Wie er jeweils funktioniert, ist bis heute nicht sicher geklärt.
Bei Tauben hat man magnetische Kristalle in Schnabel und Nase gefunden, die vielleicht die Orientierung im Erdmagnetfeld ermöglichen. Man vermutet bei ihnen und den meisten Vögeln auch einen Magnetsinn in Auge und Ohr.

Aufgaben

1 Nenne verschiedene Tiere mit Magnetsinn.

2 Beschreibe, wo Wissenschaftler den Magnetsinn der Brieftauben vermuten.

3 Erstelle ein Lernplakat zum Thema „Wie finden Brieftauben zurück?".

4 Start von 140 Brieftauben

5 Meeresschildkröte vor Florida

Magnete und Magnetfelder

Zusammenfassung

Eigenschaften von Magneten • Magnete und Körper aus ferromagnetischen Stoffen wie Eisen, Nickel und Cobalt ziehen sich gegenseitig an.
Die Pole eines Magneten sind seine Stellen mit der größten magnetischen Wirkung. → 1
Der Nordpol eines drehbar gelagerten Stabmagneten richtet sich nach Norden aus, der Südpol nach Süden.
Gleichnamige Pole stoßen sich gegenseitig ab, ungleichnamige Pole ziehen einander an. → 2

Wenn man zwei Magnete gegen die abstoßende Kraft zusammenfügt, sodass gleichnamige Pole benachbart sind, nimmt ihre magnetische Wirkung zu. → 3
In der Nähe eines Magneten werden ferromagnetische Körper selbst zu Magneten. Man spricht von magnetischer Influenz. Wenn man den Magneten wieder entfernt, geht die magnetische Wirkung bei manchen Körpern verloren (temporärer Magnetismus), bei anderen bleibt sie erhalten (permanenter Magnetismus). Durch Erhitzen oder heftige Erschütterungen lassen sich Magnete entmagnetisieren. → 4

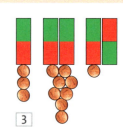

Magnetismus im Modell • Jeder ferromagnetische Stoff besteht aus vielen kleinen magnetischen Bereichen. Wir stellen sie uns als winzige Stabmagnete vor und nennen sie Elementarmagnete. → 4 Beim Magnetisieren werden sie ausgerichtet, es entsteht ein Magnet mit zwei Polen.

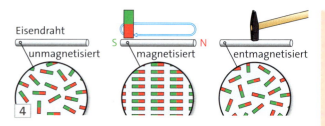

Magnetfelder • Ein Magnet erzeugt in seiner Umgebung ein Magnetfeld. Darin wirken Kräfte auf andere Magnete und ferromagnetische Körper. Die Struktur von Magnetfeldern stellen wir mit magnetischen Feldlinien dar. → 5 Sie zeigen an jedem Ort die Richtung der Kraft auf einen magnetischen Nordpol an. Magnetische Feldlinien verlaufen vom Nord- zum Südpol eines Magneten. Je größer die magnetische Wirkung an einem Ort ist, desto dichter zeichnet man dort die Feldlinien.
Magnetfelder sind räumlich. Feldlinienbilder sind ebene „Schnitte" durch die Magnetfelder.

Erdmagnetfeld • Die Erde wirkt wie ein Magnet mit je einem magnetischen Nordpol und Südpol. Das Erdmagnetfeld ähnelt vereinfacht dem Feld eines Stabmagneten. → 6

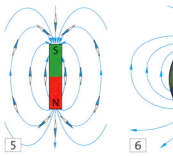
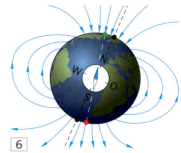

Aufgaben

1 Übertrage die Bilder in dein Heft und zeichne die fehlenden Pole ein. → 7 8 Ergänze ähnliche Bilder mit anderen Magnetanordnungen.

2 Zwei gleiche Stahlnadeln: Eine ist magnetisiert, die andere nicht. Beschreibe, wie man ohne Hilfsmittel herausfindet, welche Nadel magnetisch ist.

3 Viele Bauteile in Elektrogeräten werden vor Magnetfeldern abgeschirmt. Gib begründet an, welches Blech dazu geeignet ist: Kupfer-, Aluminium-, Eisen-, Zink- oder Nickelblech.

4 Mit einem Stabmagneten sollen Eisennägel angehoben werden.
a Beschreibe, wie man den Magneten hält, um möglichst viele Nägel anzuheben.
b Beschreibe, wie man die magnetische Wirkung mit einem zweiten Stabmagneten erhöht.

5 Zwei Eisennägel sind an Fäden parallel zueinander aufgehängt. → 9 Von unten wird ein Stabmagnet mit dem Nordpol genähert.
a Beschreibe und erkläre die Beobachtung.
b Die magnetische Kraftwirkung kommt ohne Berührung zustande. Nenne den Fachbegriff.
c Nun wird der Südpol von unten genähert. Vermute, was zu beobachten sein wird. Begründe.

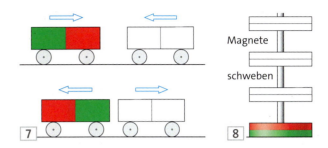

6 Gib an, wie sich die Magnetnadel ausrichten wird. → 10 Begründe deine Vermutung. Übertrage dazu die Zeichnung in dein Heft und zeichne Elementarmagnete passend in das Eisenstück ein.

7 Kann man Magnete in kochendem Wasser entmagnetisieren? Begründe deine Antwort.

8 Skizziere das Feldlinienbild eines Hufeisenmagneten und eines Stabmagneten.

9 Beschreibe die Fehler im Feldlinienbild des Stabmagneten. → 11 Wie müsste man es richtig zeichnen?

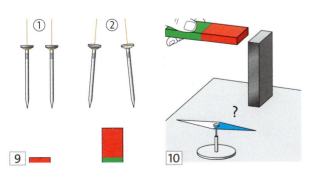

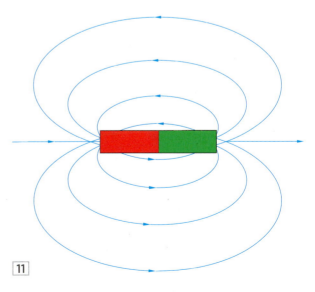

Aufbau von Stromkreisen

Mit einer Taschenlampe hast du überall Licht dabei.
Was steckt eigentlich in einer Taschenlampe? Welche elektrischen Bauteile sind nötig, damit sie leuchtet?

Elektrischer Strom kann gefährlich sein!

Führt niemals Versuche an Steckdosen durch – es könnte tödliche Folgen haben!
Die Versuche mit elektrischem Strom sind ungefährlich, wenn ihr folgende Regeln beachtet:
- Führt die Versuche mit Batterien oder Netzgeräten für Schülerversuche durch.
- Führt die Versuche unter Aufsicht eines Fachlehrers oder einer Fachlehrerin durch.
- Führt die Versuche erst durch, wenn ihr sicher seid, dass ihr alles richtig aufgebaut habt.

A Versuch

Es werde Licht!

Material: Flachbatterie, Glühlampe (4 V; 0,1 A)

1 Bringt die Lampe zum Leuchten. → 2 Skizziert Anordnungen, die gelingen.

B Versuch

Verschiedene Stromkreise

Material: Flachbatterie, 2 Glühlampen (4 V; 0,1 A) mit Fassungen, Schalter, Kabel

1 Baut die Schaltung auf. → 3
a Baut nun die zweite Lampe ein – es gibt zwei Möglichkeiten! Leuchten die Lampen in beiden Schaltungen gleich hell? Was passiert jeweils, wenn eine Lampe aus der Fassung gedreht wird?
b Skizziert eure Stromkreise.

2 Warum leuchtet die Lampe nicht? → 4 Versucht, es zu erklären.

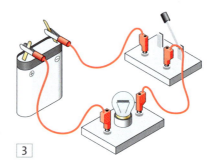

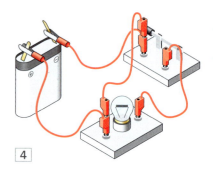

der Stromkreis
die Schaltskizze
das Schaltsymbol
die Reihenschaltung
die Parallelschaltung

Grundlagen

Einfacher Stromkreis • Die Taschenlampe enthält eine Glühlampe (oder LED), eine Batterie, einen Schalter und Leitungen. Die Glühlampe leuchtet nur, wenn sie z. B. durch Drähte mit beiden Polen der Batterie verbunden ist. → 5 Der Stromkreis ist geschlossen.

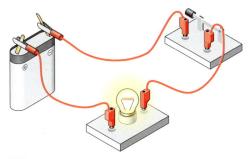

5 Einfacher Stromkreis (geschlossen)

Mit dem Schalter kann man den Stromkreis unterbrechen (offener Stromkreis). Die Lampe leuchtet nicht mehr. → 3

> Ein einfacher Stromkreis besteht aus der Elektrizitätsquelle (Batterie, Netzgerät), einem Elektrogerät (Glühlampe, LED), einem Schalter und Kabeln.

Schaltskizzen • Zeichnungen von Stromkreisen sind schwierig anzufertigen und oft unübersichtlich. Die Verkabelung in Hauswänden könnte so nicht dargestellt werden. Stattdessen zeichnet man Schaltskizzen. Jedes Bauteil bekommt ein Schaltsymbol. → 6 7

> In Schaltskizzen stellen Schaltsymbole die elektrischen Bauteile dar.

Schaltungen • Mit zwei Glühlampen kann man verschiedene Stromkreise aufbauen: → 8
- Bei der Reihenschaltung sind die Lampen hintereinander geschaltet. Wenn man eine Lampe herausschraubt, leuchtet auch die andere nicht mehr, weil der Stromkreis unterbrochen ist.
- Bei der Parallelschaltung sind die Lampen nebeneinander geschaltet. Wenn man eine Lampe herausschraubt, leuchtet die andere weiter, weil ihr Stromkreis weiterhin geschlossen ist.

Kurzschluss • Wenn die Pole der Elektrizitätsquelle direkt miteinander verbunden werden, ohne dass sich ein Elektrogerät dazwischen befindet, liegt ein Kurzschluss vor. → 4 9 Kurzschlüsse sind sehr gefährlich, weil Teile des Stromkreises dabei stark erwärmt und zerstört werden können.

Aufgaben

1 Zeichne zwei Schaltskizzen mit einer Batterie, einer Glühlampe und zwei Schaltern: Die Schalter sind einmal parallel, einmal in Reihe geschaltet. Was würde geschehen, wenn einer der Schalter geöffnet wird?

2 Zeichne eine Schaltskizze: eine Batterie, zwei parallel geschaltete Glühlampen, zwei Schalter. Mit dem einen Schalter sollen beide Lampen eingeschaltet werden können, mit dem anderen nur eine Lampe.

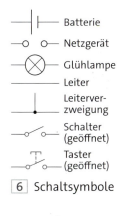

6 Schaltsymbole

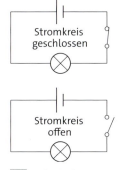

7 Schaltskizzen

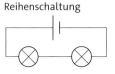

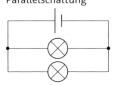

8 Schaltungen

9 Kurzschluss

Aufbau von Stromkreisen

C Aufgaben

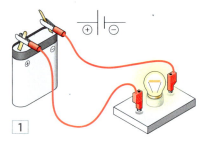

1

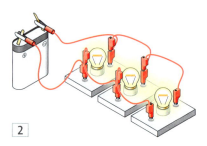

2

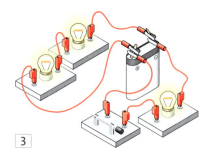

3

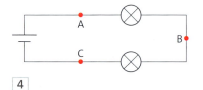

4

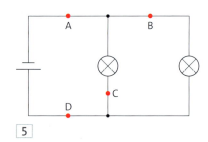

5

Schaltungen und Schaltskizzen

1 Stelle die Schaltungen in Schaltskizzen dar. → 1 – 3
Hinweise zu den Leitungen: Zeichne die Linien mit dem Lineal. Sie verlaufen senkrecht oder waagerecht. Die Linien sollen sich nicht überkreuzen.

2 Zwei Schaltungen mit zwei Lampen → 4 5
a Benenne die beiden Schaltungen.
b An den Stellen A–C bzw. A–D werden Schalter eingebaut. Gib für jeden Schalter an, welche Auswirkungen das Öffnen auf das Leuchten der Glühlampen hat.

3 Gib an, welche Schalter geschlossen oder geöffnet werden müssen, damit: → 6
a nur Lampe 1 leuchtet
b nur Lampe 2 leuchtet
c beide Lampen leuchten
d keine Lampe leuchtet

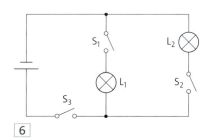

6

4 Entscheide, ob die Lampen und Schalter in Reihe oder parallel geschaltet sind.
→ 7 – 10

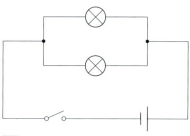

7

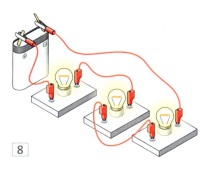

8

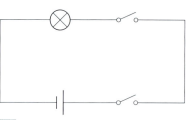

9

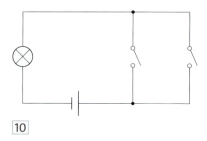

10

Magnetismus und Elektrizitätslehre
Elektrische Stromkreise

D Versuche

Stromkreise im Alltag

In den Beispielen 1–7 werden Anwendungen von Stromkreisen vorgestellt. Erstellt zunächst für jedes Beispiel eine Schaltskizze. Baut dann die jeweilige Schaltung auf und überprüft ihre Funktion. Alle Elektrogeräte werden durch Glühlampen ersetzt.

Material: Batterie (z. B. Flachbatterie), 2 Schalter, 2 Glühlampen (z. B. 4 V; 0,1 A), 2 Wechselschalter, Verbindungskabel; zusätzlich für Beispiel 7: Kerze, Bimetallstreifen, Stativmaterial für die Halterung

1 Eine Spülmaschine enthält neben einem Ein-Aus-Schalter auch einen Schalter in der Bedienungstür. → 11 Damit eine Überschwemmung vermieden wird, startet der Spülvorgang erst, wenn der Ein-Aus-Schalter betätigt wurde und die Bedienungstür geschlossen ist.

2 Das Nebellicht eines Autos darf nur zuschaltbar sein, wenn das Fahrlicht eingeschaltet ist. → 12

3 Bei einem Herzstillstand setzt man zur 1. Hilfe einen Defibrillator ein. Zur Aufbewahrung wird er in einen Schrank gelegt. → 13 Dann wird ein Schlüssel im Schloss umgedreht, um die Alarmanlage „scharfzuschalten" (Schalter 1). Wenn man die Schranktür öffnet (Schalter 2), ertönt eine Sirene, um auf den Notfall hinzuweisen.

4 Im Schlafzimmer möchte man das Deckenlicht sowohl von der Tür als auch vom Bett aus ein- und ausschalten. Dafür benötigt man zwei Wechselschalter.

5 Mit dem Schalter an der Steckdosenleiste können z. B. zwei Lampen gleichzeitig eingeschaltet werden. → 14

6 Die Türklingel einer Wohnung im 2. Stock läutet, wenn der Schalter an der Haustür oder der Schalter an der Wohnungstür kurz gedrückt wird.

7 In diesem einfachen Feuermelder ist oben ein Bimetallstreifen eingebaut. → 15 Wenn der Streifen erhitzt wird, krümmt er sich nach unten. Dadurch schließt er einen Stromkreis – und die elektrische Sirene ertönt.

11 Geschirrspüler (Tür)

12 Lichtschalter (Auto)

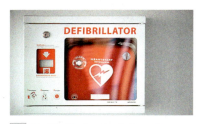

13 Defibrillator im Schrank

14 Steckdosenleiste

15 Einfacher Feuermelder

Leiter und Nichtleiter

Die Lampe leuchtet nicht. Woran könnte es liegen? Wie könnte man es untersuchen?

A Versuch

Leitungstester bauen

Material: 2 starre Kupferdrähte (Enden vorsichtig mit einem Messer abisoliert), Batterie (9 V), Batterieklemme, LED-Lampe (5 mm, 20 mA), Widerstand (330 Ω), Lüsterklemmen, Schraubendreher (für die Lüsterklemmen), Messer

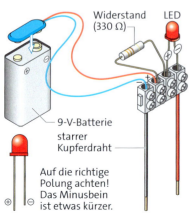

2 Empfindlicher Leitungstester

Material: Flachbatterie, Glühlampe (4 V; 0,1 A), isolierte Kabel mit Krokodilklemmen, 2 Nägel

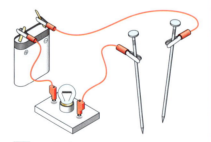

3 Einfacher Leitungstester

1 Baut einen empfindlichen Leitungstester oder einen einfachen. → 2 3

2 Wenn ihr einen empfindlichen Leitungstester gebaut habt: Berührt beide Enden der starren Drähte zugleich mit der Hand. Beschreibt eure Beobachtung.

B Versuch

Leitungstester nutzen

Material: Leitungstester, Becherglas, Nagel, 5-Cent-Münze, Bleistiftmine, Radiergummi, Filzstift, Salz, Büroklammer, feuchte und trockene Erde, Leitungswasser, destilliertes Wasser, Seifenwasser, Salzwasser, Salatöl, Essig, Spiritus ⚠ ⚠ ...

1 Bringt die blanken Enden eures Leitungstesters mit dem jeweiligen Gegenstand in Kontakt. Wenn die Lampe leuchtet, ist der Gegenstand ein Leiter.
Erstellt eine Tabelle, in der ihr die Gegenstände in Leiter und Nichtleiter einteilt. Ergänzt jeweils, aus welchem Stoff die Gegenstände (vermutlich) bestehen.

der elektrische Leiter
der elektrische Nichtleiter
der Isolator

Grundlagen

Feste Körper • Drähte und andere elektrische Leitungen in Stromkreisen sind aus Metall. Alle Metalle leiten nämlich den elektrischen Strom sehr gut. Sie sind elektrische Leiter. → 4
Auch eine Bleistiftmine leitet den elektrischen Strom sehr gut. Sie besteht aus Kohlenstoff, der ebenfalls ein elektrischer Leiter ist.
Körper aus Kunststoff, Gummi, Porzellan, Baumwolle und Glas leiten den elektrischen Strom schlecht oder gar nicht. Sie sind Nichtleiter (Isolatoren).

Flüssigkeiten • Trockene Blumenerde ist ein Nichtleiter. Feuchte Erde leitet dagegen den elektrischen Strom, weil sie Wasser enthält. Unter den Flüssigkeiten gibt es nämlich viele elektrische Leiter: Leitungswasser, Salzwasser, Seifenwasser, Zitronensaft …
Öl, Spiritus, Benzin und destilliertes Wasser sind dagegen Nichtleiter.

Gase • Die Luft und alle anderen Gase sind in der Regel sehr schlechte Leiter. Nur unter besonderen Voraussetzungen leiten sie den elektrischen Strom. Dabei senden sie oft Licht aus, wie z. B. den Blitz bei einem Gewitter.

> Elektrische Leiter sind Gegenstände oder Stoffe, die den elektrischen Strom sehr gut leiten.
> Nichtleiter oder Isolatoren sind Gegenstände oder Stoffe, die den elektrischen Strom sehr schlecht oder gar nicht leiten.

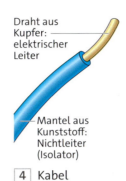

Draht aus Kupfer: elektrischer Leiter
Mantel aus Kunststoff: Nichtleiter (Isolator)

4 Kabel

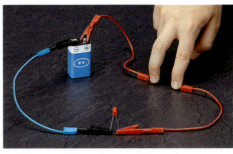

5 Der Mensch – ein elektrischer Leiter

Mensch • Der menschliche Körper ist ein elektrischer Leiter. → 5 Er besteht größtenteils aus Wasser, in dem Salze und andere Stoffe gelöst sind. Deshalb kann elektrischer Strom für uns gefährlich werden. Damit wir elektrische Leitungen und Elektrogeräte gefahrlos anfassen können, sind sie von Isolatoren aus Kunststoff umgeben.

Aufgaben

1 Nenne jeweils drei leitende und drei nichtleitende feste Stoffe und Flüssigkeiten.

2 Erkläre, wozu der Steckdoseneinsatz dient. → 6 Gib das Material an.

3 Teile die Bauteile von Hochspannungsmasten und -leitungen in Leiter und Nichtleiter ein. → 7

Wirkungen des elektrischen Stroms

Viele Geräte im Alltag funktionieren mit elektrischem Strom. Sie nutzen seine verschiedenen Wirkungen. Welche Wirkungen nutzt der Haartrockner?

A Demoversuch

Zwei Wirkungen des elektrischen Stroms

Material: Netzgerät, Konstantandraht – zur Hälfte gewendelt, 2 Isolierfüße, Kabel

1. Der Konstantandraht wird eingespannt und an das Netzgerät angeschlossen. → 2 Das Netzgerät wird eingeschaltet und langsam hochgeregelt. Beschreibt, welche Wirkungen des elektrischen Stroms ihr beobachtet. Was fällt euch auf?

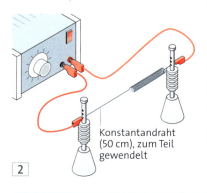

Konstantandraht (50 cm), zum Teil gewendelt

B Demoversuch

Chemische Wirkung

Material: 2 Eisennägel, Kupfersulfatlösung ⚠️ (→ Anhang, „Tabellen"), Becherglas, Netzgerät, Kabel

1. Die Nägel werden an das Netzgerät angeschlossen und in die leitende Kupfersulfatlösung getaucht. → 3 Dann wird das Netzgerät eingeschaltet und hochgeregelt. Beobachtet und beschreibt genau, was an den eingetauchten Nägeln geschieht.

50 g Kupfersulfat und 5 ml Essig in 200 ml Wasser

C Versuch

Magnetische Wirkung

Material: Eisennagel, isolierter Draht (30 cm lang, an den Enden 2 cm abisoliert), Flachbatterie, Büroklammern aus Eisen

1. Wickelt den Draht in vielen Windungen um den Nagel. → 4 Schließt die Drahtenden an die Batterie an. Haltet den Nagel gleich an die Büroklammern. Löst die Drahtenden wieder von der Batterie. Beschreibt eure Beobachtung.

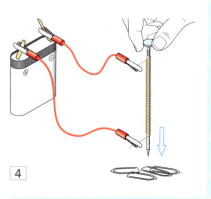

die Wärmewirkung
die Lichtwirkung
die magnetische Wirkung
die chemische Wirkung

Grundlagen

Wärmewirkung • Wasserkocher, Haartrockner, Toaster oder Lötkolben werden heiß, wenn wir sie einschalten. → 5 Sie nutzen die Wärmewirkung des elektrischen Stroms.

Lichtwirkung • Glühlampen, LEDs und Energiesparlampen funktionieren unterschiedlich. → 6 Doch eines haben sie gemeinsam: Sie nutzen die Lichtwirkung des elektrischen Stroms.

Magnetische Wirkung • Elektrische Ströme bewirken Magnetfelder. Elektromagnete nutzen diese magnetische Wirkung, um Eisen zu heben. → 7 Elektromotoren nutzen das Magnetfeld, um Bewegungen zu erzeugen. Sie werden z. B. in Haartrocknern, Ventilatoren, Mixern und elektrischen Zahnbürsten eingesetzt. → 1

Chemische Wirkung • Der elektrische Strom kann chemische Veränderungen in Stoffen hervorrufen. Dies wird beim Aufladen von Akkus und z. B. beim Versilbern von Besteck genutzt. → 8 9

> Elektrischer Strom kann Leiter erwärmen und chemisch verändern. Sie können durch den elektrischen Strom auch zu Lichtquellen oder Magneten werden.

Gefahren • Die verschiedenen Wirkungen des elektrischen Stroms können zu Gefahren führen. Bei Überlastung oder Kurzschlüssen kann die Wärmewirkung so groß werden, dass Leitungen in Brand geraten. → 10 Elektrische Sicherungen schützen uns davor.
Wenn unser Körper Teil eines elektrischen Stromkreises mit der Steckdose wird, kann es zu schweren Verletzungen kommen. Aufgrund der Wärmewirkung sind Verbrennungen möglich. Die chemische Wirkung kann dazu führen, dass unser Blut zersetzt wird, was wie eine Vergiftung wirkt. Der elektrische Strom kann zu Verkrampfungen, Bewusstlosigkeit oder Herzrhythmusstörungen führen. Sogar ein Herzstillstand ist möglich.

> Die Wirkungen des elektrischen Stroms können gefährlich sein. Deshalb ist ein vorsichtiger Umgang mit elektrischem Strom nötig.

Aufgaben

1 Nenne die Wirkungen des elektrischen Stroms und gib jeweils zwei Geräte an, die sie nutzen.

2 Gib jeweils die Wirkung des elektrischen Stroms an. → 5 – 10

3 Beschreibe drei Beispiele, in denen es um Gefahren des elektrischen Stroms geht.

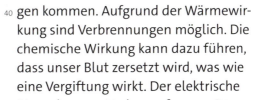

Wirkungen des elektrischen Stroms

D Aufgaben

Richtiger Umgang mit elektrischem Strom

1 Elektrischer Strom ist aus unserem Alltag nicht mehr wegzudenken. Wir nutzen ihn – er kann uns aber auch gefährlich werden. Deshalb ist es sinnvoll, sich an ein paar Grundregeln zu halten.
a Stelle anhand der Bilder 1–6 Regeln zum Umgang mit elektrischem Strom auf.
b Begründe, dass diese Regeln sinnvoll und notwendig sind.
c Beschreibe Beispiele aus dem Alltag, wo du diese Regeln anwenden kannst.

2 In Deutschland werden immer wieder Jugendliche verletzt, weil sie zu nahe an die Oberleitungen der Bahn gekommen sind. → 7
a Fasse zusammen und erkläre, was den Jugendlichen geschehen ist.
b Gib Fehler an, durch die Leute sich immer wieder bei unachtsamem Umgang mit elektrischem Strom verletzen.
c Du läufst an der Unfallstelle vorbei und siehst die Jugendlichen am Boden liegen. Es sind keine weiteren Personen in Sicht. Nenne Maßnahmen, die du ergreifen würdest.

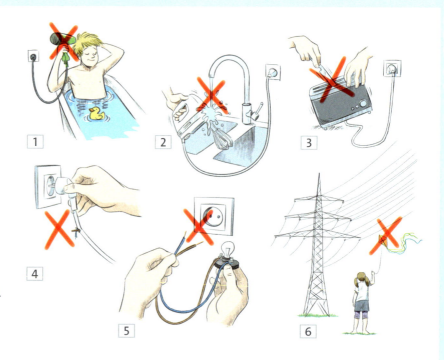

Zu nah an Oberleitung
Jugendliche klettern auf Zug – Stromschlag

Gerstungen (mz/dpa) – Beim Klettern auf einem stehenden Zug sind zwei Jugendliche in Gerstungen (Wartburgkreis) von einem Stromschlag getroffen und verletzt worden. Wie die Bundespolizei mitteilte, bestiegen die 16 und 17 Jahre alten Jungen am Samstagabend einen im Bahnhof abgestellten Güterzug – offensichtlich um Fotos zu machen. Einer der beiden sei dabei wohl an die Oberleitung gekommen und der Strom auch auf den anderen übergesprungen. Der 16-Jährige erlitt schwere, der 17-Jährige leichte Verletzungen. Sie wurden in ein Fachkrankenhaus nach Kassel gebracht. [...] Nach Angaben der Erfurter Bundespolizei herrscht an den Oberleitungen der Bahn eine Spannung von 15 000 Volt. Schon bei einer Annäherung auf 1,5 Meter könne es zu einem meist tödlichen Stromschlag kommen. Wer auf Vorbauten von Brücken, Masten oder Zugwaggons klettere, begebe sich deswegen in Lebensgefahr, warnten die Beamten. Das gelte auch für das Hantieren mit Luftballons, Drachen oder Wasserschläuchen neben oder über Bahnanlagen.

7

E Aufgabe

Sofortmaßnahmen bei Stromunfällen

1. **Ruhe bewahren, Abstand halten**
   Bleibe ruhig und überlege, wie du helfen kannst! Du darfst das Unfallopfer nicht berühren, weil du sonst selbst Teil des Stromkreises mit der Steckdose wirst.

2. **Stromkreis unterbrechen**
   Betätige den NOT-AUS-Schalter oder den Hauptschalter oder die Hauptsicherung im Sicherungskasten. → 9 Wenn du nicht weißt, wo diese sind, schalte das Elektrogerät ab.

3. **Unfallopfer hinsetzen**
   Hilf dem Unfallopfer, sich mit leicht erhöhtem Oberkörper auf den Boden zu setzen. Bestehe darauf, auch wenn die Person sagt, dass es ihr gut ginge. Es können nämlich nachträglich noch gesundheitliche Probleme auftauchen.

4. **Notruf absetzen**
   Ruf die 112 an. Entscheidend sind die 5 W-Fragen:
   - Wo ist es passiert?
   - Wie ist es passiert?
   - Wie viele Personen sind verletzt?
   - Welche Verletzungen haben sie?
   - Warten auf Rückfragen!

   Wenn du nicht alleine bist, weise eine bestimmte Person an, den Notruf für dich zu übernehmen.
   Informiere den Rettungsdienst, selbst wenn es der verunglückten Person vorerst gut zu gehen scheint.

5. **Weitere Sofortmaßnahmen**
   - Sprich weiter mit dem Unfallopfer.
   - Sorge dafür, dass die auf dem Boden sitzende Person nicht auskühlt.
   - Versorge Brandwunden an Körperstellen, die mit dem elektrischen Strom in Berührung gekommen sind.

8

Stromunfall!

Ferdinand berührt im Physikraum ein defektes Kabel, das in der Steckdose steckt. Er kann nicht loslassen und zittert heftig. Schnelle Hilfe ist nötig!

1 Bereitet euch auf einen Stromunfall vor, damit ihr im Notfall helfen könnt.

a Lest euch zunächst die Maßnahmen bei Stromunfällen durch. → 8

b Übt die Situation zu zweit als Rollenspiel: Einer hilft, der andere spielt das Unfallopfer (nicht übertreiben!). Wechselt euch ab.

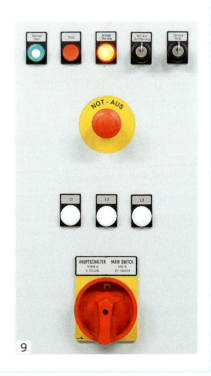

9

Elektrische Stromkreise

Zusammenfassung

Einfacher Stromkreis • Ein einfacher Stromkreis besteht aus einer Elektrizitätsquelle (Batterie), einem Elektrogerät (Glühlampe), einem Schalter und Kabeln. Damit das Elektrogerät funktioniert, muss der Stromkreis geschlossen sein. → 1 2
Wir zeichnen Stromkreise als Schaltskizzen. Schaltsymbole stellen die elektrischen Bauteile dar.

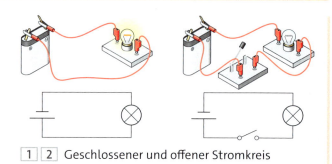

1 2 Geschlossener und offener Stromkreis

Schaltungen • Bei einer Reihenschaltung werden z. B. zwei Lampen hintereinander geschaltet. → 3 Wenn man eine der beiden Lampen aus der Fassung schraubt, leuchtet auch die andere nicht mehr, weil der Stromkreis unterbrochen ist.

Bei einer Parallelschaltung werden die beiden Lampen nebeneinander geschaltet. → 4 Wenn man eine der beiden Lampen aus der Fassung schraubt, leuchtet die andere weiter, weil ihr Stromkreis weiterhin geschlossen ist.

Kurzschluss • Wenn die Pole der Elektrizitätsquelle direkt miteinander verbunden werden, liegt ein Kurzschluss vor. → 5 Er ist sehr gefährlich, weil Teile des Stromkreises dabei stark erwärmt und zerstört werden können.

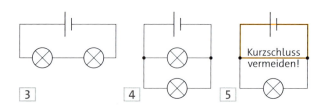

Leiter und Nichtleiter • Alle Gegenstände aus Metall leiten elektrischen Strom. → 6 Auch Kohlenstoff, salzige oder saure Flüssigkeiten und der menschliche Körper gehören zu den Leitern. Kunststoffe, Glas und Porzellan sind Nichtleiter (Isolatoren). Sie verhindern z. B. bei Kabeln, dass wir mit dem elektrischen Strom in Berührung kommen. Auch Gase sind in der Regel Nichtleiter.

Achtung • Dein Körper darf nicht Teil eines geschlossenen Stromkreises mit der Steckdose werden – Lebensgefahr!

6 Leiter und Nichtleiter

Wirkungen des elektrischen Stroms • Elektrischer Strom kann elektrische Leiter erwärmen und chemisch verändern. Sie können durch den elektrischen Strom auch zu Lichtquellen oder Magneten werden. Wir sprechen von Wärmewirkung, chemischer Wirkung, Lichtwirkung und magnetischer Wirkung.
Die Wirkungen des elektrischen Stroms können gefährlich sein. Deshalb ist ein vorsichtiger Umgang mit elektrischem Strom nötig.

Aufgaben

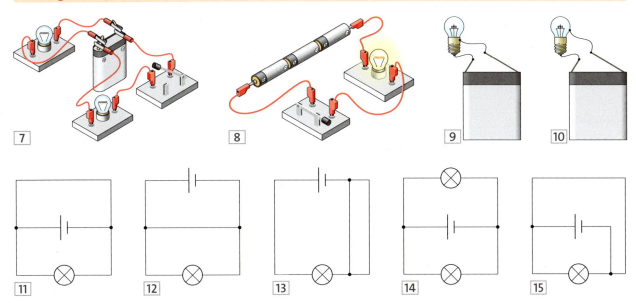

1 Zeichne zu den Stromkreisen jeweils eine Schaltskizze. → 7 8

2 Entscheide jeweils, ob die Lampen leuchten oder ob z. B. ein Kurzschluss vorliegt. → 9 – 15

3 Erstelle jeweils eine Schaltskizze:
a Die Innenbeleuchtung eines Autos geht an, wenn die Tür geöffnet wird.
b Die Mikrowelle funktioniert nur, wenn sie eingeschaltet (Schalter 1) und die Tür geschlossen ist (Schalter 2). *Tipp:* Ersetze die Mikrowelle in der Schaltskizze durch eine Lampe.
c In eine Steckdosenleiste sind ein Wasserkocher und ein Toaster eingesteckt. *Tipp:* Ersetze die Geräte in der Schaltskizze durch Lampen und die Steckdosenleiste durch eine Batterie.
d Das Warnlicht einer Alarmanlage soll zu sehen sein, wenn ein Feuer ausbricht oder die Haustür aufgebrochen wird:
 • Schalter 1 wird geschlossen, wenn der Rauchmelder aktiviert wird.
 • Schalter 2 wird beim Aufbrechen der Haustür geschlossen.
 • Mit Schalter 3 kann man die Alarmanlage ausschalten.

4 Gib jeweils an, ob die folgenden Situationen gefährlich sind. Begründe jeweils.
a Der Toaster funktioniert nicht richtig. Opa Gunter pult den Toast mit dem Messer heraus.
b Das Lämpchen in Michaels Taschenlampe flackert kurz auf und geht aus. Er schraubt das Lämpchen heraus, setzt ein neues ein – und die Taschenlampe leuchtet wieder.
c Im Kronleuchter ist eine Lampe kaputt. Damit Tante Hella beim Austausch besser sehen kann, lässt sie die anderen Lampen an.
d Thomas hat den laufenden Staubsauger in der Küche stehen lassen. Jetzt ist er im Flur und fasst das Kabel an. Dann zieht er es mit einem Ruck aus der Steckdose.
e Max und Sarah spielen am Bahnhof auf einem abgestellten Güterwaggon.

Magnetismus und Elektrizitätslehre

Teste dich! (Lösungen im Anhang)

Magnetismus

1 Manche Münzen sehen aus, als seien sie aus Kupfer. Sie werden aber von Magneten angezogen. → 1 Erkläre die Beobachtung.

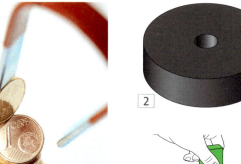

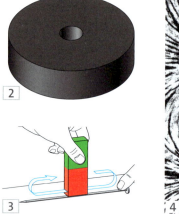

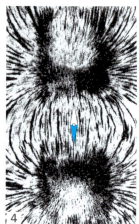

2 Paul vermutet, dass dieser Magnet nur einen Pol hat. → 2
a Nimm Stellung zu Pauls Vermutung.
b Wie könntest du die Anzahl der Pole feststellen? Plane einen Versuch dazu.
c Wie könntest du feststellen, welcher Pol des Magneten ein Nordpol ist? Nenne die Hilfsmittel und beschreibe dein Vorgehen.

3 Ein Stahlnagel wird magnetisiert. → 3
a Skizziere die Elementarmagnete im Nagel — vor und nach der Magnetisierung. Beschrifte deine Skizze.
b Der Magnet wird umgedreht und damit ein zweiter Nagel magnetisiert. Vergleiche das Ergebnis mit dem ersten Versuch.

c Beschreibe, wie man die Nägel entmagnetisieren kann. Erkläre es im Modell.

4 Eisenspäne zeigen, wie die Feldlinien zwischen zwei Stabmagneten verlaufen. → 4 Zeichne ein Feldlinienbild. Beschrifte die Magnetpole und begründe, wie du darauf gekommen bist.

5 Ein Magnet zieht eine Büroklammer an. → 5
a Beschreibe, wie sich die magnetische Wirkung durch den zweiten Magneten ändert. → 6 7
b Beschreibe und begründe, wie sich die magnetische Wirkung ändert, wenn ein Eisenblech oder ein Kupferblech eingeschoben wird. → 8

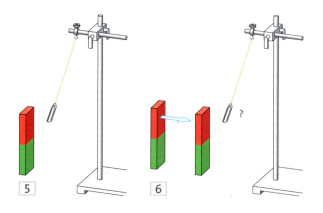

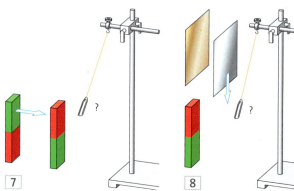

Elektrische Stromkreise

6 In einer Kiste liegen mehrere Kupferkabel, Lampen und eine Flachbatterie.
a Du sollst testen, ob die Lampen funktionieren. Beschreibe, wie du vorgehst. Zeichne eine Schaltskizze.
b Anna testet die Lampen, aber keine leuchtet. Nenne Gründe, woran es liegen könnte.
c Erkläre, warum die Kabel aus Kupferdraht und einem Mantel aus Kunststoff bestehen.

7 Die LED-Lampe leuchtet. → 9 Zwischen den beiden roten Kabeln ist doch aber eine breite Lücke! Erkläre, wie der elektrische Stromkreis dennoch geschlossen wird.

8 Eine Akkubohrmaschine ist ein nützlicher Helfer zum Bohren und Schrauben im Haushalt.
a Gib an, aus welchen Bestandteilen der Stromkreis der Akkubohrmaschine aufgebaut ist.
b Nenne die Wirkung des elektrischen Stroms, die bei der Akkubohrmaschine genutzt wird.
c Zeichne eine Schaltskizze des Stromkreises. *Tipp:* Schaltzeichen Motor → Anhang

9 Die Mikrowelle läuft erst, wenn der Geräteschalter auf EIN steht und die Tür geschlossen ist. → 10
a Nenne Bauteile, mit denen du die Schaltung nachbauen kannst. *Tipp:* Für den Motor kannst du eine Lampe verwenden.
b Zeichne eine Schaltskizze des Stromkreises.
c Benenne die Schaltungsart der Schalter.
d Gib drei weitere Geräte an, die die gleiche Schaltung verwenden.

10 Am Fahrrad sind der Scheinwerfer und das Rücklicht gemeinsam am Nabendynamo angeschlossen. → 11
a Sind Scheinwerfer und Rücklicht in Reihe oder parallel geschaltet? Begründe deine Antwort.
b Zeichne eine Schaltskizze. *Tipp:* Schaltzeichen Dynamo (Generator) → Anhang

11 Julias Haartrockner hat zwei Schalter:
• Der Schalter S_1 schaltet den Ventilator (Elektromotor) ein und aus.
• Der Schalter S_2 schaltet den gewendelten Heizdraht ein und aus.
a Gib die Wirkungen des elektrischen Stroms an, die durch den Ventilator und den Heizdraht genutzt werden.
b Wenn beide Schalter geschlossen sind, soll der Ventilator Luft durch die Windungen des heißen Heizdrahts blasen. Zeichne die Schaltskizze. *Tipp:* Der Heizdraht darf nicht glühen, wenn der Ventilator nicht eingeschaltet ist.

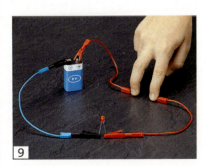

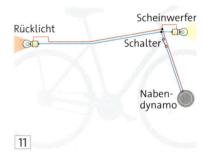

Lernaufgaben

A Lernaufgabe

Verkehrsgutachten zur Geschwindigkeitsbegrenzung

Auf dem Schulweg von Sven kommt es oft zu gefährlichen Situationen, weil die Autofahrer den Fußgängerüberweg erst rund 20 m vorher sehen können. → [1] Die Bürgerinitiative „Sicherer Schulweg" möchte deshalb erreichen, dass die zulässige Geschwindigkeit an dieser Stelle von 50 $\frac{km}{h}$ auf 30 $\frac{km}{h}$ verringert wird. Du sollst dazu ein Gutachten erstellen!

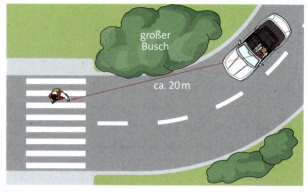

[1] Unfallschwerpunkt!

Anhalteweg s_A

Herr Kaufmann fährt mit 30 $\frac{km}{h}$. Plötzlich läuft 15 m vor ihm ein Kind auf die Straße. Nach einer „Schrecksekunde" reagiert er, bremst und kommt rechtzeitig zum Stehen.
Was geschieht in der Zeit vom Wahrnehmen des Kinds bis zum Stillstand des Autos?

- Der Anhalteweg s_A ist der Weg, den das Auto insgesamt zurücklegt, bis es stillsteht. Er setzt sich aus dem Reaktionsweg s_R und dem Bremsweg s_B zusammen:
- In der Reaktionszeit t_R des Fahrers fährt das Auto ungebremst weiter. Wenn man Reaktionszeit und Geschwindigkeit kennt, kann man den Reaktionsweg berechnen. → [3]
- Der Bremsweg beginnt erst, wenn das Fahrzeug tatsächlich gebremst wird. Er hängt von

der Geschwindigkeit, dem Straßenzustand und dem Reifenprofil ab. → [4] Die Bremsen eines Autos wirken stärker als die eines Mofas – deshalb ist der Bremsweg beim Auto kürzer als beim Mofa. → [5]

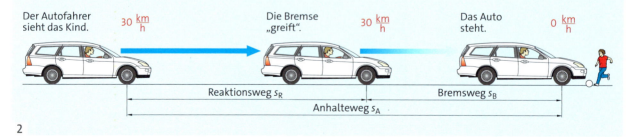

[2]

1. Erkläre, was man unter dem Anhalteweg versteht. → [2]

2. Berechne den Reaktionsweg s_R bei einer Geschwindigkeit von 30 $\frac{km}{h}$ und 50 $\frac{km}{h}$. → [3] Gehe jeweils davon aus, dass die Reaktionszeit $t_R = 1{,}0\,s$ beträgt.

3. Lies in der Tabelle unten links ab, wie groß der Bremsweg s_B auf trockenem Asphalt bei 30 $\frac{km}{h}$ und bei 50 $\frac{km}{h}$ ist. → [4]

4. Berechne den Anhalteweg s_A bei 30 $\frac{km}{h}$ und bei 50 $\frac{km}{h}$. Stelle den Unterschied anhand einer Skizze anschaulich dar.

5. Beurteile, ob man bei einer Geschwindigkeit von 30 $\frac{km}{h}$ auch auf nasser Straße noch rechtzeitig zum Stehen kommt. → [4]

6. Erstelle ein ausführliches Gutachten über die Notwendigkeit einer Geschwindigkeitsbegrenzung.

Reaktionsweg s_R berechnen

Frau Kaufmann fährt auf der Landstraße mit 80 $\frac{km}{h}$. Da springt ein Reh über die Straße. Frau Kaufmann braucht nur 0,75 s, um zu reagieren. Berechne ihren Reaktionsweg s_R.

Gegeben: $t_R = 0{,}75\,s$, $v = 80\,\frac{km}{h}$ Gesucht: s in m

Gleichung: $v = \frac{s}{t_R}$ $\mid \cdot t_R$

$v \cdot t_R = s$

Einsetzen, Kürzen, Rechnen:

$s = 80\,\frac{km}{h} \cdot 0{,}75\,s$ $80\,\frac{km}{h} = \frac{80}{3{,}6}\,\frac{m}{s} = 22{,}22\,\frac{m}{s}$

$s = 22{,}22\,\frac{m}{s} \cdot 0{,}75\,s = 16{,}67\,m$

Runden:

0,75 s: 2 sinnvolle Ziffern; 80 $\frac{km}{h}$: 2 sinnvolle Ziffern → Weg: 2 sinnvolle Ziffern

Ergebnis: $s = 17\,m$

[3]

Bremsweg s_B (Auto) in Abhängigkeit von der Geschwindigkeit

v in $\frac{km}{h}$	trockener Asphalt	nasser Asphalt	vereister Asphalt
20	bis 2,2 m	bis 3,1 m	bis 11 m
25	bis 3,5 m	bis 4,8 m	bis 16 m
30	bis 5,0 m	bis 7,0 m	bis 23 m
40	bis 9,0 m	bis 12 m	bis 41 m
50	bis 14 m	bis 19 m	bis 93 m
60	bis 19 m	bis 28 m	–
100	bis 55 m	bis 77 m	–

Bremsweg s_B (Mofa)

v in $\frac{km}{h}$	trockener Asphalt
20	bis 3,8 m
25	bis 6,0 m
30	bis 8,7 m
40	bis 15 m

[5]

[4]

Lernaufgaben

B Lernaufgabe

1 Unfall beim Abbiegen

Der „tote Winkel" – Gefahr für Radfahrer und Fußgänger

An einer Kreuzung ist es zum Unfall gekommen. 1 Der Reisebus ist rechts abgebogen und hat dabei einen Radfahrer übersehen. Das Rad wurde eingeklemmt, aber der Radfahrer konnte sich gerade noch retten. Er fuhr rechts neben dem Bus geradeaus. Er hatte zwar Vorfahrt, befand sich aber im toten Winkel des Busfahrers.
Was ist eigentlich der „tote Winkel"?
Wie lassen sich diese Unfälle vermeiden?

1 Skizziere die Unfallsituation. 1

2 Informiere dich über den toten Winkel. 2

3 Versetzt euch selbst in die Situation des Busfahrers und des Radfahrers vor dem Unfall: Hängt einen kleinen Spiegel an eine Tür und öffnet sie ein Stück. 3 Eine Person ist der Busfahrer und schaut in den Spiegel. Die anderen Personen verteilen sich im Nebenraum. Kann der Busfahrer alle Personen sehen?

Toter Winkel

Der „tote Winkel" eines Fahrzeugs ist der Bereich der Straße, den der Fahrer weder direkt noch mit Spiegeln einsehen kann (siehe Bild unten).
Der rote Radfahrer befindet sich im „toten Winkel" des Lkw-Fahrers: Der Radfahrer hat Vorfahrt, ist aber im Rückspiegel nicht zu sehen. Wenn der Lkw rechts abbiegt, ist der rote Radfahrer in Lebensgefahr!

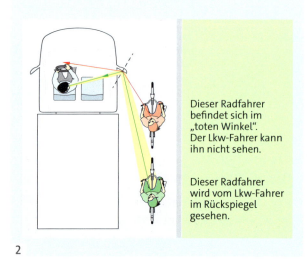

Dieser Radfahrer befindet sich im „toten Winkel". Der Lkw-Fahrer kann ihn nicht sehen.

Dieser Radfahrer wird vom Lkw-Fahrer im Rückspiegel gesehen.

2

3

4 Übertrage Bild 4 in dein Heft (Querformat).
a Bestimme den Bereich, den der Fahrer F in seinem rechten Außenspiegel einsehen kann. Gehe bei der Konstruktion so vor:
 • Zeichne Lichtstrahlen von den Randpunkten S_1 und S_2 des Spiegels bis zum Fahrer F ein.
 • Zeichne die Lote auf den Spiegel in den Punkten S_1 und S_2 ein. Verlängere dazu den Spiegel durch Hilfslinien über die Ränder hinaus.
 • Konstruiere die einfallenden Lichtstrahlen zu den beiden Lichtstrahlen $\overline{S_1F}$ und $\overline{S_2F}$, die den Fahrer treffen.

b Gib an, welche der Personen A, B, C der Fahrer nicht sehen kann. Sie befinden sich im „toten Winkel".

5 Überlege dir verschiedene Maßnahmen, wie man die gefährliche Situation vermeiden könnte. Beschreibe, was Radfahrer und Lkw-Fahrer tun könnten – und wie bessere Außenspiegel und Fahrassistenten helfen könnten. Informiere dich dazu auch im Internet. Erstelle zum Beispiel ein Lernplakat oder halte einen Vortrag.

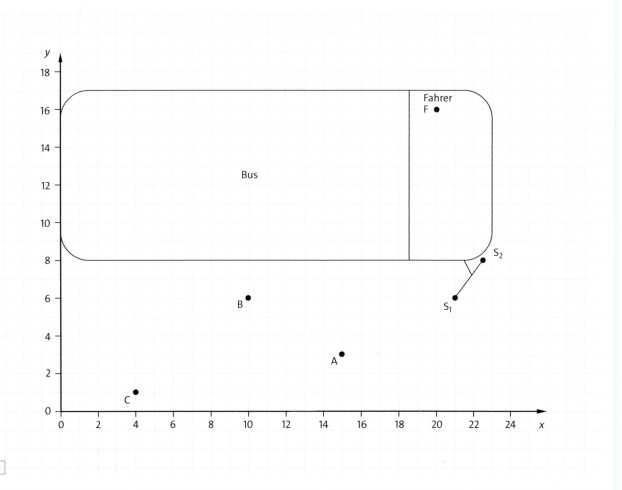

4

Anhang

Lösungen der Testaufgaben

Mechanik – Seite 94/95

1 a Weg s, Zeit t und Geschwindigkeit v

b $v = \frac{s}{t}$; $v = \frac{0{,}50 \text{ m}}{0{,}020 \text{ s}} = 25 \frac{\text{m}}{\text{s}} = 90 \frac{\text{km}}{\text{h}}$

Der Fahrer hat die zulässige Höchstgeschwindigkeit überschritten.

c $s = v \cdot t$; $s = 90 \frac{\text{km}}{\text{h}} \cdot 0{,}50 \text{ h} = 45 \text{ km}$

d $t = \frac{s}{v}$; $t = \frac{20 \text{ km}}{90 \frac{\text{km}}{\text{h}}} = 0{,}22 \text{ h} = 13 \text{ min}$

2 a Auto B war schneller als Auto A, denn es hat in der gleichen Zeit einen längeren Weg zurückgelegt.

b Auto A: $v = \frac{s}{t}$; $v = \frac{195 \text{ m}}{25 \text{ s}} = 7{,}8 \frac{\text{m}}{\text{s}} = 28 \frac{\text{km}}{\text{h}}$

Auto B: $v = \frac{s}{t}$; $v = \frac{251 \text{ m}}{25 \text{ s}} = 10 \frac{\text{m}}{\text{s}} = 36 \frac{\text{km}}{\text{h}}$

c Fahrt der beiden Autos:

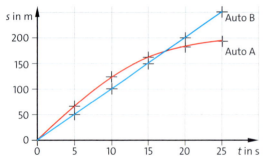

d Auto B ist nahezu gleichförmig gefahren. Es hat in gleichen Zeiten etwa gleich lange Strecken zurückgelegt. Im Diagramm ergibt seine Bewegung eine Ursprungsstrecke.

3 Die Aussage stimmt nicht. Der Pokal befindet sich in Ruhe, weil Kräftegleichgewicht herrscht. Auf ihn wirken die Gewichtskraft und die Kraft des Arms.

4 a Federn und Gummiband:

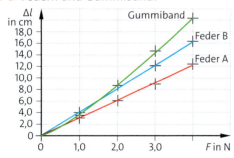

b Feder A ist „härter" als Feder B, weil sie von der gleichen Kraft weniger ausgedehnt wird.

Feder A: $D = \frac{F}{\Delta l}$; $D = \frac{4{,}0 \text{ N}}{12{,}4 \text{ cm}} = 0{,}32 \frac{\text{N}}{\text{cm}}$

Feder B: $D = \frac{F}{\Delta l}$; $D = \frac{4{,}0 \text{ N}}{16{,}3 \text{ cm}} = 0{,}25 \frac{\text{N}}{\text{cm}}$

5 a Masse: 1 kg, Waage, überall gleich groß
Gewichtskraft: 1 N, Kraftmesser, vom Ort abhängig

b Von der Erde wird die Milchtüte (1,0 kg) mit einer Kraft von rund 10 N angezogen:

$F_G = g_E \cdot m$; $F_G = 9{,}81 \frac{\text{N}}{\text{kg}} \cdot 1{,}0 \text{ kg} = 9{,}8 \text{ N} \approx 10 \text{ N}$.

Vom Mond wird der Korb mit Äpfeln (6,0 kg) mit einer Kraft von rund 10 N angezogen:

$F_G = g_M \cdot m$; $F_G = 1{,}62 \frac{\text{N}}{\text{kg}} \cdot 6{,}0 \text{ kg} = 9{,}7 \text{ N} \approx 10 \text{ N}$.

6 Der Becher bewegt sich in Fahrtrichtung weiter nach vorne und prallt gegen die Frontscheibe. Erklärung: Wenn der Bus abrupt bremst, bewegt sich der nicht befestigte Kaffeebecher aufgrund seiner Trägheit unverändert weiter, bis er von der Frontscheibe aufgehalten wird.

7 Die Pfeile werden wie in Bild 2 auf Seite 90 beschriftet. Die Skizzen von Wasser in den drei Aggregatzuständen im Teilchenmodell können wie in der Tabelle 3 auf Seite 90 aussehen – allerdings 3-mal mit den gleichen Teilchen.

8 a Falsch. Wir zeichnen die Teilchen in der Physik als Kreise oder Kugeln.
b Richtig
c Falsch. Beim Lösen dringen Wasserteilchen zwischen die Zuckerteilchen. Die Zuckerteilchen selbst werden nicht verändert.
d Falsch. Teilchen haben keine Farbe.
e Richtig
f Die Teilchen verschiedener Stoffe sind in der Regel verschieden groß.
g Falsch. Die Luftteilchen bewegen sich zu jedem Zeitpunkt in alle möglichen Richtungen.
h Falsch. In der Regel haben die Teilchen eines Körpers verschiedene Abstände voneinander, die sich andauernd verändern.
i Falsch. Die Wasserteilchen sind verschieden schnell.
j Richtig

9 a Zwei aufeinanderliegende feste Körper:

fester Körper 1
fester Körper 2

b Zwei unterschiedliche Gase in einer Flasche:

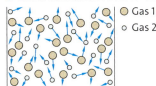
Gas 1
Gas 2

c Ein Tropfen Tinte verteilt sich in Wasser:

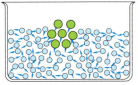 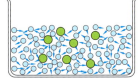

10 Die Räder üben eine Kraft nach hinten auf die Straße aus. Die Straße übt eine gleich große Kraft auf die Räder und damit auf das Auto nach vorne aus (Wechselwirkungsprinzip). Damit die Räder eine Kraft nach hinten ausüben können, muss die Reibung zwischen Reifen und Fahrbahn groß sein. Bei Glatteis können die Räder keine Kraft auf die Straße ausüben, sie drehen durch. Dann übt auch die Straße keine Kraft nach vorn auf das Auto aus.

11 Auf jedes Auto wirkt eine Kraft den Hang hinunter (Ursache ist die Gewichtskraft). Dieser Kraft wirkt die Haftreibungskraft auf die Reifen entgegen. Die Kräfte auf das Auto sind jeweils gleich groß und entgegengesetzt gerichtet – es herrscht Kräftegleichgewicht, das Auto bleibt stehen.

Haftreibungskraft
Hangabtriebskraft

12 Zum Beschleunigen, Abbremsen und Kurvenfahren müssen die Reifen gut auf der Straße haften. Bei nassen Blättern und in tiefen Pfützen ist die Reibung zwischen den Reifen und der nassen Unterlage nur sehr gering. Sie rutschen oder drehen durch, das Auto kann nicht kontrolliert werden.

13 a Dichte von Ethanol (Werte aus dem Diagramm):
$\varrho = \frac{m}{V}$; $\varrho = \frac{40\,g}{50\,cm^3} = 0{,}80\,\frac{g}{cm^3}$

b Gemeinsames Diagramm:

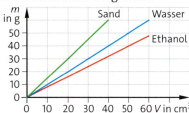

14 a Volumen des Schnees:
$V = l \cdot b \cdot h$; $V = 3{,}00\,m \cdot 1{,}50\,m \cdot 0{,}300\,m = 1{,}35\,m^3$
Masse des Schnees: $m = \varrho \cdot V$
$m = 0{,}20\,\frac{g}{cm^3} \cdot 1{,}35\,m^3 = 0{,}20\,\frac{t}{m^3} \cdot 1{,}35\,m^3 = 0{,}27\,t$

b Volumen des Schmelzwassers: $V = \frac{m}{\varrho}$
$V = \frac{0{,}27\,t}{1{,}0\,\frac{t}{m^3}} = 0{,}27\,m^3$

Optik – Seite 162/163

1 a Lichtquelle: Scheinwerfer des Autos
Lichtempfänger: Augen des Autofahrers
Lichtweg: Licht vom Scheinwerfer trifft auf die Fußgänger und wird von ihnen teilweise zum Autofahrer gestreut.

b Die Fußgänger verhalten sich richtig: Sie gehen neben der Fahrbahn dem Verkehr entgegen. Dadurch sehen sie Gefahren eher. Autofahrer sehen die Fußgänger früher, weil der rechte Scheinwerfer weiter leuchtet als der linke. Der äußere Fußgänger hat ein helles Kleidungsstück an.
Verbesserungen: hellere Kleidung, Reflektoren umhängen oder anstecken, Lampe mit blinkenden LEDs umhängen, hintereinander gehen

c Höhere Sicherheit für Radfahrer: Lampen einschalten, Reflektoren am Rad sauber halten, helle Kleidung tragen, auf dem Rücken oder am Sattel ein rotes Blinklicht befestigen

d Man kann vielleicht selbst alles sehen. Aber viel wichtiger ist es für die eigene Sicherheit, dass man von anderen gesehen wird. Deshalb ist es verboten, ohne Licht zu fahren.

Lösungen der Testaufgaben

2 $s = v \cdot t$; $s = 300\,000\,\frac{km}{s} \cdot 2595\,s = 778{,}5$ Mio. km
Der Abstand zwischen Jupiter und Sonne ist etwa 5-mal so groß wie der zwischen Erde und Sonne.

3 Weg im Schatten:

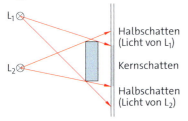

4 Das Reflexionsgesetz lautet:
- Einfallswinkel = Reflexionswinkel
- Einfallender und reflektierter Lichtstrahl liegen in einer Ebene mit dem Einfallslot.

Die Skizze kann so aussehen wie Bild 1, Seite 130.

5 Aufbau des Periskops:

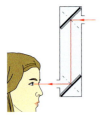

6 Spiegelbild des Kegels und Lichtstrahlen:

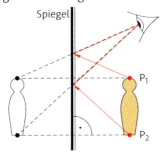

7 Der Strohhalm ist gerade. Das Licht, das vom eingetauchten Strohhalm zum Auge gelangt, wird an der Wasserfläche vom Lot weg gebrochen. Deshalb erscheint der eingetauchte Strohhalm angehoben.

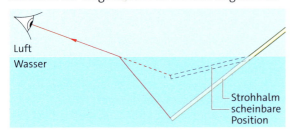

8 a Bilder B_1 und B_2:

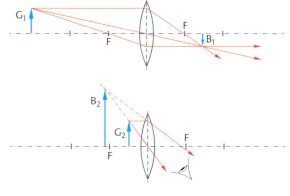

b B_1: Das reelle Bild liegt hinter der Linse zwischen der einfachen und der doppelten Brennweite unterhalb der optischen Achse. Es ist umgedreht und verkleinert. Anwendungen: Auge, Fotoapparat
B_2: Das virtuelle Bild ist durch die Linse zu sehen, zwischen der einfachen und der doppelten Brennweite. Es steht aufrecht oberhalb der optischen Achse und ist vergrößert. Anwendungen: Lupe, Okular

9 Fertige Konstruktion:

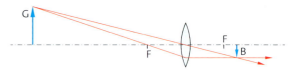

10 a 1 Hornhaut, 2 Pupille, 3 Linse, 4 Ringmuskel, 5 Netzhaut, 6 Sehnerv
b Die Sehnerven übermitteln die Informationen der Netzhautbilder an das Gehirn. Dort erst entsteht der Seheindruck unserer Umgebung. Beispiel: Die Netzhautbilder einer Blume stehen auf dem Kopf und sind seitenverkehrt. Das Gehirn erzeugt auf der Grundlage seiner Erfahrungen daraus den Seheindruck einer 3-dimensionalen, aufrecht stehenden und seitenrichtigen Blume.

11 a Die Augen 1 und 3 sind fehlsichtig.
b Auge 1 ist kurzsichtig, Auge 3 ist weitsichtig.
c Auge 1: Brille mit Zerstreuungslinsen
Auge 3: Brille mit Sammellinsen

12 a Die Bildweite wird größer.
b Die Sammellinse muss zum Chip hin verschoben werden, damit das Bild wieder schärfer wird. Begründung: Wenn die Gegenstandsweite größer wird, wird die Bildweite wieder kleiner.
c Die Linse des Auges wölbt sich stärker (kleinere Brennweite), damit die Bildweite kleiner wird.

Magnetismus und Elektrizitätslehre – Seite 194/195

1 Die Münzen bestehen im Wesentlichen aus Eisen und haben nur einen Kupfermantel. Das Eisen wird vom Magneten stark angezogen.

2 a Pauls Vermutung ist falsch. Wie jeder Magnet, hat der Ringmagnet mindestens einen Norpol und einen Südpol.
b Man könnte eine Schale mit vielen kleinen Eisennägeln aufstellen und den Ringmagneten mit verschiedenen Seiten von oben an die Nägel halten. Die Magnetpole sind dort, wo besonders viele Nägel angezogen werden.
c Man nähert den Magnetpolen eine frei drehbare Magnetnadel. Wenn der Nordpol (Südpol) der Magnetnadel von einem Magnetpol angezogen wird, ist dieser ein Südpol (Nordpol).

3 a Magnetisierung und Elementarmagnete:

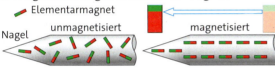

b Die Polung des zweiten Nagels ist umgekehrt zu der des ersten Nagels. Die Elementarmagnete sind in entgegengesetzter Richtung ausgerichtet.
c Die Nägel können durch heftige Schläge mit einem Hammer oder Erhitzen in einer Brennerflamme entmagnetisiert werden. Die Elementarmagnete werden dadurch aus ihrer einheitlichen Ausrichtung gebracht.

4 Die Stabmagnete liegen sich mit verschiedenen Polen gegenüber. Der Nordpol der Magnetnadel zeigt zum Südpol des unteren Stabmagneten. Vom oberen Stabmagneten ist der Nordpol zu sehen.

5 a Bild 6: Die magnetische Wirkung wird größer, die Büroklammer wird stärker angezogen.
Bild 7: Die magnetische Wirkung wird geringer, die Büroklammer wird schwächer angezogen.
b Eisenblech: Die Büroklammer wird nicht mehr angezogen. Ferromagnetische Stoffe schirmen Magnetfelder ab.
Kupferblech: Die Büroklammer wird unverändert angezogen. Kupfer ist nicht ferromagnetisch.

6 a Man kann so vorgehen: Der Pluspol der Batterie wird durch ein Kabel mit einem Kontakt der Lampe verbunden, der Minuspol mit dem anderen Kontakt. Wenn die Lampe leuchtet, liegt ein geschlossener Stromkreis vor. Schaltskizze eines einfachen Stromkreises siehe Bild 1, Seite 192.
b Möglichkeiten: Die Lampen sind alle kaputt. Ein Kabel ist kaputt. Die Batterie ist zu „schwach", um die Lampen leuchten zu lassen.
c Der Kupferdraht leitet den elektrischen Strom sehr gut. Der Mantel aus Kunststoff ist ein Isolator. Er schützt uns davor, Teil des elektrischen Stromkreises zu werden. Die Wirkungen des elektrischen Stroms könnten gefährlich für uns sein.

7 Der elektrische Stromkreis wird über die beiden Finger geschlossen. Der Mensch besteht zum Großteil aus Flüssigkeit, die elektrisch leitend ist.

8 a Der Stromkreis der Akkubohrmaschine besteht (mindestens) aus einem Akku, einem Schalter, einem Elektromotor und Leitungen.
b Im Motor der Bohrmaschine wird die magnetische Wirkung des elektrischen Stroms genutzt.
c Schaltskizze siehe Bild 2, Seite 192. Die Glühlampe wird durch den Motor ersetzt.

9 a Der Stromkreis der Mikrowelle besteht (mindestens) aus einem Netzteil, zwei Schaltern, einem Elektromotor (ersatzweise: Lampe) und Leitungen.
b Schaltskizze siehe Bild 9, Seite 184. Die Glühlampe wird durch den Motor ersetzt.
c Die Schalter sind in Reihe geschaltet.
d Geräte mit Reihenschaltung von Schaltern: Geschirrspülmaschine, Waschmaschine, Wäschetrockner, Nebelscheinwerfer im Auto

10 a Scheinwerfer und Rücklicht sind parallel geschaltet. So kann z. B. das Rücklicht weiterleuchten, wenn der Scheinwerfer ausfällt.
b Fahrradbeleuchtung:

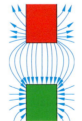

11 a Ventilator: magnetische Wirkung
Heizdraht: Wärmewirkung
b Haartrockner:

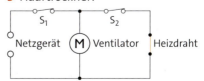

Operatoren

Die meisten Aufgaben in diesem Buch beginnen mit einem Verb:
- **Nenne** die Lichtquelle und die Lichtempfänger.
- **Gib** die vier Grundregeln für unser Teilchenmodell **an**.
- **Beschreibe** den Aufbau eines Kraftmessers.
- **Begründe**, weshalb man zum Schweißen Schutzbrillen mit dunklen Gläsern einsetzt.
- **Erkläre** mit dem Teilchenmodell, warum sich Wasser dem Gefäß anpasst, ein Stein aber nicht.
- **Erläutere** mithilfe der Mindmap, wieso Vitus den richtigen Beruf für sich gefunden hat.
- **Skizziere** die Elementarmagnete im Nagel – vor und nach der Magnetisierung.
- **Zeichne** eine Schaltskizze des Stromkreises.
- **Konstruiere** das Spiegelbild der Kerze.
- **Untersuche**, welche Münzen vom Magneten angezogen werden und welche nicht.
- **Nimm Stellung** zu der Aussage: „Der Pokal bewegt sich nicht, weil keine Kraft auf ihn wirkt."

Diese Verben geben an, was du tun sollst. Sie werden auch als Operatoren bezeichnet. → 1

Operator	Das sollst du tun:
Nenne Gib an	Notiere Namen oder Begriffe. Verwende Fachwörter.
Beschreibe	Formuliere etwas so genau und ausführlich mit Fachwörtern, dass ein anderer es sich gut vorstellen kann.
Erkläre	Verstehe, wie etwas funktioniert oder aufgebaut ist. Führe die Funktionsweise und den Aufbau auf Regeln und Gesetze zurück.
Begründe	Gib die wichtigen Gründe oder Ursachen an.
Erläutere	Erkläre ausführlich anhand von einem oder mehreren Beispielen.
Vergleiche	Stelle Gemeinsamkeiten und Unterschiede zum Beispiel in einer Tabelle dar.
Skizziere	Fertige ein ganz einfaches Bild an, das auf den ersten Blick verständlich ist.
Zeichne Konstruiere	Gib dir Mühe, ein genaues und vollständiges Bild anzufertigen. Verwende ein Lineal oder Geodreieck.
Berechne	Stelle den Rechenweg dar und gib das Ergebnis an.
Ermittle Bestimme	Komme durch eine Rechnung, eine Zeichnung oder einen Versuch zu einem Ergebnis.
Untersuche	Erforsche einen Zusammenhang mit einem oder mehreren Versuchen. Mache dir vorher einen Plan. Dokumentiere dein Vorgehen und die Ergebnisse.
Nimm Stellung Bewerte	Entscheide dich, ob du einer Aussage zustimmst oder sie ablehnst. Begründe dann deine Entscheidung. Führe sie auf Regeln und Gesetze zurück.

1 Operatoren im Physikunterricht und ihre Bedeutung

Stichwortverzeichnis

Hinweis: Fett gedruckte Begriffe sind Lernwörter.

A

Abbe, Ernst 160
Achse, optische 135, 150
actio = reactio 41
Aggregatzustand 71, 90
Airbag 60
Akkommodation 142, 151
Alterssweitsichtigkeit 148
Anglerfisch 101
Angriffspunkt (der Kraft) 35, 54
Anhalteweg 196 f.
Anpresskraft 81, 90
Antiblockiersystem (ABS) 82
Antriebskraft 43, 55
Aquaplaning 82
Ariane (Rakete) 47
Aristoteles 9
Atomuhr 19
Auflösungsvermögen 145
Augapfel 147
Auge 99, 110, 142 f., 145, 151
Augenlinse 143, 151
Augenoptiker/-in 149
Ausgleichskurve 22
Ausgleichsstrecke 22

B

Bakterien 15
Balkenwaage 63
Basisgröße 19
Batterie 183, 192
Beamer 141
Betrag (der Kraft) 35, 54
Bewegung, gleichförmige 21, 28
Bild
• **reelles** 137, 139, 150
• **virtuelles** 115, 117, 130, 137, 139
Bildgröße 137, 150
Bildkonstruktion
• Sammellinse 139, 150
• Spiegel 115, 150
Bildpunkt 137, 139
Bildweite 137, 150
Bionik 83
Blaulicht 100
Blutgruppen 160
Brechung 117, 120 f., 130
Brechungswinkel 117, 120 f., 130
Bremsweg 81, 196 f.

Brennebene 135, 137, 150
Brennpunkt 135, 150
Brennpunktstrahl 138 f., 150
Brennweite 135, 137, 150
Brieftaube 179
Brille 146 f., 149, 151
Bungeespringen 48

C

Cavendish, Henry 38
chemische Wirkung 189, 192
Chip 155
Curietemperatur 171

D

Deklination 177
Delta (Δ) 49
Demokrit 9, 77
Dezimeter (dm) 13
Diagramm (Methode) 22
Dichte 86 f., 90
Diffusion 75
Dioptrie 148
Dispersion 127, 130
3-D-Brille 145
3-D-Kamera 145

E

Einfallslot 113, 117, 130
Einfallswinkel 113, 117, 120, 130
Einheit, physikalische 13, 28
Einstein, Albert 9
elastisch 33, 49, 55
Elektrizitätsquelle 183, 192
Elementarmagnet 171, 180
Endoskop 123
Entfernungsmesser 105
Erbgut 15
Erdkern, äußerer 178
Erdmagnetfeld 177 ff.
Erdumdrehung 31
Erstarren 71, 90
Euromünze 14, 166

F

Facettenaugen 144
Fahrradcomputer 16, 27
Farbe 127
Federhärte 49
Federkonstante 49, 55
Federkraftmesser 45, 55
Feld, magnetisches 174 f., 180

Feldlinie, magnetische 174 f., 180
Feldlinienbild 174 f., 180
Fernrohr 157 f.
ferromagnetisch 169, 180
fest 71, 90
Fleck
• blinder 143
• gelber 143
flüssig 71, 90
5-Schritt-Lesemethode 159

G

Galilei, Galileo 9, 104
gasförmig 71, 90
Gegenstandspunkt 137, 139
Gegenstandsweite 137, 150
Gehirn 145
Geoid 67
Geschwindigkeit 21, 28
Gesetz von Hooke 49, 55
Gewichtheben 47
Gewichtskraft 37, 54, 65, 67 f.
Glasfaser 123
Glaskörper 143
Gleitreibung 79, 81, 90
Glühwürmchen 101
Grace-FO 67
Gramm pro Kubikzentimeter $\left(\frac{g}{cm^3}\right)$ 86, 91
Gravitation 37 f., 54
Gravitationskraft 37, 54
Grenzwinkel (Totalreflexion) 121, 130
Größe
• **abgeleitete** 19, 28
• **physikalische** 13, 28
Grundgröße 19, 28

H

Haftreibung 79, 81, 90
Haftreibungskraft 81, 90
Halbschatten 107, 109 f.
Handy 155
Hängebrücke 47
Hau-den-Lukas 44
Hauptebene 135, 150
Hawking, Stephen 9
Head-up-Display 141
Hebung, optische 117, 130
Heisenberg, Werner 6
Hooke, Robert 49
Hornhaut 143, 151
Hufeisenmagnet 166

Stichwortverzeichnis

I
indifferente Zone 169
Influenz, magnetische 169, 180
infrarot 127, 129
Inklination 177
Io 104
Iris 143, 151
Isolator 187, 192

J
Janssen, Zacharias 160
Jupiter 104

K
Kamera 155 f.
Katzenaugen 144
Kepler, Johannes 9
Kernschatten 107, 109 f.
Kilogramm (kg) 63
Kilogramm pro Kubikmeter $\left(\frac{kg}{m^3}\right)$ 86, 91
Kilometer (km) 13
Kilometer pro Stunde $\left(\frac{km}{h}\right)$ 21, 28
Kindersitz 60
Klette 83
Klettverschluss 83
Knautschzone 60
Kompass 177, 179
Kondensieren 71, 90
Konkavlinse 135
Konvexlinse 135
Kopernikus, Nikolaus 9
Kopfstütze 60
Kraft, physikalische 33, 54
Kräftegleichgewicht 43, 55
Kräftepaar 41, 55
Kraftmesser (Projekt) 52 f.
Kraftpfeil 35, 54
Kraftwirkung
 · **dynamische** 33, 54
 · **statische** 33, 54
Kugellager 78 f.
Kurzschluss 183, 189, 192
Kurzsichtigkeit 147, 151

L
Landsteiner, Karl 160
Länge 13, 19, 28
Laser-Entfernungsmesser 16
Laserpistole 27
Laserstrahlen 105
Leeuwenhoek, Antoni van 160

Leiter 183, 187, 192
Leitungstester 186
Leuchtpilz 101
Leuchtstreifen 100
Licht, weißes 127, 130
Lichtbündel 103, 110, 135
Lichtempfänger 99, 110
Lichtgeschwindigkeit 26, 103 f., 110, 121
Lichtleiter 123
Lichtquelle 99 f., 110
Lichtschranken 27
Lichtsender 99, 110
Lichtstrahl 103, 110
Lichtwirkung 189, 192
Lichtzerlegung 127
Lineal 16 f.
Linse, optische 135
Linsenbänder 143, 151
Luftfederung 51
Luftspiegelung 124 f.

M
Magnet 169, 180
Magnetfeld 174 f., 180
magnetische Wirkung 189, 192
Magnetisieren 171, 180
Magnetismus
 · **permanenter** 171, 180
 · **temporärer** 171, 180
Magnetpol 169, 178, 180
Magnetsinn 179
Makohai 83
Maßband 16 f.
Masse 19, 63, 65, 68, 86
Maßzahl 13, 17, 25, 28
Mäusebussard 144
Meeresschildkröte 179
Messbereich 17, 28
Messfehler 17, 28
Messgenauigkeit 17, 28
Messschieber 12, 16 f.
Messverfahren 13
Messwert 13, 17, 24
Meter (m) 13, 28
Meter pro Sekunde $\left(\frac{m}{s}\right)$ 21, 28
Metermaß 14
Mikrometer (µm) 13
Mikrometerschraube 16
Mikroskop 159 ff.
Millimeter (mm) 13
Minute (min) 19, 28

Mittelpunktstrahl 138 f., 150
Mittelwert 24
Modell 77
Mondfinsternis 108 ff.

N
Nahpunkt 142 f., 148
Nanometer (nm) 13
Naturwissenschaft 8
Netzgerät 183
Netzhaut 143, 151
Netzhautbild 145
Newton (N) 45, 55
Newton, Isaac 9, 37 f., 41
Nichtleiter 187, 192
Nivellierlaser 105
Nordpol
 · geografischer 177
 · magnetischer 169, 177, 180
normalsichtig 147
Nullpunktschieber 45, 55

O
Objektiv 155 f.
optisch dichter 121
optische Hebung 117, 130
Ortsfaktor 65, 68

P
Parallelschaltung 183, 192
Parallelstrahl 138 f., 150
Pendeluhr 19
periodischer Vorgang 19
Physik 8 f.
Pixel 155
plastisch 33, 49, 55
Polsprung 178
Projektor 141
Proportionalität, direkte 23
Pupille 143, 151

R
Randall, Lisa 9
Rasterelektronenmikroskop 161
Raubfliege 144
Reaktionsweg 196 f.
Reaktionszeit 196
reell 137
Reflexion 113, 130
 · **diffuse** 113
Reflexionsgesetz 113, 130
Reflexionswinkel 113, 130

Regenbogen 128
Reibung 79, 81, 83, 91
  • innere 83
Reibungskraft 54
Reihenschaltung 183, 192
Resublimieren 71, 90
Richtung (der Kraft) 35, 54
Ringmuskel 143, 151
Rollreibung 79, 90
Römer, Ole Christensen 104
Rote Waldameise 47
Rückstellkraft 43, 55
Rückstrahler 31

S
Salz 74
Sammellinse 135, 137, 147, 150 f.
Schalter 183, 192
Schaltskizze 183, 192
Schaltsymbol 183, 192
Schatten 107, 110
Schattenbild 107, 110
Schattenraum 107, 110
Schmelzen 71, 90
Schott, Otto 160
Schraubenfeder 45, 55
Schwarzes Loch 39
„Schwerekartoffel" 67
Schwimmkran 47
Schwingungen 19
Section Control 31
Sehen 99, 110
  • räumliches 145
Sehnerv 143, 151
Sekunde (s) 19, 28
Sicherheitsgurt 60
Sinneszellen zum Sehen 143 f.
Skydiver 42 f.
Sonnenfinsternis 108 ff.

Sonnenstrahlen 105
Sonnenuntergang 124
Sonnenwind 178
Spektralfarben 127
Spektrum 127, 130
Spiegel 113, 115, 130
Spiegelbild 115, 130
Spinnfaden 47
Stabmagnet 166
Stoßdämpfer 51, 83
Strahlung
  • **infrarote** 127, 129 f.
  • **ultraviolette** 127, 129 f., 144
Stromkreis 183, 192
Stromlinienform 83
Stromunfall 191
Stunde (h) 19, 28
Sublimieren 71, 90
Sumpfdotterblume 144

T
Tag (d) 19, 28
Teilchen 74 f., 77, 90
Teilchenbewegung 75, 90
Teilchenmodell 77, 90
Tele-Einstellung 156
Tieraugen 144
Tintenfisch 101
Totalreflexion 121, 130
träge 59
Trägheitsgesetz 59, 68

U
Überlastung 189
Überlaufmethode 85
Uhu 144
ultraviolett 127, 129
Urkilogramm 63
Urmeter 13

V
Vega 1 66
Verdampfen 71, 90
Verdrängungsmethode 85
virtuell 115
Volumen 85 f.
Vorgang, periodischer 19
Vorsatzzeichen 13
Voyager 1 61

W
Wahrnehmung 145
Wärmebildkamera 129
Wärmewirkung 189, 192
Warnweste 100
Wechselwirkung 41
Wechselwirkungsgesetz 41, 55
Weitsichtigkeit 147, 151
Weitwinkel-Einstellung 156
Wildgans 83
Windkanal 83
Winkel, toter 198
Wirkungen des elektrischen Stroms 189, 192

Z
Zehnerpotenz 14
Zeiß, Carl 160
Zeit 19
Zeit-Weg-Diagramm 21 f.
Zentimeter (cm) 13
Zerreißprobe 50
Zerstreuungslinse 135, 147, 151
Ziffer
  • **unsichere** 24
  • **sinnvolle** 17, 24 f., 28
Zone, indifferente 169
Zoom 156
Zustandsänderung 71
Zustandsform 71

Bildquellenverzeichnis

Titelbild o.: Shutterstock/Pressmaster | Titelbild u.: Fotolia/Ionescu Bogdan | Vogel: sofarobotnik, Augsburg

Fotos

action press/L/PictureLux/United Archives: 9/5 | akg-images/PHOTO CNES: 111/13, Science Photo Library: 61/2 | bpk/Jochen Remmer: 9/8 | Colourbox: 50/1, 98/1/Kerze, 98/1/Auge, alexlmx 2017: 16/1/Laser-Messer, Andrei Saenco: 157/6, Anna Omelchenko: 98/1/Gewitter, Brykaylo Yuriy: 71/8, Eric Hepp: 83/5, Julija Sapic: 32/6, 100/1, www.siloto.cz: 102/1 | Cornelsen Verlag: 172/1, 173/3+6+7, 175/6+7, 194/3 | Cornelsen Verlag/Experimenta/Mahler: 177/5 | Cornelsen/Christo Libuda: 42/4, 52/1, 85/4, 116/1+2, 174/1 | Cornelsen/Heinz Mahler: 73/4–6, 75/11, 111/11, 136/1, 146/1r., 163/5, 185/15, 186/1 | Cornelsen/Jochim Lichtenberger: 116/4, 124/3, 125/5, 128/1, 145/9 | Cornelsen/Mahler: 74/3, 131/10, 132/2, 134/1 | Cornelsen/Markus Gaa: 97/l., 111/10, 127/10, 156/3+4, 163/1, 187/5, 195/9+10 | Cornelsen/Michael J. Fabian: 175/8 | Cornelsen/Rainer Götze, Berlin, Foto: imago/Sven Simon: 78/4, Foto: picture-alliance/dpa: 13/5 | Cornelsen/Senkel: 75/8 | Cornelsen/Thomas Gattermann: 119/8 | Cornelsen/Volker Döring: 50/2, 63/5, 107/9, 108/4, 114/1+3, 118/3, 119/7, 120/1+2, 121/8, 129/7, 131/13 | Cornelsen/Volker Minkus: 6/1, 8/1–3, 20/2, 75/5–7, 86/5, 114/1, 115/6, 118/1+2, 120/1+2, 153/1+4, 173/3, 174/4, 175/8 | ddp images: 9/7, Channel Partners: 71/9, hen-foto: 32/2, Joachim Wendler: 194/1, Maren Konitzer: 83/6, Simone Buehring: 129/5, Universal Images Group/Sovfoto/United Archives: 66/2, Zdenek Mal: 123/6 | Deutsche Bahn AG/Uwe Miethe: 26/7 | F1online: 34/1, 100/2, AGE/NASA: 57/11 | FOTOFINDER.COM/caiaimages/Anthony Lee: 106/1, UIG/images.de: 145/7 | Fotolia/adrian_ilie825: 185/11, Africa Studio: 5/o., 164/m., akf: 113/6l., Alexey Kuznetsov: 26/8, ambrozinio: 141/6, ARochau: 32/5, AYAimages: 154/1, Baikal360: 78/2, blende11.photo: 105/5, Christin Lola: 108/1, constantincornel: 144/4, DHoffmannPhotography: 108/2, DjiggiBodgi.com: 112/1, donatas1205: 105/8, doris oberfrank-list: 47/5, eyetronic: 95/6, Fiedels: 153/5, FotolEdhar: 15/4, Gandolfo Cannatella: 166/1/Klammerhalter, Gerhard Seybert: 27/11, ginton: 185/13, goir: 16/1/Lineal, Gunnar Assmy: 83/7, Hamik: 129/6, Herbie: 129/9, ilolab: 166/1/Kühlschrankmagnete, kevma20: 166/1/Schraubendreher, Kitty: 11/r., lassedesignen: 141/4, Ljupco Smokovski: 188/1, LVDESIGN: 111/4, Marco2811: 187/6, Michael Eichhammer: 189/6, missisya: 50/6, MP2: 16/1/Rad-PC, Nacho: 187/7, nd3000: 149/5, nic_ol: 32/3, nikkytok: 105/6, novotnyjiri: 50/3, nuklein: 166/1/Schachbrett, pavel1964: 18/4, peshkov: 155/5, petaran: 189/7, philipus: 15/3, photolife95: 98/1/Glühwürmchen, photomelon: 166/1/Kompass, PhotoSG: 137/6, picunique: 72/1, Pixelmixel: 185/14, PixelPower: 156/2+5, PixieMe: 155/6, radeboj11: 189/8, Richie Chan: 74/2, RobertNyholm: 32/4, ronstik: 98/1/Lichterkette, S. Engels: 27/10, sahua d: 79/7, sergign: 148/3, Sergio Martínez: 156/1, Shariff Che'Lah: 18/5, Stefan Schurr: 40/1, stefcervos: 18/3, stockphoto mania: 26/5, StockRocket: 159/3, stuporter: 26/4, superelaks: 19/6, Thomas Söllner: 16/1/Mikrometerschraube, tilialucida: 166/1/Spielzeug b), tl6781: 98/1/Fotovoltaik, tournee:191/9, vencav: 144/2, Vlad Ivantcov: 16/1/Messschieber, WavebreakMediaMicro: 26/6, weyo: 14/6, yanik88: 80/1 | GFZ German Research Centre for Geosciences: 67/3 | GlowImages/Blend Images LLC/Mike Kemp: 42/5, GlowImages/CulturaRF/Anthony Rakusen: 161/4 | Image Source/Fstop: 69/8 | imago: 58/1, imago sportfotodienst/MIS: 145/10, imago sportfotodienst/Team 2: 11/l., imago stock&people/blickwinkel: 47/4, Leemage: 69/9, nordpool/Tittel: 189/9, Westend61: 182/1, ZUMA Press: 99/6, imago/Photoshot/Evolve: 133/10 | Juniors/J.-L. Klein & M.-L. Hubert: 26/3, Juniors/Klauer, B.: 176/1 | laif/Dirk Eisermann: 19/7, eyevine/ESA: 47/8, Malte Jaeger: 9/10, Zenit/Paul Langrock: 47/9 | mauritius images/alamy/Alchemy: 144/5r.+l., alamy/Apollo Photo Archive Collection: 36/3, alamy/blickwinkel: 111/12, alamy/BRIAN HARRIS: 97/r., alamy/Buzz Pictures: 42/1, alamy/david gregs: 14/2, alamy/David J. Green: 16/1/Messuhr, alamy/Emmanuel LATTES: 146/1l., alamy/Harvey Twyman: 32/1, alamy/James Boardman: 179/4, alamy/KHALED KASSEM: 4/o., 96/m., alamy/Kyle Moore: 144/1, alamy/Maximilian Weinzierl: 101/3, alamy/Michael Patrick O'Neill: 179/5, alamy/NASA Images: 14/1, alamy/Philip Lewis: 165/r., alamy/PjrTravel: 14/5, alamy/Zoonar GmbH: 154/3, Albert Lleal/Minden Pictures: 83/9, Andre Pohlmann: 42/2, Bernd Ritschel: 129/8, Charles D. Winters/Science Source: 70/o., 71/7, Edward Kinsman/Science Source: 123/4, Ian Cumming/Axiom Photographic: 47/7, imageBroker/Jochen Tack: 20/1, imageBroker/OST: 142/3, JANICE CARR/CDC/BSIP: 161/5, MaXx Images/WellsL: 48/1, NASA – Hubble Space Telescope/Science Faction: 104/1, NASA/Science Faction: 31/4, Patrick Frost/Lumi Images: 42/3, Paul Bertner/Minden Pictures: 142/1, Pixtal: 189/5, Science Photo Library: 15/7, Science Picture Co.: 15/8, Science Source/GIPhotoStock: 126/2, Seymour: 144/3, Thomas Marent/Minden Pictures: 101/6 | Meyer, L., Potsdam: 27/9 | NASA: 67/4, NASA/Lunar and Planetary Institute/Houston Texas: 64/1 | NTL Austria: 174/5 | OKAPIA/Dante Fenolio/Science Source: 101/5, NAS/Dante Fenolio: 101/4 | Photoshot/Fritz Pölking: 124/1 | Physikalisch-Technische Bundesanstalt (PTB): 63/6 | Picture-Alliance/dpa: 83/10, dpa/Photoshot: 47/6 | Science Photo Library: 166/1/Spielzeug a), DAVID MCCARTHY: 79/5, DAVID PARKER: 126/1, 133/11, Giphotostock: 135/5+6 | shutterstock: 9/6, 60/1, 78/1, 95/7, Catarina Belova: 74/1, Daniel Brasil: 83/4, demarcomedia: 98/1/Leuchtdioden, Dmitry Bruskov: 95/8, HQuality: 142/5, Kletr: 142/4, MNI: 192/6, nanantachoke: 166/1/Magnet, Netfalls Remy Musser: 107/8, Nik Bruining: 142/6, NothingIsEverything: 189/10, patpitchaya: 165 l., Paul Orr: 98/1/Sonne, photoJS: 143/9o.+u., Piotr Wytrazek: 16/1/Maßband, PlanilAstro: 39/3, Pressmaster: 3/o., 10/m., REDPIXEL.PL: 98/1/Fotoapparat, Roman Bilan: 166/1/Magnetverschluss, rumruay: 185/12, Serghei Starus: 142/2, uaurelijus: 105/4, wildestanimal: 83/8, Zabotnova Inna: 102/2 | Visum/Güven Purtul: 198/1, Panos Pictures/Tom Pilston: 9/9 | WILDLIFE: 83/3 | yourphototoday/Ducke & Willmann GbR/www.a1pix.com/A1PIX/R. Naumann: 177/6

Kraftmesser

Ralf Becker, Johannes Bobinger, Alexander Roth: 52/1

Grafiken und Illustrationen

Cornelsen Verlag: 13/l., 201/9a–c, 203/4+5, 203/10+11 | Cornelsen/Matthias Pflügner: 12/1, 18/1, 33/8–13, 36/1, 38/1, 44/1, 54/1–5, 56/10, 59/7–10, 62/1, 84/1, 88/1, 95/5, 138/1, 163/3, 170/1, 190/1, 196/2o. | Cornelsen/Rainer Götze: 6/2+4, 7/5–7, 8/4, 12/2+3, 13/4+5, 18/2, 21/3+5, 22/2, 23/5, 24/l., 28/2, 29/3–6, 30/1, 31/2+3+5, 34/2, 35/3–5, 36/2, 37/4–6, 38/2, 40/2+3, 41/4+5, 43/6–8, 44/2+3, 45/4–6, 46/2+3, 48/2, 49/7+8, 50/4+7, 51/8+9, 54/6–8, 55/9–15, 56/1–9, 57/12, 58/2–6, 61/3, 62/2–4, 65/4+5, 66/1, 68/1–5, 69/6, 70/2–4, 71/6, 72/2, 73/3, 74/4, 75/9+10, 76/2–4, 77/5, 78/3+4, 79/6, 81/4–6, 82/2, 85/3, 86/4, 89/3, 90/2+3, 91/4+5, 92/1, 93/2–5, 94/2+4, 95/9, 98/2, 99/3–5, 102/3–5, 103/6–10, 104/2+3, 106/2–5, 107/6+7, 109/5+6, 110/1–7, 111/9, 112/2–4, 113/5, 113/6r., 113/7+8, 114/2+4+5, 115/7+8, 116/3+5, 117/6–9, 118/4, 119/9+10, 120/4, 121/6+7+10, 122/1–3, 123/5+7, 124/2, 125/4, 126/3+4, 127/5–9, 128/2–4, 130/1–6, 131/7–9+11+12+14, 132/1+3–6, 133/7–9, 134/2–4, 135/7+8, 136/2, 137/3–5, 138/2–4, 139/5–10, 140/1+3, 141/5+7, 142/7, 143/8+10+11, 145/6+8, 146/2, 147/3–6, 148/1–7, 149/4, 150/1–6, 151/7–10, 152/1+2, 154/2, 155/4, 158/1+2, 161/3, 163/2+4+6–10, 167/3–6, 168/1–6, 169/7–12, 170/2–4, 171/5–8, 172/2, 173/4+5, 174/2+3, 175/9, 176/2+3, 177/4, 178/1–3, 180/1–6, 181/7–12, 182/2–4, 183/5–9, 184/1–10, 186/2+3, 187/4, 188/2–4, 192/1–5, 193/7–15, 194/2+3+5–8, 195/11, 196/1+2u., 198/2+3, 199/4, 200/Aufg. 2+4, 201/Aufg. 11+13, 202/Aufg. 3+5–9, 203/Aufg. 3, Tabelle 11 | Cornelsen/Rainer Götze, Berlin imago/Sven Simon: 78/4 | Cornelsen/Rainer Götze, Foto: picture-alliance/dpa: 13/5 | Cornelsen/Tom Menzel: 161/2

Text

mz/dpa: 190/7

Tabellen

Stoff	c in $10^3 \frac{km}{s}$
Vakuum	299,792 458
Luft	299,7
Eis	229,0
Wasser	225,6
Plexiglas	201,3
Diamant	124,0

1 Lichtgeschwindigkeit in verschiedenen Stoffen

Farbe	c in $10^3 \frac{km}{s}$
Rot	186,7
Orange	186,5
Gelb	185,9
Grün	185,2
Blau	184,5
Violett	182,2

2 Lichtgeschwindigkeit in Flintglas für verschiedene Farben

Grenzfläche	ε_G
Eis–Luft	49,8°
Wasser–Luft	48,6°
Quarzglas–Luft	43,2°
Plexiglas–Luft	42,2°
Flintglas–Luft	38,4°
Diamant–Luft	24,4°

3 Grenzwinkel der Totalreflexion an verschiedenen Grenzflächen

Fester Stoff	ϱ in $\frac{g}{cm^3}$
Styropor	0,015
Holz	0,4 bis 0,8
Butter	0,86
Stearin	0,9
Eis (bei 0 °C)	0,917
Plexiglas	1,2
Kunststoff (PVC)	1,4
Sand	1,5
Beton	1,5 bis 2,4
Graphit	2,25
Silicium	2,328
Glas	2,6
Aluminium	2,702
Granit	2,8
Diamant	3,51
Titan	4,51
Zink	7,13
Zinn	7,29
Stahl (V2A)	7,9
Nickel	8,90
Kupfer	8,933
Silber	10,50
Blei	11,34
Gold	19,32
Platin	21,45

4 Dichte bei 20 °C

Flüssiger Stoff	ϱ in $\frac{g}{cm^3}$
Benzin	0,78
Ethanol	0,789
Spiritus	0,83
Diesel	0,87
Wasser	0,998
Wasser (4 °C)	1,00
Milch	1,03
Glycerin	1,26
Quecksilber	13,546

5 Dichte bei 20 °C

Gasförmiger Stoff	ϱ in $\frac{g}{dm^3}$
Wasserstoff	0,0899
Helium	0,1785
Erdgas	0,60
Wasserdampf (100 °C)	0,768
Stickstoff	1,251
Luft	1,2923
Sauerstoff	1,429
Kohlenstoffdioxid	1,9769
Propan	2,0096
Chlor	3,214

6 Dichte bei 0 °C und 1013 hPa

Stoff	Signalwort	Piktogramme	H-Sätze, EUH-Sätze	P-Sätze	AGW in $\frac{mg}{m^3}$
Spiritus, Ethanol	Gefahr	🔥 ❗	H225 H319	P210, P240 P305+P351+P338 P403+P233	960
Kupfersulfatlösung	Gefahr	❗ ☠	H302 H319 H315 H410	P273, P280c P301+P312 P305+P351+P338 P303+P361+P353 P501	–

7 Kennzeichnung der verwendeten Schadstoffe